Ana Paula **Andrade de Melo**

Caio Mario da **Silva Pereira Neto**

Carlos Ari **Sundfeld**

Fernando **B. Meneguin**

Henrique Lenon **Farias Guedes**

João Victor **Porto Jarske**

Luciana **Yeung**

Luciano **Benetti Timm**

Marcelo Cesar **Guimarães**

Marcio **Iorio Aranha**

Marcus Vinicius de **Abreu Schimitd**

Maria Carolina **França**

Mateus **Piva Adami**

Patrícia **Medeiros**

Patricia **Pessôa Valente**

Paulo **Burnier da Silveira**

Raphael **Boechat Alves Machado**

Rodrigo **Dufloth**

2024

SEGUNDA EDIÇÃO

Luciano **B. Timm**
Maria Carolina **França**

COORDENADORES

A NOVA REGULAÇÃO ECONÔMICA

Centro de Estudos de Direito Econômico e Social (CEDES)

CB037354

Dados Internacionais de Catalogação na Publicação (CIP) de acordo com ISBD

N935

    A Nova Regulação Econômica / Amanda Athayde Linhares Martins Rivera ... [et al.] ; coordenado por Luciano Benetti Timm, Maria Carolina França. - 2. ed. - Indaiatuba, SP : Editora Foco, 2024.

    240 p. : 16cm x 23cm.

    Inclui bibliografia e índice.

    ISBN: 978-65-6120-018-9

    1. Direito. 2. Direito Econômico. 3. Nova Regulação Econômica. I. Melo, Ana Paula Andrade de. II. Pereira Neto, Caio Mario da Silva. III. Sundfeld, Carlos Ari. IV. Meneguin, Fernando B. V. Guedes, Henrique Lenon Farias. VI. Jarske, João Victor Porto. VII. Yeung, Luciana. VIII. Timm, Luciano Benetti. IX. Guimarães, Marcelo Cesar. X. Aranha, Marcio Iorio. XI. Schimitd, Marcus Vinicius de Abreu. XII. França, Maria Carolina. XIII. Adami, Mateus Piva. XIV. Medeiros, Patrícia. XV. Valente, Patricia Pessôa. XVI. Silveira, Paulo Burnier da. XVII. Machado, Raphael Boechat Alves. XVIII. Dufloth, Rodrigo. XIX. Título.

2024-9
                                                  CDD 341.378   CDU 34:33

Elaborado por Vagner Rodolfo da Silva - CRB-8/9410

Índices para Catálogo Sistemático:

1. Direito Econômico 341.378

2. Direito Econômico 34:33

Ana Paula **Andrade de Melo**

Caio Mario da **Silva Pereira Neto**

Carlos Ari **Sundfeld**

Fernando **B. Meneguin**

Henrique Lenon **Farias Guedes**

João Victor **Porto Jarske**

Luciana **Yeung**

Luciano **Benetti Timm**

Marcelo Cesar **Guimarães**

Marcio **Iorio Aranha**

Marcus Vinicius de **Abreu Schimitd**

Maria Carolina **França**

Mateus **Piva Adami**

Patrícia **Medeiros**

Patricia **Pessôa Valente**

Paulo **Burnier da Silveira**

Raphael **Boechat Alves Machado**

Rodrigo **Dufloth**

SEGUNDA EDIÇÃO

Luciano **B. Timm**
Maria Carolina **França**
COORDENADORES

A NOVA REGULAÇÃO ECONÔMICA

Centro de Estudos de Direito Econômico e Social (CEDES)

2024 © Editora Foco

Coordenadores: Luciano Benetti Timm e Maria Carolina França
Autores: Ana Paula Andrade de Melo, Caio Mario da Silva Pereira Neto, Carlos Ari Sundfeld, Fernando B. Meneguin, Henrique Lenon Farias Guedes, João Victor Porto Jarske, Luciana Yeung, Luciano Benetti Timm, Marcelo Cesar Guimarães, Marcio Iorio Aranha, Marcus Vinicius de Abreu Schimitd, Maria Carolina França, Mateus Piva Adami, Patrícia Medeiros, Patricia Pessôa Valente, Paulo Burnier da Silveira, Raphael Boechat Alves Machado e Rodrigo Dufloth
Diretor Acadêmico: Leonardo Pereira
Editor: Roberta Densa
Assistente Editorial: Paula Morishita
Revisora Sênior: Georgia Renata Dias
Capa Criação: Leonardo Hermano
Diagramação: Ladislau Lima e Aparecida Lima
Impressão miolo e capa: DOCUPRINT

DIREITOS AUTORAIS: É proibida a reprodução parcial ou total desta publicação, por qualquer forma ou meio, sem a prévia autorização da Editora FOCO, com exceção do teor das questões de concursos públicos que, por serem atos oficiais, não são protegidas como Direitos Autorais, na forma do Artigo 8º, IV, da Lei 9.610/1998. Referida vedação se estende às características gráficas da obra e sua editoração. A punição para a violação dos Direitos Autorais é crime previsto no Artigo 184 do Código Penal e as sanções civis às violações dos Direitos Autorais estão previstas nos Artigos 101 a 110 da Lei 9.610/1998. Os comentários das questões são de responsabilidade dos autores.

NOTAS DA EDITORA:

Atualizações e erratas: A presente obra é vendida como está, atualizada até a data do seu fechamento, informação que consta na página II do livro. Havendo a publicação de legislação de suma relevância, a editora, de forma discricionária, se empenhará em disponibilizar atualização futura.

Erratas: A Editora se compromete a disponibilizar no site www.editorafoco.com.br, na seção Atualizações, eventuais erratas por razões de erros técnicos ou de conteúdo. Solicitamos, outrossim, que o leitor faça a gentileza de colaborar com a perfeição da obra, comunicando eventual erro encontrado por meio de mensagem para contato@editorafoco.com.br. O acesso será disponibilizado durante a vigência da edição da obra.

Impresso no Brasil (3.2024) – Data de Fechamento (2.2024)

2024
Todos os direitos reservados à
Editora Foco Jurídico Ltda.
Rua Antonio Brunetti, 593 – Jd. Morada do Sol
CEP 13348-533 – Indaiatuba – SP

E-mail: contato@editorafoco.com.br
www.editorafoco.com.br

SUMÁRIO

REGULAÇÃO RESPONSIVA: NOVAS FRONTEIRAS DA REGULAÇÃO ECONÔMICA NO PROCESSO DE ACOMPANHAMENTOE CONTROLE DO SETOR DE TELECOMUNICAÇÕES

Caio Mario da Silva Pereira Neto, Mateus Piva Adami e Marcus Vinicius de Abreu Schimitd 1

LINDB, NOVO DIREITO ADMINISTRATIVO E REGULAÇÃO

Carlos Ari Sundfeld 29

A IMPORTÂNCIA DA AVALIAÇÃO *EX ANTE* NA REGULAÇÃO ECONÔMICA – ANÁLISE DE IMPACTO REGULATÓRIO

Fernando B. Meneguin e Ana Paula Andrade de Melo 55

ARBITRAGEM DA ARTE E AUTORREGULAÇÃO: UMA ANÁLISE ECONÔMICA

Henrique Lenon Farias Guedes e João Victor Porto Jarske 69

UMA ABORDAGEM ECONÔMICA DA REGULAÇÃO: O CASO DO SANEAMENTO A PARTIR DA LEI 14.026/2020

Luciana Yeung e Patricia Pessôa Valente 85

A ORDEM ECONÔMICA E A REGULAÇÃO DO MERCADO

Luciano Benetti Timm, Maria Carolina França e Patrícia Medeiros 105

ANÁLISE DE IMPACTO REGULATÓRIO E ASPECTOS CONCORRENCIAIS: OS RECENTES ESFORÇOS PARA INCORPORAR AS MELHORES PRÁTICAS DA OCDE NO BRASIL

Marcelo Cesar Guimarães e Paulo Burnier da Silveira 125

DIREITO ADMINISTRATIVO E REGULAÇÃO

Marcio Iorio Aranha 143

OS DESAFIOS REGULATÓRIOS PARA UMA ECONOMIA DE MERCADO

Luciano Benetti Timm e Raphael Boechat Alves Machado............................ 165

REGULAÇÃO ECONÔMICA E CDC: LEI DE LIBERDADE ECONÔMICA E ALGUNS REFLEXOS NO DIREITO DO CONSUMIDOR

Luciano Benetti Timm... 181

OPEN BANKING SOB A PERSPECTIVA DA ANÁLISE ECONÔMICA DO DIREITO

Luciano Benetti Timm, Rodrigo Dufloth e Patrícia Medeiros 195

DIREITO, ECONOMIA E IA: UMA INCURSÃO AO FUTURO

Luciano Benetti Timm e Rodrigo Dufloth.. 211

SOBRE O CENTRO DE ESTUDOS DE DIREITO ECONÔMICO E SOCIAL (CEDES).. 225

REGULAÇÃO RESPONSIVA: NOVAS FRONTEIRAS DA REGULAÇÃO ECONÔMICA NO PROCESSO DE ACOMPANHAMENTOE CONTROLE DO SETOR DE TELECOMUNICAÇÕES

Caio Mario da Silva Pereira Neto

Doutor (JSD) e Mestre (LL.M.) em Direito pela Universidade de Yale (EUA). Professor de Direito Econômico da Fundação Getúlio Vargas (FGV Direito SP). Atua como advogado de Pereira Neto | Macedo Advogados, em São Paulo, tendo representado diversas empresas no setor de telecomunicações nos últimos anos.

Mateus Piva Adami

Mestre e Doutor em Direito Público pela Universidade de São Paulo (USP) e Professor do Programa de pós-graduação *Lato Sensu* da FGV Direito São Paulo (FGVLaw). Atua como advogado de Pereira Neto | Macedo Advogados, em São Paulo, tendo representado diversas empresas no setor de telecomunicações nos últimos anos.

Marcus Vinicius de Abreu Schimitd

Especialista em Direito Econômico pela FGV Direito São Paulo (FGVLaw). Bacharel em Direito pela PUC/SP. Atua como advogado de Pereira Neto | Macedo Advogados, em São Paulo, tendo representado diversas empresas no setor de telecomunicações nos últimos anos.

Sumário: 1. As bases teóricas da proposta de regulação responsiva – 2. A adoção de mecanismos de regulação responsiva por agências reguladoras em jurisdições estrangeiras e diversos setores da economia brasileira – 3. A adoção de mecanismos da regulação responsiva no setor de telecomunicações – 4. Conclusão – Referências.

Ao longo dos últimos anos, diversas agências, responsáveis pela regulação dos mais variados setores da economia, têm buscado reformar a sua regulamentação para que se torne mais aderente à proposta de "regulação responsiva". Essa iniciativa tem como pano de fundo a profusão de diversas teorias regulatórias que buscam aproximar regulador e administrado. São expoentes dessa corrente regulatória mais moderna as teorias que embasaram uma atuação consensual entre regulador e regulado e que garantem a base teórica para, por exemplo, o avanço de medidas tendentes à celebração de acordos substitutivos no processo sancionador.[1]

A teoria da regulação responsiva, embora concebida há mais de 30 anos, passou a ser efetivamente considerada pelos reguladores brasileiros apenas recentemente.[2]

No presente artigo, buscaremos apresentar as principais bases teóricas da regulação responsiva (Seção I), bem como sua utilização por diferentes órgãos reguladores no Brasil e em outras jurisdições (Seção II). Em seguida, abordaremos de forma mais detalhada a iniciativa conduzida pela Agência Nacional de Telecomunicações – ANATEL, para a reforma do seu processo de fiscalização, acompanhamento e controle (Seção III). Esse movimento culminou com a publicação do novo Regulamento de Fiscalização Regulatória, aprovado pela Resolução 746, de 22 de junho de 2021 (*"Regulamento de Fiscalização Regulatória"* ou apenas *"RFR"*), sendo este um passo ambicioso para a implementação dessa abordagem regulatória no Brasil.

1. AS BASES TEÓRICAS DA PROPOSTA DE REGULAÇÃO RESPONSIVA

As bases da regulação responsiva foram propostas originalmente por John Braithwaite e Ian Ayres.[3] Suas primeiras obras sobre o assunto (*"To Punish or Persuade"* e *"Responsive Regulation: Transceding the Deregulation Debate"*) datam do final da década de 80 e início da década de 90. Desde então, muitos avanços já foram observados nos sistemas regulatórios que adotaram suas recomendações.

A regulação responsiva parte da compreensão de que a atuação fiscalizatória do regulador não deve basear-se apenas na previsão, *ex ante*, de condutas reprováveis, acompanhadas do monitoramento quanto ao seu cumprimento e, em caso

---

1. Cf. PALMA, Juliana Bonarcorsi. *Atuação Administrativa Consensual*. Estudo de acordos substitutivos no processo administrativo sancionador. Dissertação de Mestrado. Faculdade de Direito da Universidade de São Paulo. São Paulo, 2010.
2. "O debate sobre os benefícios de mecanismos alternativos de sancionamento tem fiorescido à luz das críticas sobre a efetividade da sanção de multa como instrumento preferencial para correção da conduta (POSNER, 1980a; TCU, 2006, 2017). No contexto brasileiro essa questão foi contestada com maior ênfase pelo órgão de controle externo, o Tribunal de Contas da União – TCU (TCU, 2006, 2017). Nas ocasiões que se debruçou sobre o acompanhamento da qualidade dos serviços de telecomunicações, o TCU concluiu que a efetividade do enforcement regulatório não pode ser avaliada apenas pela quantidade de multas aplicadas ou pelos valores por elas arrecadados. A Corte de Contas sustenta que o critério deve considerar o aperfeiçoamento dos serviços, a correção das condutas e a não reincidência" (FREITAS. L.C. et al. Obrigação de fazer em sanções regulatórias no Brasil: aplicação ao setor de telecomunicações. *Revista de Direito, Estado e Telecomunicações*, v. 11, n. 2, p. 71-86, out. 2019. DOI: https://doi. org/10.26512/lstr.v11i2.27019. Acesso em: 06 out. 2021).
3. AYRES, Ian; BRAITHWAITE, John. *Responsive Regulation*: Transcending the Deregulation Debate, New York: Oxford University Press, USA, 1992; BRAITHWAITE, John. *To punish or persuade*: Enforcement of coal mine safety. SUNY Press, 1985.

de desvio, da sanção ao administrado. Nesse sentido, com base em evidências empíricas e estudos de orientação pragmática,[4] a teoria da regulação responsiva se afasta da abordagem do comando e controle ("*comand and control*").

A abordagem de regulação responsiva propõe que a atividade regulatória seja exercida de forma a respeitar as particularidades de cada ambiente regulado. O objetivo é apresentar respostas específicas para cada problema concreto, sempre partindo da premissa de que o regulador possui uma ampla gama de instrumentos de atuação à sua disposição.[5] Nesse sentido, a atuação do regulador deve conjugar o estabelecimento de regras que veiculam "comandos e controles" e o uso de instrumentos capazes de persuadir o administrado para que este faça "a coisa certa" (i.e., atue em conformidade com as disposições normativas), sem que necessariamente tenha que ser sancionado para tanto.

Não há, assim, afastamento completo da lógica do comando e controle, na medida em que não se desconhece a necessidade de que o regulado seja passível de ser sancionado na hipótese de cometimento de irregularidades. No entanto, defende-se que a abordagem punitiva seja antecedida da adoção de técnicas de persuasão, pela qual o administrado, por indução, opte por cumprir voluntariamente suas obrigações regulatórias. A adoção de uma cadeia escalonada de sanções pelo regulador serviria como reforço persuasivo para que os administrados prefiram o cumprimento de suas obrigações regulatórias, em uma espécie de "ameaça crível, mas velada".[6]

Enfim, a teoria da regulação responsiva pressupõe a existência de disposições que confiram oportunidade ao administrado de corrigir suas condutadas, prévias à adoção de atos voltados à imposição de sanção. Trata-se, justamente, do cerne da abordagem proposta, que garante centralidade às complexas relações entre

---

4. PARKER, Christine. *Twenty years of responsive regulation*: An appreciation and appraisal. Regulation & Governance, v. 7, n. 1, p. 2-13, 2013.
5. "Put another way, regulators should not rush law enforcement solutions to problems before considering a range of approaches that support capacity-building" (BRAITHWAITE, John. *To Punish or Persuade*. State University New York Press. 1985 p. 97. Disponível em: http://johnbraithwaite.com/wp-content/uploads/2016/06/To-Punish-or-Persuade-Enforce.pdf. Acesso em: 06 out. 2021).
6. Essa estrutura regulatória, então, tem o efeito de desincentivo à repetição de comportamentos que geram litígios, estimulando o chamado "deterrence", amplamente referido pela doutrina que trata da regulação responsiva. O "deterrence" consiste em uma consequência social positiva de uma situação de conflito, que seria "o incentivo gerado aos demais cidadãos para não transgredirem os comandos normativos". Parte-se da premissa da Análise Econômica do Direito de que "um litigante promoverá atos processuais se e quando esperar que deles resulte benefício superior ao custo incorrido para promovê-los" (JORDÃO, Eduardo Ferreira; ADAMI, Mateus Piva. Steven Shavell e o Preço do Processo: notas para uma análise econômica do direito processual. In: JORDÃO, Eduardo Ferreira; DIDIER JR., Fredie Souza (Coord.). *Teoria do Processo*: panorama doutrinário mundial, Salvador: JusPodivm, 2007, 189-218). De onde se extrai, portanto, que uma regulamentação voltada a reduzir litígios precisa, justamente, atuar sobre os comportamentos, de parte a parte, que os incentivem.

reguladores e regulados, ao jogo de incentivos produzidos pela estrutura jurídica existente e às possibilidades de cooperação no empreendimento regulatório.

O reconhecimento da ineficiência da aplicação de soluções exclusivamente coercitivas, hierarquizadas e imperativas, como único mecanismo ou como o mecanismo que inicia a atividade de fiscalização regulatória decorre da constatação de que: (i) o monitoramento, a fiscalização e o sancionamento ensejam altos custos à Administração e ao próprio regulado e (ii) a adoção dessas medidas, sem que sejam precedidas da adoção de técnicas persuasivas, deteriora a boa vontade e a boa-fé dos administrados, indispensáveis ao cumprimento voluntário das normas.

Note-se, ainda, que há uma relação entre essas duas constatações, na medida em que, quanto maior é a postura combativa do administrado, tendente à não cooperação, maiores são os custos às partes envolvidas, decorrentes de litígios administrativos e judiciais decorrentes da imposição de sanções. Isso inclui todas as despesas processuais, desde eventuais garantias e perícias, sem mencionar o comprometimento de pessoal nessas disputas.[7] Uma estratégia baseada fundamentalmente em punições desperdiça recursos em litígios que seriam mais bem aproveitados no monitoramento e na persuasão.[8]

Nas palavras de Ayres e Braithwaite,[9] adotar a punição como a primeira opção estratégica não só é inviável economicamente, como também impraticável e contraproducente para manter a boa vontade daqueles que se comprometem com o adimplemento de suas obrigações.

Assim, os adeptos da regulação responsiva defendem que partir do uso de técnicas de persuasão representa a alternativa menos custosa e mais eficiente para a resolução das irregularidades identificadas.[10] Isso porque, ao invés de se

---

7. MORENO, Natália de Almeida. Tecnologias regulatórias piramidais: *responsive regulation* e *smart regulation*. *Revista de Direito Público da Economia* – RDPE. Belo Horizonte, ano 13, n. 49, jan./mar. 2015.

8. "Punishment is expensive; persuasion is cheap. A strategy based mostly on punishment wastes resources on litigation that would be better spent on monitoring and persuasion (A highly punitive mining inspectorate will spend more time in court than in mines)" (AYRES, Ian; BRAITHWAITE, John. *Responsive Regulation*: Transcending the Deregulation Debate. Oxford Oxford University Press., p. 20. Disponível em: http://johnbraithwaite.com/wp-content/uploads/2016/06/Responsive-Regulation-Transce. pdf. Acesso em: 06 out. 2021).

9. "Given those problems of punitive enforcement, and given that large numbers of corporate actors in many contexts do fit the responsible citizen model, To Punish or Persuade argued that persuasion is preferable to punishment as the strategy of first choice. To adopt punishment as a strategy of first choice is unaffordable, unworkable, and counterproductive in undermining the good will of those with a commitment to compliance" (AYRES, Ian; BRAITHWAITE, John. *Responsive Regulation*: Transcending the Deregulation Debate. Oxford Oxford University Press., p. 26. Disponível em: http://johnbraithwaite. com/wp-content/uploads/2016/06/Responsive-Regulation-Transce.pdf. Acesso em: 06 out. 2021).

10. "Going with punishment as a strategy of first choice is counterproductive in a number of ways. First, punishment is expensive; persuasion is cheap. Therefore, if persuasion is tried first and works, more resources are left to expand regulatory coverage. In contrast, a mining inspectorate with a first preference

voltar à aplicação de sanções pecuniárias que encontram inúmeras barreiras para serem revertidas em prol do serviço regulado, prescrevem medidas que possuem o potencial de beneficiar diretamente os usuários.

Apenas na hipótese de se constatar que a conduta do agente regulado tende à não cooperação é que medidas mais intervencionistas, e mais custosas, devem ser adotadas. Ou seja, a imposição de punição deve ser utilizada como última alternativa pelo regulador, quando as tentativas de persuasão se mostrarem inefetivas.[11] Além de mais eficiente, a imposição de sanção após ultrapassadas as etapas de persuasão, tende a ser vista pelo administrado como mais legítima e justa – corroborando o menor grau de questionamento pelo administrado das sanções que lhe venham a ser impostas.[12] Nessa abordagem, o esforço do regulador deixa de ser focado na punição e passa a ser dividido com uma atuação mais informacional e negocial perante os regulados.

Nesse ponto, vale destacar que é comum a teoria da regulação responsiva ser representada a partir da pirâmide de instrumentos de *enforcement* regulatório, proposta por Ayres e Braithwaite.[13] Na base da pirâmide está localizada a abordagem menos intervencionista, mais negociada, e que pode garantir a conformidade empresarial às disposições legais. À medida que se escala a pirâmide, intervenções cada vez mais drásticas na vida dos agentes estão envolvidas.

---

for punitive enforcement will spend more time in court than in mines. Second, punitive enforcement engenders a game of regulatory cat-and-mouse whereby firms defy the spirit of the law by exploiting loopholes, and the state writes more and more specific rules to cover the loopholes. The result can be: (1) rule making by accreation that gives no coherence to the rules as a package, and (2) a barren legalism concentrating on specific, simple, visible violations to the neglect of underlying systemic problems (Bardach and Kagan, 1982; Braithwaite, 1985). Third, heavy reliance must be placed on persuasion rather than on punishment in industries where technological and environmental realities change so quickly that the regulations that give detailed content to the law cannot" (AYRES, Ian; BRAITHWAITE, John. *Responsive Regulation*: Transcending the Deregulation Debate. Oxford University Press., p. 26. Disponível em: http:// johnbraithwaite.com/wp-content/uploads/2016/06/Responsive-Regulation--Transce.pdf. Acesso em: 06 out. 2021).

11. "Together, the minimal-sufficiency principle and the positive attribution principle ground in tested psychological theory why it is best to have TFT [tit-for-tat] strategy wherein: (1) escalating to punishment is a last resort, and (2) the resort will be only to a point up the enforcement pyramid that is minimally sufficient to secure compliance" (AYRES, Ian; BRAITHWAITE, John. Responsive Regulation: Transcending the Deregulation Debate. Oxford University Press., p. 50. Disponível em: http://johnbraithwaite. com/wp-content/uploads/2016/06/Responsive-Regulation-Transce.pdf. Acesso em: 06 out. 2021).

12. "The trick of successful regulation is to establish a synergy between punishment and persuasion. Strategic punishment underwrites regulatory persuasion as something that ought to be attended to. Persuasion legitimates punishment as reasonable, fair, and even something that might elicit remorse or repentance" (AYRES, Ian; BRAITHWAITE, John. *Responsive Regulation*: Transcending the Deregulation Debate. Oxford University Press., p. 26. Disponível em: http://johnbraithwaite.com/wp-content/uploads/2016/06/Responsive-Regulation-Transce.pdf. Acesso em: 06 out. 2021).

13. AYRES, Ian; BRAITHWAITE, John. *Responsive Regulation*: Transcending the Deregulation Debate. Oxford University Press., p. 35. Disponível em: http://johnbraithwaite.com/wp-content/uploads/2016/06/ Responsive-Regulation-Transce.pdf. Acesso em: 06 out. 2021.

Portanto, a pirâmide prevê etapas progressivas e escalonadas de atividades regulatórias que devem ser seguidas pelo regulador. Na base da pirâmide, inicia-se com a adoção de técnicas persuasivas (e.g. notificações, advertências), visando à conformação da conduta do regulado sem qualquer medida interventiva. Apenas na hipótese em que a persuasão não seja suficiente para compelir o administrado a adotar a postura esperada é que o Regulador deve, então, notificar o administrado acerca da irregularidade para que este implemente as medidas necessárias para cumprir suas obrigações regulatórias. Assim, se o administrado não demonstrar atitude cooperativa e proativa em solucionar os problemas identificados pelo regulador, este deve lançar mão do amplo leque de sanções que estão à sua disposição para forçar o cumprimento de seus regulamentos.[14]

A pirâmide, portanto, é escalada na medida em que a resposta do regulado às ações do regulador não surtam os efeitos almejados. Do mesmo modo, se for constatado que as medidas resultaram em mudança positiva no comportamento do regulado, ocorrerá o caminho oposto, havendo um movimento no sentido da base da pirâmide – adotando-se postura mais negocial e menos intervencionista.

Os movimentos ascendentes e descentes são pautados por uma relação de "respostas equivalentes" (*tit for tat*[15]) na qual a postura adotada pelo regulado, motivado a maximizar os resultados de conformidade com a regulação, é definida por aquela adotada pelo regulador, motivado, por sua vez, pela intenção de reduzir os custos regulatórios e aumentar a eficiência da sua atuação. O regulador se abstém de implementar respostas mais intervencionistas desde que o regulado demonstre cooperação. Contudo, se a empresa explorar indevidamente a postura cooperativa do regulador, o estado cooperativo migra para o punitivo.

---

14. "Most regulatory action occurs at the base of the pyramid where attempts are initially made to coax compliance by persuasion. The next phase of enforcement escalation is a warning letter; if this fails to secure compliance, imposition of civil monetary penalties; if this fails, criminal prosecution; if this fails, plant shutdown or temporary suspension of a license to operate; if this fails, permanent revocation of license" (AYRES, Ian; BRAITHWAITE, John. *Responsive Regulation*: Transcending the Deregulation Debate. Oxford Oxford University Press., p. 36. Disponível em: http://johnbraithwaite.com/wp-content/uploads/2016/06/Responsive-Regulation-Transce.pdf. Acesso em: 06 out. 2021).

15. O termo *tit for tat* indica uma estratégia de comportamento econômico, usada na teoria dos jogos, em que, diante de uma situação de conflito que se perpetua, um jogador irá assumir postura cooperativa desde que o seu oponente também coopere, mudando seu comportamento para não cooperativo, caso o seu oponente mude de postura na próxima rodada. Essa estratégia cunhada por Anatol Rapoport e testada por Robert Axelrod, surgiu diante do questionamento sobre o que aconteceria se o dilema dos prisioneiros fosse jogado repetidas vezes, sucessiva e indefinidamente. Nesse sentido, verificou-se que quando os jogadores entendem que repetirão a sua interação indefinidamente, os ganhos de longo prazo compensam eventuais ganhos de curto prazo derivados de posturas de não cooperação, de modo a encorajar a adoção de comportamentos cooperativos, quando há repetidas interações entre oponentes. (Nesse sentido ver: PRADO, Eleutério FS. Dilema do prisioneiro e dinâmicas evolucionárias. *Estudos Econômicos*. São Paulo, v. 29, n. 2, p. 249-266, 1999; SIMPSON, Erika. *The Contributions of Anatol Rapoport to Game Theory*. Western University, Political Science Publications, 2016, v. 135. Disponível em: https://ir.lib.uwo.ca/politicalsciencepub/135/. Acesso em: 06 out. 2021).

Sob o ponto de vista da teoria dos jogos, a estratégia ótima para ambos os agentes ocorre quando eles decidem cooperar até que o outro se afaste da cooperação, o que ensejará uma punição.[16]

2. A ADOÇÃO DE MECANISMOS DE REGULAÇÃO RESPONSIVA POR AGÊNCIAS REGULADORAS EM JURISDIÇÕES ESTRANGEIRAS E DIVERSOS SETORES DA ECONOMIA BRASILEIRA

A adoção da regulação responsiva tem exemplos tanto em jurisdições estrangeiras como em diferentes setores regulados da econômica brasileira.

Como exemplos da implementação da regulação responsiva em outras jurisdições, cita-se: (i) a experiência da Agência Australiana de Comunicações e Mídia ("ACMA"), especialmente, no caso da empresa australiana Dodo;[17] (ii) a legislação francesa, nas disposições do de seu Código de Telecomunicações ("*Code des postes et des communications électroniques*"); e (iii) a estratégia de regulação responsiva adotada pelo Instituto Nacional de Defesa da Concorrência e da Proteção da Propriedade Intelectual do Peru ("INDECOPI"), que foi premiado pelo Banco Mundial em conjunto com a Rede Internacional de Concorrência ("ICN"). Lembrando que, neste último caso, estamos diante de um país latino-americano em desenvolvimento, assim como o Brasil.

No *caso australiano*, no ano de 2007, diante de índices de violação de norma ligada ao controle de ligações indesejadas de telemarketing (*"Do Not Call Register Regulation"*), conforme reclamações de usuários dos serviços da Dodo, a ACMA encaminhou, em um primeiro momento, carta de orientação para a companhia ajustar-se às disposições normativas, seguida de um aviso de regularização. Não

---

16. "Scholz models regulation as a prisoner's dilemma game wherein the motivation of the firm is to minimize regulatory costs and the motivation of the regulator is to maximize compliance outcomes. He shows that a TFT enforcement strategy will most likely establish mutually beneficial cooperation, under assumptions he believes will be met in many regulatory contexts. TFT means that the regulator refrains from a deterrent response as long as the firm is cooperating; but when the firm yields to the temptation to exploit the cooperative posture of the regulator and cheats on compliance, then the regulator shifts from a cooperative to a deterrent response. Confronted with the matrix of payoffs typical in the enforcement dilemma, the optimal strategy is for both the firm and the regulator to cooperate until the other defects from cooperation. Then the rational player should retaliate (the state to deterrence regulation; the firm to a law evasion strategy). If and only if the retaliation secures a return to cooperation by the other player, then the retaliator should be forgiving, restoring the benefits of mutual cooperation in place of the lower payoffs of mutual defection" (AYRES, Ian. BRAITHWAITE, John. *Responsive Regulation*: Transcending the Deregulation Debate. Oxford University Press., p. 21. Disponível em: http://johnbraithwaite.com/wp-content/uploads/2016/06/Responsive-Regulation-Transce.pdf. Acesso em: 06 out. 2021).

17. A Dodo é uma empresa australiana, sediada em Melbourne, que presta serviços de telecomunicações, ofertando acesso à Internet de banda larga, banda larga sem fio, Internet discada ("dial-up Internet"), telefonia sem fio e serviços VOIP, tanto para indivíduos, quanto para outras empresas. (Disponível em: https://www.bloomberg.com/research/stocks/private/snapshot.asp?privcapid=232327107. Acesso em: 06 out. 2021).

tendo a Dodo regularizado a sua conduta e, portanto, ultrapassada as etapas da persuasão e do aviso de advertência que compõem a pirâmide da regulação responsiva, a ACMA passou a etapa seguinte: instaurou processo administrativo sancionador e apurou a ocorrência de violações às normas aplicáveis, o que resultou na aplicação de uma multa à companhia ao final do processo. A multa, imposta pela autoridade, não foi questionada judicialmente pela Dodo – fato tido como um resultado positivo da atuação da ACMA que buscou, primeiramente, o caminho da cooperação, legitimando a sua ação sancionatória.[18]

O exemplo desse caso australiano nos mostra que nem sempre a adoção das medidas pré-processuais será suficiente para fazer com que o regulado conforme sua conduta ao que exige a legislação, razão pela qual a regulação responsiva não substitui a lógica própria do comando e controle. Entretanto, mesmo nesse caso a regulação responsiva mostra seus benefícios, especialmente quanto à inclinação do administrado em se curvar à sanção imposta, quando ela foi precedida de persuasão e avisos de alerta, já que este tende a reconhecer a sanção como mais justa e proporcional.

Por sua vez, o *Código de Telecomunicações da França* prevê, em seus artigos L36-11 e L5-3, procedimento pelo qual, ao autuar um agente por infração, a autoridade confere um período para que este se conforme às regras, seguindo com a instauração de processo sancionador apenas no caso de não conformidade após o período de adequação.[19] Novamente, trata-se de exemplo que busca a cooperação e usa uma va riação da pirâmide de *enforcement* para escalonar a intervenção.

Em relação ao *Peru*, o INDECOPI, por meio da Comissão de Eliminação de Barreiras Burocráticas ("CEB"), que visa adequar as regulações municipais sobre serviços públicos essenciais – inclusive as telecomunicações – às regulações nacionais, adotou procedimento prevendo a aplicação de sanção como último recurso a ser adotado pelas autoridades. O procedimento implementado pelo INDECOPI divide-se em quatro etapas: (i) diagnóstico das potenciais irregularidades; (ii) comunicação das irregularidades e recepção das respectivas respostas de compromisso – em que há o compromisso de se modificar ou eliminar a irregularidade –, de adequação – em que já houve a rápida adequação à normativa –, ou de negativa – em que há a recusa de adequação da conduta por discordância

---

18. Para mais informações sobre a ACMA e o caso Dodo ver: WOOD, Charlotte; IVEC, Mary; JOB, Jenny; BRAITHWITE, Valerie. *Applications of Responsive Regulatory Theory in Australia and Over-seas*: occasional paper 15, Regulatory Institutions Network, Australian national University, 2010.

19. Cf. https://www.legifrance.gouv.fr/affichCodeArticle.do?cidTexte=LEGITEX- T000006070987&idArticle=LEGIARTI000006465863&dateTexte=&categorieLien=cid. Acesso em: 06 out. 2021 e https://www.legifrance.gouv.fr/affichCodeArticle.do?cidTexte=LEGITEX- T000006070987&idArticle=LEGIARTI000006465324&dateTexte=&categorieLien=cid. Acesso em: 06 out. 2021.

do diagnóstico; (iii) diálogo e coordenação para alteração da conduta irregular; e (iv) instauração de processo sancionador diante da recusa de adequação.[20]

No Brasil, também encontramos em diferentes setores regulados exemplos da adoção de mecanismos de regulação responsiva que possibilitam que a Administração Pública deixe de instaurar ou arquive processo sancionador na hipótese em que a eventual irregularidade seja sanada pelo administrado. A título exemplificativo, é possível destacar os mecanismos previstos na regulação: (i) da Agência Nacional do Cinema ("Ancine"); (ii) da Agência Nacional de Saúde Suplementar ("ANS"); (iii) da Agência Reguladora de Saneamento e Energia do Estado de São Paulo ("Arsesp"); e da Agência Nacional de Aviação Civil ("Anac").

No âmbito da *Ancine*, a Instrução Normativa 109, de 19 de dezembro de 2012 ("IN 109/12"), prevê a possibilidade de arquivamento do processo mediante reparação voluntária e eficaz (arts. 102 a 105). A Instrução estabelece que a Ancine pode intimar os agentes interessados, antes da lavratura do termo de infração, para: (i) informar a irregularidade apurada pela Agência; (ii) conferir prazo para saneamento e (iii) determinar a imediata cessação da prática irregular.

Caso o agente tome as providências necessárias para sanar a irregularidade antes da lavratura do auto de infração, a reparação voluntária e eficaz é reconhecida e o auto de infração sequer é lavrado, resultando no arquivamento do processo de apuração de infrações.[21] Portanto, no âmbito da regulação da Ancine, a adoção das providências necessárias para a cessação da prática irregular e saneamento da irregularidade verificada, afasta o início da fase sancionatória do processo. A reparação voluntária eficaz resulta, assim, no arquivamento de processo de apuração. Na *ANS*, a Resolução Normativa 388, de 25 de novembro de 2015 ("RN 388/15"), já havia instituído uma fase pré-processual, que antecede os procedimentos para a apuração de infrações que possam resultar em aplicação de sanção administrativa. A mesma sistemática foi mantida com a edição da Resolução Normativa 483, de 29 de março de 2022 ("RN 483/22"). Nessa fase pré-processual, também é possível que operadoras de planos privados de assistência à saúde evitem a instauração de processo sancionador por meio da promoção de reparação voluntária e eficaz.

---

20. Para mais informações sobre o caso peruano ver: MENDOZA, Francisco Ochoa. ¿Es posible hacer cumplir la ley sin sancionar? Aplicando de manera «responsiva» la regulación en el Perú, a propósito del caso de abogacía de la competencia sobre las barreras burocráticas en el mercado de servicios públicos. *Revista de La Facultad de Derecho da PUC*, n. 76, 2016, p. 151-180. Disponível em: http://dx.doi.org/10.18800/derechopucp.201601.006. Acesso em: 06 out. 2021.

21. Nesse sentido, veja-se o trecho da exposição de motivos da regulamentação, quando de sua submissão à Consulta Pública: "O capítulo de processo administrativo procurou refletir as fases pelas quais este se desenvolve, tornando mais claro seu entendimento. Além disso, dois institutos benéficos foram inseridos: a reparação voluntária e eficaz da infração e a infração continuada. No primeiro caso, poderá haver o arquivamento do processo administrativo [de apuração de infrações] sem a imposição de sanção desde que o agente realize ação com vistas a sanar a irregularidade antes da lavratura do auto de infração".

A fase pré-processual pode consistir em dois procedimentos, cujo cabimento dependerá da matéria tratada: (i) a Notificação de Intermediação Preliminar ("NIP"), um mecanismo de solução de conflitos entre beneficiários e operadoras (art. 5º, RN 483/22); e (ii) o procedimento administrativo preparatório, prévio à fase processual sancionatória, aplicável para as hipóteses em que a NIP não é cabível.[22] Tanto na NIP quanto no procedimento preparatório, é possível que a demanda seja arquivada caso seja resolvida por meio de reparação voluntária e eficaz (i.e., adoção das medidas necessárias para cumprir a obrigação e reparar os prejuízos ou danos eventualmente causados).

No caso de instauração de procedimento administrativo preparatório, as reclamações (ou solicitações semelhantes) registradas perante a ANS são recebidas como denúncias. Após o recebimento, a ANS notifica as operadoras para que apresentem resposta dentro de dez dias. A demanda poderá ser arquivada em duas hipóteses: (i) não procedência da denúncia; e (ii) reconhecimento da reparação voluntária e eficaz.

No caso da NIP,[23] existem ainda outras vias para a resolução da demanda após a notificação da operadora, de modo que a decisão da ANS pelo arquivamento do processo não se baseia exclusivamente na resposta apresentada, nem nas medidas tomadas pela empresa. A ANS considera, também, as manifestações do beneficiário sobre as medidas tomadas pela operadora na fase de intermediação preliminar. Além disso, o prazo para que a operadora realize a reparação voluntária e eficaz é diferente, sendo de cinco dias contados da notificação preliminar para os casos de restrição de acesso à cobertura assistencial e de dez dias para os demais temas (art. 10, RN 483/22).

A regulamentação admite ainda que ocorra o fenômeno da reparação posterior, que proporciona um atenuante de 80% sobre o valor da multa aplicada, quando instaurado processo sancionador. A reparação posterior consiste também na adoção de providências necessárias à solução do conflito, depois do encerramento dos prazos da reparação voluntária e eficaz, sendo que o agente deve comprová-los inequivocamente (art. 34, RN 483/22).

---

22. NIP é cabível quando a notificação tenha como referência a restrição de acesso à cobertura assistencial ou quando o beneficiário seja diretamente afetado pela conduta e a situação seja passível de intermediação (art. 5º da RN 483/22).

23. A NIP é constituída por três fases distintas: (i) intermediação preliminar, em que a operadora é notificada para adotar as medidas necessárias para a solução da demanda junto ao beneficiário; (ii) classificação das demandas, em que a ANS categoriza as demandas a partir dos resultados obtidos na intermediação preliminar e (iii) classificação residual das demandas, na qual todas as demandas classificadas como não resolvidas são encaminhadas aos fiscais que, podem, antes da lavratura do auto de infração e ainda em fase pré-processual, realizar, motivadamente, a classificação residual das demandas, modificando, quando for o caso, a respectiva classificação ou tipificação.

Nos termos do Relatório de Resultados da Diretoria de Fiscalização de 2016, o mecanismo da reparação posterior visa a induzir à correção da conduta e a proporcionar uma solução ágil para o beneficiário dos planos de assistência.[24]

A experiência da ANS, assim como no caso da Ancine, indica a existência de dois momentos diferentes da pirâmide regulatória, que não se confundem: (i) reparação voluntária eficaz antes da instauração de processo sancionador e (ii) reparação voluntária eficaz no bojo de processo sancionador, a qual serve de fundamento para aplicação de atenuante de sanção.[25]

Em 2017, a Controladoria-Geral da União ("CGU") realizou uma auditoria para avaliar a implementação da resolução então vigente, a RN 388/15. De acordo com o Relatório 201700997, a CGU entendeu que os resultados das alterações dessa norma foram positivos em relação à fiscalização da Agência.[26] A ANS também recebeu menção honrosa pelo projeto "A Resolução Normativa 388/2015 e seu protagonismo para a melhoria da fiscalização do setor de saúde suplementar" do Prêmio FGV Direito Rio – Melhores Práticas em Regulação, em dezembro de 2018.[27]

---

24. ANS, Agência Nacional de Saúde Suplementar. Relatório de Resultados da Diretoria de Fiscalização da ANS – 1º semestre de 2016: Impactos da implementação da Resolução Normativa 388, de 2015. Disponível em: http://www.ans.gov.br/images/stories/Materiais_para_pesquisa/Materiais_por_assunto/relatorio_de_resultados_da_diretoria_de_fiscalizacao_1_semestre_2016.pdf. Acesso em: 06 out. 2021.

25. De todo modo, com base na experiência da ANS, é possível concluir que *o instituto da reparação voluntária e eficaz, enquanto método prévio e impeditivo da instauração do processo sancionador, deve ser preferível à reparação posterior.* Isso porque, de acordo com levantamento da Agência, o mecanismo da reparação posterior apresentou baixa eficácia, tendo sido utilizado em apenas 78 casos, de um total de 7.709 casos em que houve decisão da Agência em 2020 pela aplicação de penalidade. A baixa eficácia demonstrada pelo instituto (i.e., aplicado em cerca de 1% dos casos em que houve aplicação de sanção) pode ser explicada pela alta efetividade do instituto da reparação voluntária e eficaz. (ANS, Relatório Anual de Atividades, Exercício 2020, Rio de Janeiro, 2021. Disponível em: https://www.gov.br/ans/pt-br/arquivos/acesso-a-informacao/transparencia-institucional/relatorio-de-ati- vidades/2020_relatorio_atividades.pdf. Acesso em: 06 out. 2021).

26. "No tocante à gestão da atividade fiscalizatória, as alterações promovidas pela supracitada norma geraram um ganho de eficiência e produtividade à gestão da atividade fiscalizatória dado que reduziu a duração do trâmite processual em 611 dias, diminuiu o passivo de processos sancionadores em, aproximadamente, 70% (comparação maio/2014 e dezembro/2016), acarretou um aumento na arrecadação de multas, em relação ao exercício anterior, em 125%, além de trazer um significativo incremento na resolutividade das demandas não assistenciais. Em relação ao segundo quesito, durante o exercício sob análise, de acordo com dados do Sistema Integrado de Fiscalização – SIF, aproximadamente, 90% das demandas NIP (Notificação de Intermediação Preliminar) foram respondidas tempestivamente pelas operadoras, ou seja, no prazo de até dez (10) dias úteis, após o recebimento da Notificação, consoante previsão normativa" (CGU, Controladoria-Geral da União, Superintendência da CGU-Regional/RJ. Relatório 201700997, Ordem de Serviço 201700997. Disponível em: https://auditoria.cgu.gov. br/download/9830.pdf. Acesso em: 06 out. 2021).

27. ANS, Agência Nacional de Saúde Suplementar. Norma de fiscalização da ANS recebe menção honrosa no Prêmio FGV Direito Rio, 18 dez. 2018. Disponível em: http://www.ans.gov.br/aans/ noticias-ans/sobre-a-ans/4779-norma-de-fiscalizacao-da-ans-recebe-mencao-honrosa-no-premio-fgv-direito-rio. Acesso em: 06 out. 2021.

Na *Arsesp*, a Deliberação 031, de 1º de dezembro de 2008 ("Deliberação 031/08"), trata da aplicação de sanções previstas em contratos de prestação de serviços públicos de saneamento básico regulados pela Agência. Assim como nas resoluções mencionadas anteriormente, a Deliberação prevê uma fase prévia ao processo sancionador em que o agente pode reparar sua conduta: o Procedimento Prévio para Apuração de Irregularidade.

Nesse procedimento, após a verificação de irregularidades por meio de ação fiscalizatória, a Arsesp expede Termo de Notificação, o qual descreve não só as inconformidades da conduta fiscalizada, mas também informa sobre o prazo para regularização, nas hipóteses em que esta seja admitida. Após a notificação, o agente interessado tem até quinze dias para se manifestar. Além da previsão do prazo para regularização, o Termo também pode conter (i) determinação de ações a serem tomadas pela notificada quando a simples cessação da não conformidade não for suficiente para restabelecer a situação de normalidade, exigindo a ação adicional do prestador (art. 15, § 1º, II) e (ii) recomendação, que consiste em medida adicional a ser adotada pelo prestador, quando for aconselhável o ajuste (art. 15, § 1º, III).

Caso (i) as alegações da notificada sejam procedentes; (ii) não ocorra a confirmação da irregularidade; ou (iii), o regulado cumpra as determinações da Arsesp no prazo estipulado, o Termo de Notificação será arquivado, restando afastada a instauração de processo sancionador. De forma oposta, o auto de infração será lavrado e o processo sancionador será instaurado se a irregularidade for confirmada e a notificada não apresentar manifestação tempestiva ou descumprir as determinações da Arsesp (art. 17).

Por fim, a *Anac* editou a Resolução 472, de 6 de junho de 2018 ("Resolução 472/18") para estabelecer as providências administrativas decorrentes do exercício das atividades de fiscalização de competência da Agência. Por meio da Resolução, a Anac criou providências administrativas preventivas cujo objetivo é estimular que os agentes voltem a cumprir as normas de forma célere e eficaz, sem a imposição de sanções (art. 5º).

As providências administrativas preventivas se dividem em duas (art. 6º, Resolução 472/18): (i) o Aviso de Condição Irregular ("ACI"); e (ii) a Solicitação de Reparação de Condição Irregular ("SRCI"). O Aviso é aplicável para infrações de baixo impacto ou que não afetem a segurança das operações aéreas (art. 7º, Resolução 472/18), ao passo que a Solicitação é aplicável para os demais casos, nos quais a correção da conduta deve ocorrer em prazo determinado (art. 8º, Resolução 472/18).

O ACI consiste apenas em uma notificação emitida ao regulado com a descrição da infração detectada pela Anac (art. 7º, parágrafo único). Na notificação da SRCI, por sua vez, além da descrição da infração, consta a exigência de que o regulado apresente um Plano de Ações Corretivas dentro de um prazo que pode ser estabelecido em até sessenta dias (art. 8º, § 2º). O Plano deve ser analisado pela Anac, mas, caso a Agência não se manifeste dentro de sessenta dias contados do recebimento, ele será considerado aceito (art. 8º, § 3º). Além disso, cabe ao regulado também a comprovação de que a infração foi corrigida dentro do prazo, sob pena de que sejam tomadas outras medidas administrativas (art. 8º, § 4º).

Nos termos da Nota Técnica 2(SEI)/2016/SPI, emitida no âmbito do processo normativo que deu origem à Resolução 472/18, a adoção de mecanismos de regulação responsiva visava, de um lado, a solucionar problemas constatados no setor de aviação relativos à fiscalização, tais como alto número de processos, longo tempo de resolução destes e dificuldade de arrecadação de multas[28] – situações semelhantes, diga-se, com outros órgãos reguladores, inclusive a Anatel, conforme detalharemos adiante. De outro lado, as alterações propostas na minuta da Resolução 472/18 também pretendiam aumentar o *enforcement* das normas materiais da Anac, uma vez que o arcabouço normativo vigente até então dispunha apenas de mecanismos punitivos de comando e controle, os quais não promoviam uma cooperação dos regulados e ainda demandavam custos destes e da Agência, sendo, portanto, inadequados. As experiências nacionais e internacionais descritas acima indicam uma tendência de adoção de mecanismos de regulação responsiva, com vistas engajar os agentes regulados em uma atitude mais cooperativa. Tais medidas tem como pontos comuns (i) a transparência e informação proativa aos administrados sobre eventuais irregularidades; (ii) a possibilidade de saneamento das irregularidades antes mesmo da instauração de um processo sancionatório e, em alguns casos, (iii) o uso de atenuantes para incentivar o cumprimento das normas mesmo após a instauração do processo sancionatório. De qualquer forma, em todos os casos, as agências mantiveram a possibilidade de imposição de sanções na hipótese de não cooperação dos agentes regulados, indicando a alternativa de escalar a intervenção na pirâmide de sanções.

3. A ADOÇÃO DE MECANISMOS DA REGULAÇÃO RESPONSIVA NO SETOR DE TELECOMUNICAÇÕES

No setor de telecomunicações brasileiro, as iniciativas da Anatel para incluir mecanismos de regulação responsiva na regulamentação setorial de forma siste-

---

28. "ANAC, Agência Nacional de Aviação Civil. Nota Técnica 2(SEI)/2016/SPI, Processo 00058.501190/2016-98, de 09.09.2016. Disponível em: https://sistemas.anac.gov.br/sei/modulos/pesquisa/md_pesq_documento_consulta_externa.php?bxjXZN2ULCBrj3JMtfZIxIcWy8JibyFTzsYHT-zXzUi2SreYMy1ChPddfGT_v8UkqWhi5Kao3bMGThvf2wF6CyD4iXG923GgPemYkxU8Dtxl8QL_7I-tpcaCo45TwAXScY. Acesso em: 06 out. 2021.

matizada foram objeto da Consulta Pública 53/2018. Por esta Consulta Pública, a Anatel submeteu, às contribuições do público em geral, uma proposta de substituição de seu antigo Regulamento de Fiscalização Regulatória e aprimoramento do Regulamento de Aplicação da Sanções ("RASA").

O intuito da revisão da regulamentação era o de estabelecer um novo modelo de controle e fiscalização, ampliando o seu escopo para abranger o conjunto de medidas destinadas à prevenção ou à correção de condutas em desacordo com a regulamentação. Para esse propósito, a regulação responsiva foi usada como referência no processo normativo, até mesmo para alinhar o novo regulamento à experiência internacional.[29]

O processo normativo em questão teve origem ainda no ano de 2016, mas fez parte da Agenda Regulatória da Anatel para o Biênio 2017-2018, referente à reavaliação dos procedimentos de acompanhamento e controle de obrigações, previsto no art. 79 do Regimento Interno da Anatel.[30] Como resultado, a Anatel editou, em junho de 2021, o novo Regulamento de Fiscalização Regulatória, mediante a Resolução 746/2021, incorporando diversos mecanismos que se baseiam na teoria da regulação responsiva. Vejamos.

a) O cenário da fiscalização da Anatel anterior à aprovação do RFR

O contexto no qual a Anatel buscou a revisão da sua regulamentação acerca da fiscalização dos serviços de telecomunicações e aplicação de sanções aos administrados foi o de constatação da incapacidade do modelo tradicional de

---

29. "4.47. A área técnica afirma que o intuito deste novo modelo é incentivar a adoção de medidas que visem prevenir e corrigir condutas desconformes, devendo ocorrer previamente à adoção de medidas punitivas, incentivando, desta forma, a possibilidade de casos de correção de condutas, que é fundamental para a implementação da regulação responsiva no âmbito da Agência. (...) 4.92. Sendo assim, com o fito de obter os resultados almejados pelo setor de telecomunicações e pelos consumidores do serviço, torna-se imprescindível o emprego de técnicas modernas e alternativas de regulação, que não mais con- sistem simplesmente na aplicação de sanções em caso de descumprimento de regras, devendo, a Anatel, basear-se em uma regulação da espécie responsiva, aprendendo a colaborar e a adaptar-se, garantindo que o consumidor dos serviços de telecomunicações e o interesse público que os emoldura continuem sendo o centro das decisões e deliberações, fomentando, ao seu fim, a regulação para a inovação disruptiva no ecossistema tecnológico". (ANATEL, Conselheiro Aníbal Diniz, Análise 97/2018/SEI/AD, assinada em 18 de maio de 2018).

30. Regimento Interno da Anatel, art. 79: "Art. 79. O Procedimento de Acompanhamento e Controle é definido como o conjunto de medidas necessárias para o acompanhamento da prestação dos serviços de telecomunicações, para a prevenção e a correção de práticas em desacordo com as disposições estabelecidas em lei, regulamento, norma, contrato, ato, termo de autorização ou permissão, bem como em ato admi- nistrativo de efeitos concretos em matéria de competência da Agência. Parágrafo único. O Procedimento de Acompanhamento e Controle tem as seguintes finalidades, dentre outras: I – subsidiar a Anatel com informações relevantes para os seus processos decisórios; II – analisar o desempenho das prestadoras de serviços de telecomunicações; III – estimular a melhoria contínua da prestação dos serviços de teleco- municações visando soluções para as inconformidades detectadas; IV – atuar na busca da reparação ou minimização de eventuais danos à prestação dos serviços de telecomunicações ou aos seus usuários".

comando e controle em lidar com os problemas do setor. De fato, nas duas primeiras décadas do século XXI, os dados da Anatel demonstraram um aumento na imposição de inúmeras sanções, somando elevados valores, seguida de um baixo índice de arrecadação de multas e alto índice de judicialização, denotando uma baixa efetividade das sanções e a ausência de benefícios para o setor.

De acordo com dados da própria Anatel, das 66.136 multas definitivamente impostas pela Agência, que somam o total de R$ 7.973.862.834,34, havia, em 2020, multas no valor de R$ 2.608.111.684,66 com exigibilidade suspensa, distribuídas em 788 processos.[31] Com relação ao índice de arrecadação, de acordo com o Relatório de Avaliação do Processo Sancionatório da Anatel referente ao exercício de 2020, elaborado pela Controladoria Geral da União, apenas cerca de 8% do valor das multas constituídas foi efetivamente arrecadado pela Anatel.[32] De acordo com a PFE-Anatel, a Agência teria arrecadado 11%, em termos do valor de multas definitivamente constituídas. Ainda de acordo com o mesmo órgão, em relação à quantidade de multas arrecadadas (i.e., número de processos administrativos), a Agência teria arrecadado, aproximadamente, 67% das multas definitivamente constituídas. Isso significa que a judicialização das multas aplicadas pela Anatel se mostra muito mais frequente nos casos em que as sanções atingem valores mais elevados.[33]

---

31. "Essa conclusão também pode ser obtida a partir do valor médio de multa da Anatel judicializada, comparada com o valor médio de multa da Anatel. Conforme o mencionado Relatório, a Anatel constituiu definitivamente R$ 7.973.862.834,34 em 66.136 multas, o que significa que o valor médio de multa da Anatel definitivamente constituída é de R$ 120.567,66. Por outro lado, as multas com exigibilidade suspensa por decisão judicial compõem o valor de R$ 2.608.111.684,66, distribuídos em 788 processos, o que implica um valor médio de multa definitivamente constituída judicializada de R$ 3.309.786,40, muito superior, portanto, ao valor de multa médio aplicado pela Anatel" (PFE-ANATEL, Parecer 00496/2020/PFE-ANATEL/PGF/AGU, Processo 53500.205186/2015-10).

32. "No âmbito das telecomunicações, a Agência Nacional de Telecomunicações (Anatel), desde 1997, constituiu cerca de 63 mil multas, o equivalente a R$ 6,9 bilhões em termos financeiros, conforme Relatório Anual de 2018 da Agência. Não obstante a este montante, verificou-se que a arrecadação no período foi em torno de R$ 827 milhões, ou seja, cerca de 8% do valor das multas constituídas. Assim, se os infratores não estão pagando as multas devidas, questiona-se se o efeito repressivo, coercitivo e educador da principal sanção administrativa adotada pela Anatel tem contribuído para o alcance dos seus objetivos. Nesse sentido, a presente auditoria pretendeu atestar a situação da arrecadação das multas e avaliar se o poder sancionatório da Anatel tem sido eficaz para incentivar a prestação adequada e a constante melhoria dos serviços de telecomunicações no país." (Relatório de Avaliação do Processo Sancionatório da Anatel referente ao exercício de 2020, elaborado pela Controladoria Geral da União. Disponível em: https://eaud.cgu.gov.br/relatorios/download/899942. Acesso em: 06 out. 2021).

33. "Nesse aspecto, cumpre destacar que, conforme Relatório de Multas Constituídas elaborado em 25 de junho de 2020 (anexo), embora, em termos de valores de multas definitivamente constituídas, a Anatel tenha arrecadado aproximadamente 11% dos valores de multas, em relação à quantidade de multas arrecadadas (número de processos administrativos), a Anatel arrecadou aproximadamente 67% das multas definitivamente constituídas, o que demonstra que a judicialização das multas da Anatel se mostra muito mais frequente nas multas que, em razão do porte econômico do infrator e da abordagem de muitas infrações em um mesmo processo, ostentam maiores valores" (PFE-ANATEL, Parecer 00496/2020/PFE-ANATEL/PGF/AGU, Processo 53500.205186/2015-10).

Esse diagnóstico de dificuldade na arrecadação das sanções aplicadas pela Anatel também foi corroborado pelo Tribunal de Contas da União ("TCU"), no âmbito do Acórdão 729/2020. Com base na análise dos exercícios de 2015 e 2016, o TCU constatou que a Agência arrecadava cerca de 4,76% das multas que aplica, o que foi considerado baixo.[34] Considerando tais limitações, a Agência chegou a conduzir um projeto piloto em que buscou alterar a lógica do comando e controle por uma abordagem mais consensual e dialogada.[35] Em meados de 2016, com a identificação de um aumento anormal de reclamações sobre os Serviços de Valor Adicionado ("SVA"), tais como jogos, serviços de streaming, serviços em nuvem etc., a Superintendência de Relações com Consumidores da Anatel emitiu alertas para as principais operadoras de telefonia móvel junto com recomendações de que deveriam ser avaliadas as causas do aumento das reclamações e resolvê-las.

Para sanar a questão e trazer resultados positivos diretamente para os consumidores, a Anatel negociou e aprovou planos de ação com as prestadoras afetadas. A medida se demonstrou largamente exitosa, em especial diante da diminuição das reclamações perante a Anatel, comparando-se os anos de 2016 e 2017[36] – ano em que a negociação dos Planos de Ação tiveram início.

Os efeitos positivos do projeto piloto também puderam ser percebidos pela comparação do tempo consumido por um processo de acompanhamento e controle regular na Agência com o tempo consumido no processo relativo às

---

34. Vide Tabela 3, apresentada no Acórdão 729/2020 (TCU, Plenário, Acórdão 729/2020, Min. Rel. Aroldo Cedraz, Processo 024.820/2018-0, j. em 1º.04.2020.

35. "Nos dois meses seguintes, a Anatel não apenas demonstrou que se tratava de um problema na prática das operadoras de telecomunicações, mas também as trouxe para o diálogo. O ponto principal em que a SRC se concentrou foi sobre as medidas que as operadoras poderiam adotar para resolver o problema do faturamento de serviços indesejados, já que a conta de serviços de telecomunicações estava completamente sob seu alcance operacional. Esse foi o segundo passo, a mudança de foco de atuação, que a partir da construção de confiança entre o Órgão Regulador e os administrados, passou a centrar-se na solução da questão que afetava os consumidores" (Anatel, Processo 53500.205186/2015-10, Voto 127/2018/SEI/PR).

36. Segundo o Balanço das Reclamações Registradas em 2017 publicado pela Superintendência de Relações com Consumidores ("SCR"), "A Superintendência de Relações com Consumidores – SRC – aferiu, durante o ano de 2017, uma significativa queda no número de reclamações de consumidores contra as prestadoras de serviços de telecomunicações: em comparação com o ano anterior, foram 506 mil reclamações a menos (...) Na telefonia móvel pré-paga, houve queda absoluta de reclamações nas quatro principais prestadoras do Brasil. (...) De modo geral, o que mais impactou no resultado da telefonia móvel pré-paga foi a redução de reclamações sobre cobranças em desacordo com o que havia sido contratado e cobrança de serviços não contratados. Merece destaque o fato de que a Superintendência de Relações com Consumidores, no primeiro semestre de 2017, deu início a processos de fiscalização regulatória, envolvendo as quatro principais prestadoras nacionais, com o objetivo de mitigar a contratação à revelia de serviços de valor adicionado e assemelhados. Na avaliação do órgão, os resultados de 2017 já são reflexos desta ação". (Disponível em: http://www.anatel.gov.br/Portal/verificaDocumentos/documento. asp?numero-Publicacao=347861&assuntoPublicacao=null&caminhoRel=null&filtro=1&documentoPath=347861. pdf. Acesso em: 06 out. 2021).

cobranças de SVA. As figuras abaixo evidenciam a diferença em termos de tempo consumido para a tramitação processual:

Figura 1: tramitação de processo "regular" (elaborada pelos autores)

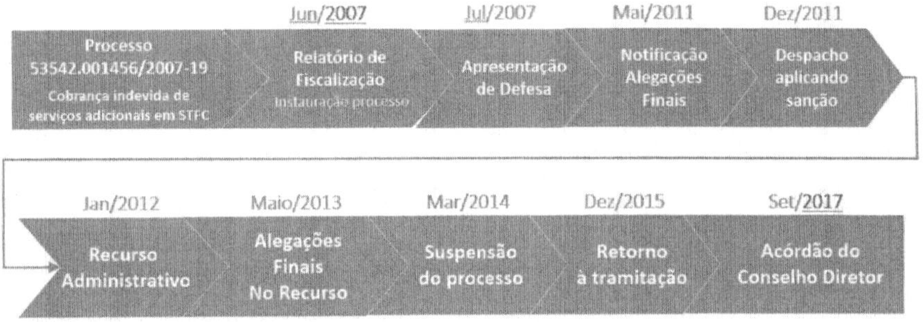

A figura 1, acima, demonstra o fluxo processual com os correspondentes marcos temporais da tramitação de um processo que versou sobre "cobrança indevida de serviços adicionais em STFC". Nesse processo, que seguiu o rito comum adotado pela Anatel, sem a utilização de qualquer mecanismo de regulação responsiva, passaram-se mais de 10 anos da instauração do processo até a decisão pelo Conselho Diretor da Agência.

A figura 2, abaixo, apresenta o fluxo processual, também com os correspondentes marcos temporais, do processo em que a Anatel aplicou o projeto piloto de regulação responsiva, conferindo a oportunidade de as prestadoras apresentarem planos de ação para endereçarem as crescentes reclamações sobre inclusão de cobrança de SVAs. A figura demonstra que, nesse caso, em menos de um ano da sugestão do projeto piloto, os planos de ação foram implementados e passou-se ao acompanhamento da evolução das reclamações. Em pouco mais de quatro anos o processo foi encerrado por exaurimento da sua finalidade.

Figura 2: tramitação processual no "caso dos SVAs" (elaborada pelos autores)

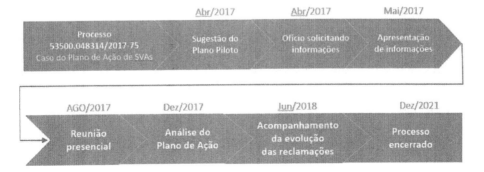

O contexto que fundamentou as iniciativas da Anatel para alteração de sua regulamentação de fiscalização e controle foi marcado, portanto, por uma baixa efetividade da abordagem regulatória que até então orientava a atuação da Agência. O projeto-piloto também mostrou uma experiência exitosa na adoção de medidas mais dialogadas com o administrado, em linha com as propostas da regulação responsiva, o que balizou a condução do novo RFR.

b) Breve histórico do processo que culminou com a aprovação do RFR

No curso do processo de aprovação do RFR, a Anatel chegou a editar diversas minutas intermediárias do regulamento, que previam diferentes graus de aplicação da teoria da regulação responsiva.

A proposta inicial, elaborada pelo Conselheiro Aníbal Diniz e detalhada na Análise 97/2018/SEI/AD4, previu uma série de mecanismos preventivos e reparatórios, inclusive para incentivar o administrado a modificar a sua conduta antes mesmo de que qualquer processo tendente à aplicação de sanção fosse instaurado. Em especial, destaca-se a previsão (i) da notificação para regularização, mecanismo pelo qual a Anatel determinaria prazo para o administrado corrigir a sua conduta; e (ii) da reparação voluntária e eficaz, instituto que conferiria a possibilidade de arquivamento de processo administrativo de acompanhamento do cumprimento de obrigações legais e infralegais, sem a instauração de processo sancionador, caso o administrado regularizasse tempestivamente a sua conduta.

A minuta que foi submetida à Consulta Pública, contudo, foi aquela proposta pelo Conselheiro Presidente Leonardo Euler, que havia solicitado vistas da matéria. Esta proposta deixou de contemplar o instituto da reparação voluntária e eficaz e expressamente estabeleceu que os resultados positivos da notificação para regularização seriam considerados apenas na avaliação de incidência dos atenuantes da sanção a ser fixada. A minuta propunha alteração do RASA para prever expressamente que o cumprimento de medidas preventivas ou reparatórias não afastaria a instauração de processo sancionador e ensejaria a aplicação da sanção de advertência.

Em linhas gerais, a proposta que fora submetida à Consulta Pública suprimiu a fase inicial da pirâmide regulatória proposta pela regulação responsiva. Afastou-se, assim, qualquer possibilidade de que a conduta do administrado fosse apta a obstaculizar a instauração de processo administrativo sancionador. A conduta cooperativa, a ser prestigiada, serviria apenas para configurar a situação como sancionável por advertência ou para a aplicação de atenuantes. Ambas as consequências não seriam capazes de alterar a lógica de abordagem regulatória por "comando e controle", dado que demandariam, mesmo na hipótese de postura cooperativa do regulado, a instauração de processo administrativo sancionador.

Em atenção às contribuições recebidas em sede de consulta pública, que indicavam a baixa adesão da minuta proposta à teoria da regulação responsiva, a área técnica da Anatel entendeu por bem incluir dispositivo na minuta[37] para prever que a regularização da conduta acarretaria o arquivamento do processo de acompanhamento, sem a adoção de medidas de controle e não mais a aplicação da sanção de advertência.[38]

A sugestão, contudo, esbarrou na análise jurídica realizada pela Procuradoria Federal Especializada da Anatel (PFE-Anatel).

c) O entrave jurídico suscitado pela PFE-Anatel

Uma das principais barreiras observadas no curso do processo normativo do RFR para a introdução de instrumentos mais profundamente alinhados com a teoria da regulação responsiva foi o entendimento externado PFE-Anatel acerca da interpretação do artigo 173[39] da Lei 9.472, de 16 de julho de 1997 (Lei Geral de Telecomunicações – "LGT").

Em síntese, no entendimento da PFE-Anatel, o citado dispositivo da LGT impediria que a regulamentação setorial afastasse a instauração de processo sancionador (i.e., Procedimento de Apuração de Descumprimento de Obrigações – "PADO") nas hipóteses em que o time de fiscalização da Agência se deparasse com conduta potencialmente infratora da legislação, da regulamentação ou de regras contratuais. Na leitura do PFE, a infração seria configurada imediata e instantaneamente no processo de fiscalização. Diante de constatação havida nesse processo, a Anatel não possuiria qualquer margem de discricionariedade para adotar outra medida senão a instauração de PADO, para posterior aplicação das sanções elencadas no artigo 173 da LGT.

---

37. Minuta do RFR, artigo 45: "Art. 45. A regularização da conduta acarretará o arquivamento do processo de acompanhamento, sem a adoção de Medidas de Controle previstas neste Regulamento".

38. "3.27.10 Excluiu-se o inciso IV do art. 12 do RASA, o qual previa a aplicação de advertência para os casos de cumprimento das medidas preventivas e reparatórias. Isso porque foi incluído dispositivo no corpo do Regulamento de Fiscalização Regulatória o qual prevê que a regularização da conduta acarretará o arquivamento do processo de acompanhamento, sem a adoção de medidas de controle. Como se observará no tópico abaixo relativo ao processo de acompanhamento, essa alteração atende às contribuições para se aprimorar a proposta de Regulamento de Fiscalização Regulatória, de modo a torná-la mais aderente aos princípios da regulação responsiva. (...) 3.33.1. Diversas contribuições propuseram ao art. 14 da proposta de Regulamento incluir previsão de arquivamento da análise/ acompanhamento em caso de cumprimento das medidas preventivas e reparatórias. Acerca do tema, entende-se razoável prever hipóteses mais brandas no caso de cessação da irregularidade ou reparação dos danos, ou até o arquivamento do processo em alguns casos." (Anatel, Processo 53500.205186/2015-10, Informe 93/2019/PRRE/SPR).

39. LGT, artigo 173: "Art. 173. A infração desta Lei ou das demais normas aplicáveis, bem como a inobservância dos deveres decorrentes dos contratos de concessão ou dos atos de permissão, autorização de serviço ou autorização de uso de radiofrequência, sujeitará os infratores às seguintes sanções, aplicáveis pela Agência, sem prejuízo das de natureza civil e penal: I – advertência; II – multa; III – suspensão temporária; IV – caducidade; V – declaração de inidoneidade".

Nesse ponto, a postura adotada pela PFE-Anatel parece encerrar uma espécie de "temor legalista". Afinal, não se extrai da leitura do artigo 173 da LGT qualquer comando que impeça a possibilidade de adoção de mecanismos de regulação responsiva pela Anatel. Não se vislumbra relação de necessária causalidade entre a apuração, no plano fático, de uma conduta que potencialmente possa configurar um descumprimento de obrigação e a instauração de processo administrativo sancionador.

O que a LGT de fato determina é que, diante da constatação inequívoca da existência de infração, deve o regulador submeter o regulado a uma das sanções previstas nos incisos do artigo 173. É preciso considerar, contudo, a relevante diferença entre o conceito de "infração" e de "indícios de infração": a constatação de que uma determinada conduta apresenta indícios de descumprimento de obrigações não implica, necessariamente, a configuração de uma infração. De fato, o PADO, como a própria nomenclatura denota (i.e., procedimento para *apuração* de descumprimento de obrigações[40] tem exatamente a função de avaliar, a partir de um conjunto de atos administrativos predefinidos e encadeados, se uma dada conduta de fato se configura como antijurídica e, portanto, infratora.

Nesse contexto, a Anatel teria discricionariedade para, considerando os custos envolvidos na tramitação do processo e ponderando a medida mais eficiente para sanar a potencial irregularidade identificada, decidir entre seguir com a instauração ou não do PADO, visando à aplicação de sanção, ou optar por medidas preventivas ou reparatórias.[41]

Para tanto, não seria necessária qualquer alteração legislativa. Sobre esse ponto, vale anotar que um estudo da UnB, contratado pela Anatel, concluiu que a adoção de mecanismos de regulação responsiva não demandaria atuação

---

40. Regimento Interno da Anatel, artigo 80: "Art. 80. O Procedimento para Apuração de Descumprimento de Obrigações (Pado) destina-se a averiguar o descumprimento de disposições estabelecidas em lei, regulamento, norma, contrato, ato, termo de autorização ou permissão, bem como em ato administrativo de efeitos concretos que envolva matéria de competência da Agência, e será instaurado de ofício ou a requerimento de terceiros, mediante reclamação ou denúncia, compreendendo as seguintes fases: (...)".

41. "Em telecom a distinção entre o punível e o não punível é matéria de regulamento, não de lei. Logo, *o regulamento pode enquadrar como insuscetível de sanção a situação que tenha sido resolvida consensualmente*, em conformidade com o interesse público. Logicamente, a aplicação de sanção supõe uma infração suscetível de punição. Cabe ao regulamento dizer quais são as condições em que uma infração é punível e quais são as causas excludentes da sanção. (...) *Não há qualquer fundamento jurídico para supor que uma pena seja consequência necessária e inevitável de qualquer falta.* (...) É matéria regulamentar a distinção entre faltas cuja punição é necessária (inevitável) e faltas cuja punição é possível, mas evitável, bem como das condições que evitam a pena." SUNDFELD, Carlos Ari; CÂMARA, Jacintho Arruda. Acordos substitutivos nas decisões regulatórias. *Revista de direito público da economia: RDPE*. Belo Horizonte, v. 9, n. 33, p. 9-26, jan./mar. 2011.

legislativa[42] e que a aplicação de atenuantes não alteraria a lógica de comando e controle que já é adotada pela Agência.[43]

Nada obstante essas considerações, a interpretação conferida pela PFE-Anatel com relação ao assunto prosperou e exerceu influência relevante no texto final do RFR que foi aprovado.

d) O RFR aprovado: análise dos instrumentos de regulação responsiva introduzidos

O RFR aprovado, de fato, incorporou instrumentos de regulação responsiva. Nesse sentido, foram previstos os seguintes instrumentos destinados à prevenção ou reparação da conduta tida como potencialmente infratora: (i) divulgação de informações; (ii) orientação aos administrados; e (iii) notificação para regularização; (iv) plano de conformidade.

O instrumento da divulgação de informações garante à Anatel a possibilidade de divulgar dados setoriais e de desempenho em sua página na Internet, em função do caso concreto, sua gravidade e as condutas praticadas. Admite-se, também, que o regulador imponha ao administrado a obrigação de apresentação de proposta de conteúdo, formato, periodicidade e meio e de disponibilização de informações, conforme proposta a ser definida em comum acordo com a Anatel.

---

42. Com relação ao momento da configuração da infração e sobre a necessidade de alteração legislativa para adoção de mecanismos de regulação responsiva o relatório da Meta 7 da Pesquisa e Inovação Acadêmica sobre Regulação que teve como escopo a elaboração de Estudo sobre correspondência entre modelos regulatórios apoiados em incentivos, em especial a regulação responsiva, e os princípios jurídico-constitucionais e a fiscalização regulatória da ANATEL" assim concluiu: "Não há, pois, objetivo punitivo na implementação desses prêmios, no bojo da regulação responsiva pretendida não sendo necessário a previsão de lei formal para tanto, bastando-se a compatibilidade com as atribuições legais da própria Agência. (...) "Por fim, em face do exposto, surge ainda uma outra questão constitucional: seria necessário que os incentivos previstos (sanções de natureza premial) fossem previstos em lei formal aprovado pelo Parlamento e não por meio de regulamento? A resposta, ao menos para este caso em concreto, ressoa negativa" Disponível em: https://sei.anatel.gov.br/sei/modulos/pesquisa/md_pesq_documento_consulta_externa.php?eEP-wqk1skrd8hSlk5Z3rN4EVg9uLJqrLYJw_9INcO-5vDRO9ZlKseOwvngAICKpm9Irl6ibkZt0lYfSCe1OeePQPvp7TPNS13vKgw10-ZrQFGQFB3CQ8G-Mm2kQF8FBTF. Acesso em: 06 out. 2021.
43. Com relação à aderência da aplicação de atenuantes ao modelo de regulação responsiva, assim se manifestou a equipe da UnB que conduziu os estudos relativos à Meta 7: "Nesse sentido, é de se notar que as atenuantes previstas pelo RASA (Resolução ANATEL 589/2012) ainda estão filiadas ao modelo de comando-e-controle, *uma vez que se associam ao momento final de aplicação da sanção* que, a teor das diretrizes de regulação por incentivos, deve ser levada a cabo tão somente após a tentativa de aplicação de outras medidas tendentes a reorientar o comportamento do agente regulado àquele sentido entendido como virtuoso" (Posição externada em resposta às observações das áreas técnicas da ANATEL contidas no Memorando 111/2019/SCO, de 22/11/2019, sobre o relatório correspondente à Meta 7 – Estudo sobre correspondência entre modelos regulatórios apoiados em incentivos, em especial a regulação responsiva, e os princípios jurídico-constitucionais e a fiscalização regulatória da ANATEL. Disponível em: https://sei.anatel.gov.br/sei/modulos/pesquisa/md_pesq_documento_consulta_externa.php?eEP-wqk1skrd8hSlk5Z3rN4EVg9uLJqrLYJw_9INcO653TeEk-0agSyz1NGkj64cizp9pI_CFL-9vzrOBje5UDY2hgDqJekLOPLBkIsEK6-kRoW1JmIBppCD7LIWScFum. Acesso em: 06 out. 2021).

O instrumento pode ser utilizado, portanto, como uma forma de ampliar a obrigação já aplicável aos administrados de informar os consumidores, ou também como forma de imposição de sanção reputacional.

A orientação aos administrados, por sua vez, consiste em medidas que podem ser promovidas pela Anatel, e sugeridas pelos administrados, para instrui-los acerca de normas, procedimentos, documentação comprobatória, dentre outros aspectos, da implementação e da observância de melhores práticas para o atendimento à regulamentação de forma efetiva e eficaz.

Por sua vez, através da notificação para regularização a Anatel poderá cientificar o administrado acerca da constatação de conduta que entende irregular e determinar prazo razoável para a correção, considerando a proporcionalidade entre as ações específicas e as irregularidades identificadas.

Por fim, a regulamentação passou a admitir expressamente a possibilidade de o administrado apresentar plano à Agência se comprometendo, em prazo determinado, a demonstrar o cumprimento de obrigações e a reparação do dano aos usuários.

Todos esses instrumentos demonstram influência da teoria da regulação responsiva, na medida em que buscam diminuir a distância existente entre regulador e regulado e estabelecer alternativas de atuação do regulador diante de condutas desviantes.

É importante destacar, também, que o RFR trouxe previsões para endurecer a aplicação de sanção na hipótese de descumprimento das medidas preventivas e reparatórias (e.g., aplicação de agravante de 10% para cada medida preventiva ou reparatória descumprida no processo de acompanhamento que precedeu o PADO, até o limite de 40% e a impossibilidade de aplicação de atenuantes, com exceção daquela aplicável à confissão).

Apesar de a Anatel ter incluído previsões que garantam a existência de "ameaças críveis", pressuposto da regulação responsiva, os instrumentos voltados a criar uma estrutura de incentivos positiva foi prejudicada, ainda que parcialmente. Isto é, o regulamento estabeleceu previsões que geram incentivos negativos, na medida em que geram o temor do administrado em descumprir medidas preventivas ou reparatórias, mas poderia ter avançado mais ao estabelecer mecanismos de recompensa que premiem o bom comportamento.

Como visto, a teoria da regulação responsiva parte da premissa de que a administração deve buscar, em primeiro lugar, estabelecer um contexto favorável para a conduta do administrado, premiando os comportamentos positivos. A ameaça crível serviria como uma espécie de instrumento para que o administrado não confunda o estímulo regulatório positivo com uma ingenuidade do regulador.

Nesse sentido, a Anatel perdeu a oportunidade, no RFR aprovado, de adotar uma regulação verdadeiramente responsiva, que contenha, por exemplo, um escalonamento de medidas a serem adotadas, que criem o estímulo necessário para que os administrados atuem em conformidade com as suas obrigações, antes de qualquer medida tendente à aplicação de sanção seja tomada.

Veja-se, por exemplo, que o RFR prevê que, "diante da insuficiência das medidas previstas nesta Seção [medidas preventivas e reparatórias] para o cumprimento das obrigações ou a cessação de irregularidades, serão aplicadas ao Administrado as medidas de controle descritas no art. 51 [incluindo a instauração de PADO]". Além disso, o artigo 12 do RASA foi alterado para prever especificamente a imposição de advertência na hipótese de atendimento das medidas impostas em processo de acompanhamento do qual derivou o processo sancionador.[44]

Assim, a interpretação conjunta dessas disposições denota que a alternativa concebida pela Agência para a situação na qual um dado administrado cumpra com as medidas preventivas e reparatórias, atingindo o seu objetivo, é a instauração de PADO e a aplicação da sanção de advertência. É o que se evidencia, inclusive, pela posição sustentada pelo Conselheiro Moisés Moreira, na análise que resultou na aprovação do RFR.[45]

Com essa alternativa, é possível afirmar que o texto final da regulamentação aprovada pela Anatel não se aproveita plenamente os benefícios que poderiam ser percebidos com a efetiva aplicação da regulação responsiva. Isso porque, mesmo diante da postura cooperativa e adequado do administrado (i.e., do cumprimento adequado de medidas e preventivas) a regulamentação impõe à Anatel a obrigação de instaurar PADO, com todos os custos e ônus decorrentes de tal medida. Nesse caso, portanto, há um comprometimento do desejável resultado de se obter a diminuição do número de processos sancionadores. Além disso, mesmo arcando com o ônus da tramitação de um processo sancionador,[46] ao fim do processo pouco

---

44. RASA, artigo 12: "Art. 12. A Agência aplicará a sanção de advertência quando da ocorrência de uma das seguintes alternativas: I – não justifique a imposição de pena mais grave ao infrator; ou, II – atendimento das medidas impostas em processo de Acompanhamento do qual derivou o Pado".

45. "Com base nos esclarecimentos prestados pela PFE/Anatel, a área técnica alterou sua proposta e retirou a possibilidade de arquivamento do processo de Acompanhamento sem instauração de Pado quando atingido o seu objetivo. Contudo, ao meu ver, não foi proposta uma alternativa suficiente que demonstrasse o devido reconhecimento pela Anatel da atitude da prestadora, que cumpriu as medidas impostas e solucionou a questão enfrentada. Acredito que, diante das possibilidades que temos frente aos limites criados pela legislação, o melhor endereçamento seja prever a aplicação da sanção de advertência para esses casos, independentemente da gravidade das infrações ou da incidência de reincidência específica" (Anatel, Processo 53500.205186/2015-10, Análise 52/2021/MM).

46. De fato, de acordo com o Relatório de Gestão Anual de 2022, naquele ano a Agência aplicou um volume de multas 5% superior ao registrado no ano anterior (i.e., 2021), mantendo baixo índice de arrecadação (i.e., multas arrecadas em relação a multas aplicadas).

resultado útil será percebido quando o administrado já tiver dado cumprimento às medidas preventivas e reparatórias.

A Administração e o administrado ainda se verão obrigados a percorrer o caminho da instrução do processo administrativo, com as garantias que lhe são inerentes (i.e., ampla defesa e devido processo legal) para efetivamente constituir a infração. Ao fim desse caminho, a aplicação da sanção de advertência não gerará a possibilidade de administração reaver os custos incorridos com a instrução processual (i.e., dado que não recolherá multa). Do lado do administrado, por sua vez, serão mitigados os incentivos que poderiam ser produzidos pelos instrumentos de regulação responsiva pois, ainda que os cumpra, fatalmente se verá obrigado a arcar com os custos necessários para se defender em processo administrativo sancionador. Nesse ponto, a estrutura de incentivos desenhada pela teoria de regulação responsiva para induzir o comportamento adequado dos administrados parece ter sido enfraquecida.

De todo modo, o balanço da revisão do RFR até o momento é positivo, pois as modificações realizadas estão voltadas a solucionar os problemas relativos à fiscalização regulatória identificados pela Anatel, ainda que não em sua integralidade. A regulamentação passou a prever um processo fiscalizatório que gera oportunidades ao regulado para corrigir sua conduta e/ou reparar os danos eventualmente produzidos, para afastar ou, pelo menos, atenuar profundamente a sanção a ser imposta.

4. CONCLUSÃO

Como visto ao longo deste artigo, a teoria da regulação responsiva tem se mostrado presente na regulação de diferentes setores da economia brasileira. Em jurisdições estrangeiras, a regulação responsiva é uma realidade já incorporada em vários setores e a teoria discute atualmente desdobramentos da sua aplicação.[47] Evidentemente não se trata de uma panaceia que solucionará todos os problemas relativos à fiscalização de setores regulados, mas certamente é uma ferramenta importante e cuja aplicação deve ser considerada à luz das características de cada setor.

As experiências brasileiras demonstram que os reguladores nacionais estão atentos às modernas teorias regulatórias e estão buscando introduzir no ordena-

---

47. Algumas das teorias desenvolvidas em diálogo ou complemento à teoria da regulação responsiva, discutidas internacionalmente são as teorias de "*smart regulation*", "diamante regulatório", "*problem-centered regulation*" e "*really responsive regulation*". Para aprofundamento dessas diversas correntes, vide: SILVA, João Marcelo Azevedo Marques. A Regulação Responsiva das Telecomunicações: Novos horizontes para o controle de obrigações pela Anatel. *Revista de Direito, Estado e Telecomunicações*. Brasília, v. 9, n. 1, p. 183-208, maio de 2017. Disponível em: http://www.mpsp.mp.br/portal/page/portal/documentacao_e_divulgacao/doc_biblioteca/bibli_servicos_produtos/bibli_informativo/bib-li_inf_2006/Rev-Dir-Est-Telecom_n.09.01.09.pdf. Acesso em: 06 out. 2021.

mento jurídico medidas que se alinhem, em maior ou menor grau, às premissas da regulação responsiva. É preciso considerar, contudo, que o processo de revisão da regulamentação deve ser um esforço contínuo e vivo, em que o regulador busque sempre aprimorar o arcabouço regulatório a partir da experiência adquirida.[48] Isso significa que as medidas voltadas à introdução da regulação responsiva devem ser continuamente monitoradas, como deve ocorrer com qualquer iniciativa regulatória.

No âmbito do setor de telecomunicações é louvável a iniciativa da Anatel em buscar a modernização do seu processo de acompanhamento e controle, inclusive com a procura pela inclusão de técnicas próprias da regulação responsiva. No entanto, a oportunidade de revisão da regulamentação no RFR poderia ter sido mais bem aproveitada, para que a regulação responsiva fosse adotada de maneira mais assertiva.

De todo modo, é necessário considerar que essa iniciativa é complementada por outras iniciativas conduzidas no âmbito da Anatel, que buscam tornar mais eficiente a regulamentação e aproximar administrado e regulador. Nesse sentido, vale destacar que a Anatel tem promovido esforços para: (i) racionalizar a sua regulamentação, buscando a simplificação da regulação setorial[49] e a expurgação de normas defasadas;[50]

---

48. "Parte importante da literatura dedicada a entender o enigma do desenvolvimento econômico, contudo, defende ser crucial que haja lugar para uma governança experimental de políticas públicas estratégicas. Experimentação se traduz, em termos práticos e cotidianos, na possibilidade de incorporar conhecimento e, com isso, de introduzir inovações na gestão governamental. Isso porque o desenvolvimento econômico passa pela definição de objetivos e fins, mas também (e tanto quanto) por aprender como trilhar o caminho, com correções na rota quando necessário. Como nos ensinam os cientistas políticos, as políticas públicas são construídas enquanto são implementadas – elas não se desdobram mecânica e previsivelmente de cima para baixo – e, nesse processo iterativo, é preciso levar a sério o protagonismo, a discricionariedade e a expertise dos burocratas que as operam. Mais uma razão, sem dúvida, para criar válvulas pelas quais o aprendizado empírico resultante da experiência de implementação possa ser absorvido em ciclos regulares e eficazes de avaliação e calibragem" (COUTINHO, Diogo R. Legislação experimental e inovação nas políticas públicas: de que adiantam normas duradouras que levam para a direção errada?, *JOTA*, publicado em 26.02.2019. Disponível em: https://www.jota.info/coberturas-especiais/inova-e-acao/legislacao-experimental-e-inovacao-nas-politicas-publicas-26022019. Acesso em: 06 out. 2021).

49. A iniciativa normativa de simplificação da regulamentação de serviços de telecomunicações é objeto do item 25 da Agenda Regulatória da Anatel para o biênio 2021-2022 e tem sido conduzida no âmbito do Processo 53500.059638/2017-39. A Anatel submeteu à Consulta Pública 65/2020, documento que buscava identificar as possíveis fusões dos atuais serviços de telecomunicações, prós e contras de cada uma destas possibilidades, bem como tratar as principais barreiras em cada uma das alternativas, além de realizar uma revisão das próprias regras de serviços constantes dos normativos regulamentares resultantes destas fusões. Para mais informações sobre a iniciativa de simplificação regulatória conduzida pela Anatel, vide: https://www.gov.br/anatel/pt-br/regulado/agenda-regulatoria/simplificacao-regulatoria. Acesso em: 06 out. 2021.

50. Em minuta de resolução submetida à Consulta Pública 72/20, finalizada em janeiro de 2021, a Anatel propôs a revogação de mais de 40 regulamentos e dispositivos de regulamentos vigentes, em projeto denominado como Guilhotina Regulatória" em que a Agência busca simplificar o seu estoque regulatório, afastar obrigações que se tornaram obsoletas e deixar mais claro para os agentes regulados quais são as

(ii) tornar mais eficiente as sanções impostas, mediante, por exemplo, a imposição de obrigações de fazer;[51] e (iii) estabelecer uma relação mais negocial com os administrados, celebrando termos de ajustamento de condutas.[52-53] Merecem nota, também, as iniciativas já promovidas pela Anatel para a promoção de mecanismos de autorregulação setorial como, por exemplo, a criação da lista nacional de não perturbe pelo setor,[54] bem como os movimentos produzidos pelos próprios agentes organizados em especial a implantação do Sistema de Autorregulação das Telecomunicações, que tem produzido atos normativos com o acompanhamento da Anatel.[55] Ademais, na Agenda Regulatória de 2023-2024, aprovada pela Resolução Interna 182/2022, a Anatel prevê a reavaliação do RASA, com consulta pública a ser realizada no segundo semestre de 2024 (Item 10). Esse pode ser mais um foro para o aprimoramento das normas relacionadas à fiscalização regulatória, com o amadurecimento e aprimoramento de técnicas de regulação responsiva.

---

condutas esperadas. Em junho de 2022, aprovou a revogação de 44 resoluções. Em continuação ao projeto, em março de 2023 iniciou a tomada de subsídios n. 6 sobre a possível revogação de mais normativas.

51. No Plano de Gestão Tático, divulgado pela Anatel no início de 2021, a Anatel abordou a questão da conversão das sanções em obrigação de fazer, informando que, em 2019, 24% do valor total de multas aplicadas em primeira instância foram convertidos em obrigação de fazer. A Anatel estabeleceu meta, atribuída à Superintendência de Controle de Obrigações, para ampliar as propostas de substi- tuição de multas por medidas de obrigações de fazer, em prol da ampliação do acesso e da qualidade dos serviços de 24% para 30% em 2021 e 40% em 2022. (Plano de Gestão Tático Disponível em: https://www. pontoisp.com.br/wp-content/uploads/2021/01/Plano-Gestao-Tatico-2021-2022-v07-01.pdf. Acesso em: 06 out. 2021).

52. Para promover uma regulação responsiva e objetivos de política pública, bem como reduzir os custos envolvidos nos recolhimentos de multas, a Anatel tem implementado soluções alternativas para o cumprimento das regulações, como, por exemplo, a utilização do instrumento jurídico dos Termos de Compromisso de Ajustamento de Conduta (TACs)." OECD (2020), Avaliação da OCDE sobre Telecomunicações e Radiodifusão no Brasil 2020, OECD Publishing, Paris, Disponível em: https:// doi. org/10.1787/0a4936dd-pt. Acesso em: 06 out. 2021.

53. Desde 2014, com a aprovação do Regulamento de celebração e acompanhamento de TAC (i.e., Resolução 629, de 16 de dezembro de 2013), a Anatel já negociou a celebração de acordos com os principais atores do mercado. Em julho de 2020 a Agência celebrou seu primeiro TAC (n. 001/2020) com o Grupo TIM. Mais recentemente, em dezembro de 2020, a Algar também teve suas negociações concluídas, com a celebração do segundo TAC da história da Anatel.

54. "Ao longo da instrução processual desses procedimentos são realizados encontros técnicos entre as prestadoras e representantes da Anatel; solicitação de dados técnicos e operacionais; análise de recla-mações; estudos técnicos; identificação de causas-raiz para os problemas apontados e propostas de soluções. Ou seja, antes da tomada de qualquer ação de controle coercitiva, a própria regulada possui a oportunidade de sanear e corrigir eventuais inconsistências e falhas que tenham surgido na prestação do serviço. Aliás, a oportunidade conferida para que a própria prestadora resolva falhas identificadas é uma decorrência da legislação em vigor que, neste projeto, passa a ser reconhecida como linha diretriz da atuação regulatória da Anatel. Trata-se, pois, de uma relação de confiança e transparência estabelecida entre a autoridade administrativa e sua regulada, a qual exige, contudo, demonstrações concretas do compromisso dos agentes econômicos na alteração de condutas e comportamentos relacionados ao tema" (ANATEL, Informe 49/2019/RCTS/SRC, Processo 53500.010080/2019-55).

55. Cf. https://conexis.org.br/autorregulacao/sart/institucional/sobre-o-sart/. Acesso em: 06 out. 2021. Já foram elaborados normativos para atendimento de usuários, ofertas e cobrança.

Todas essas medidas certamente produzirão um novo cenário para a regulação econômica desempenhada pela Anatel no setor de telecomunicações que proporcionarão novos desafios e horizontes para a pesquisa acadêmica.

De todo modo, esperase que as alterações já promovidas sejam capazes de alterar positivamente o rumo que até então vinha sendo trilhado, com o aumento da efetividade do processo de acompanhamento e controle da Anatel.

REFERÊNCIAS

AYRES, Ian; BRAITHWAITE, John. *Responsive Regulation*: Transcending the Deregulation Debate. Oxford Oxford University Press. Disponível em: http://johnbraithwaite.com/wp-content/uploads/2016/06/Responsive-Regulation-Transce. pdf. Acesso em: 06 out. 2021.

AYRES, Ian; BRAITHWAITE, John. *Responsive Regulation*: Transcending the Deregulation Debate, New York: Oxford University Press, USA, 1992.

BRAITHWAITE, John. *To Punish or Persuade*. State University New York Press. 1985 p. 97. Disponível em: http://johnbraithwaite.com/wp-content/ uploads/2016/06/To-Punish-or-Persuade-Enforce.pdf. Acesso em: 06 out. 2021.

CÂMARA, Jacintho Arruda. Acordos substitutivos nas decisões regulatórias. *Revista de direito público da economia: RDPE*. Belo Horizonte, v. 9, n. 33, p. 9-26, jan./mar. 2011.

COUTINHO, Diogo R. Legislação experimental e inovação nas políticas públicas: de que adiantam normas duradouras que levam para a direção errada?, *JOTA*, publicado em 26.02.2019. Disponível em: https://www.jota.info/coberturas-especiais/inova-e-acao/ legislacao-experimental-e-inovacao-nas-politicas-publicas-26022019. Acesso em: 06 out. 2021.

FREITAS. L.C. et al. Obrigação de fazer em sanções regulatórias no Brasil: aplicação ao setor de telecomunicações. *Revista de Direito, Estado e Telecomunicações*, v. 11, n. 2, p. 71-86, out. 2019. DOI: https://doi.org/10.26512/lstr.v11i2.27019. Acesso em: 06 out. 2021.

JORDÃO, Eduardo Ferreira; ADAMI, Mateus Piva. Steven Shavell e o Preço do Processo: notas para uma análise econômica do direito processual. In: JORDÃO, Eduardo Ferreira; DIDIER JR., Fredie Souza (Coord.). *Teoria do Processo*: panorama doutrinário mundial, Salvador: JusPodivm, 2007.

MENDOZA, Francisco Ochoa. ¿Es posible hacer cumplir la ley sin sancionar? Aplicando de manera «responsiva» la regulación en el Perú, a propósito del caso de abogacía de la competencia sobre las barreras burocráticas en el mercado de servicios públicos. *Revista de La Facultad de Derecho da PUC*, n. 76, 2016, p. 151-180. Disponível em: http://dx.doi.org/10.18800/derechopucp.201601.006. Acesso em: 06 out. 2021.

MORENO, Natália de Almeida. Tecnologias regulatórias piramidais: *responsive regulation* e *smart regulation*. *Revista de Direito Público da Economia* – RDPE. Belo Horizonte, ano 13, n. 49, jan./mar. 2015.

PALMA, Juliana Bonarcorsi. *Atuação Administrativa Consensual*. Estudo de acordos substitutivos no processo administrativo sancionador. Dissertação de Mestrado. Faculdade de Direito da Universidade de São Paulo. São Paulo, 2010.

PARKER, Christine. *Twenty years of responsive regulation*: An appreciation and appraisal. Regulation & Governance, v. 7, n. 1, p. 2-13, 2013.

PRADO, Eleutério FS. Dilema do prisioneiro e dinâmicas evolucionárias. *Estudos Econômicos*. São Paulo, v. 29, n. 2, p. 249-266, 1999.

SIMPSON, Erika. *The Contributions of Anatol Rapoport to Game Theory*. Western University, Political Science Publications, 2016, v. 135. Disponível em: https://ir.lib.uwo.ca/politicalsciencepub/135/. Acesso em: 06 out. 2021.

WOOD, Charlotte; IVEC, Mary; JOB, Jenny; BRAITHWITE, Valerie. *Applications of Responsive Regulatory Theory in Australia and Over- seas*: occasional paper 15, Regulatory Institutions Network, Australian national University, 2010.

LINDB, NOVO DIREITO ADMINISTRATIVO E REGULAÇÃO

Carlos Ari Sundfeld

Professor Titular da FGV Direito SP. Presidente da Sociedade Brasileira de Direito Público.

Sumário: Introdução – 1. A LINDB como lei bússula do mundo público brasileiro – 2. A LINDB e os novos criadores do direito público – 3. Orientações dos novos artigos das LINDB – 4. Conclusão – Referências.

INTRODUÇÃO

A Nova LINDB (Lei de Introdução às Normas do Direito Brasileiro) consolidou e avançou reformas do direito público brasileiro quanto a cinco temas: criação jurídica, invalidade, consensualidade, responsabilização de agentes e responsabilidade por processos. Embora esses temas estejam presentes nos vários campos do direito público, a nova disciplina procurou corrigir, em especial, insuficiência ou desvios havidos na expansão da regulação administrativa ou do controle público a partir da década de 1980.

Os dispositivos da Nova LINDB, além de complementarem ou ajustarem reformas anteriores de caráter mais geral (nas teorias dos atos e dos regulamentos administrativos, nas leis gerais de processo administrativo, p.ex.), procuraram também acolher tendências mais específicas, surgidas em teorias jurídicas sobre regulação administrativa, em leis de regulação setorial e em construções sobre limites e condições do controle público.

Em 2013, como acadêmicos do direito público, decidimos investir nessa ideia de renovação do antigo decreto-lei 4.657, de 1942, que nascera como Lei de Introdução ao Código Civil, a LICC. Nossa proposta foi divulgada no trabalho *Uma nova lei para aumentar a qualidade jurídica das decisões públicas e seu controle*, de Carlos Ari Sundfeld e Floriano de Azevedo Marques Neto.[1]

Foi uma aposta de que dispositivos com forte carga simbólica poderiam trazer mais equilíbrio à ação do estado, tornando mais segura a atuação dos gestores e dos parceiros privados, sem comprometer a eficiência da atividade administra-

---

1. No livro SUNDFELD, Carlos Ari (org.). *Contratações Públicas e seu Controle*. São Paulo: Malheiros-sbdp, 2013.

tiva e o papel do controle público; de que, com essa inclusão, a LINDB poderia se tornar uma lei de segurança jurídica para a criação e para a inovação pública, inclusive no campo regulatório. Foi dessa aposta que surgiu o anteprojeto de lei acadêmico – o qual, 5 anos depois, com a Lei 13.655, de 2018, geraria a inclusão de 10 novos artigos na LINDB.[2]

Após a presente introdução, nos itens 2 e 3 do presente estudo explico as bases que inspiraram essa proposta de alteração da LINDB. Depois, no item 4, trato brevemente de algumas das orientações adotadas em seus novos dispositivos, os arts. 20 a 30, a respeito de criação jurídica, invalidade, consensualidade, respon-

---

2. Alguns diagnósticos e ideias vinham sendo trabalhados desde 2007, quando o Ministério do Planejamento criara comissão de juristas, sob a batuta da prof. Maria Sylvia Zanella Di Pietro e com os profs. Almiro do Couto e Silva, Carlos Ari Sundfeld, Floriano Azevedo Marques Neto, Maria Coeli Simões Pires, Paulo Modesto e Sérgio de Andréa Ferreira, para pensar uma nova estrutura orgânica para a administração, trabalho concluído em 2009 com um anteprojeto, também publicado em livro. Em 2015, o senador Antônio Anastasia, parlamentar respeitado e professor de direito público, encamparia inteiramente a proposta da Nova LINDB e ela começou a tramitar, com audiências no Senado e muitos debates em Procuradorias, Tribunais de Justiça, Tribunais de Contas, OAB e universidades. Logo surgiram estudos de juristas de diversas gerações, analisando e defendendo as inovações. São exemplos os livros *Segurança Jurídica e Qualidade das Decisões Públicas* (PEREIRA, Flávio Unes (Coord.). Brasília, Senado Federal, 2015) e *Transformações do Direito Administrativo: consequencialismo e estratégias regulatórias* (LEAL, Fernando; MENDONÇA, José Vicente Santos de (Org.). Rio de Janeiro: FGV Direito Rio, 2016).

O apoio do Executivo foi inicialmente obtido no governo Dilma Rousseff, por iniciativa do então Ministro da Fazenda, Joaquim Levy, ao ensejo dos trabalhos de comissão de juristas criada em agosto de 2015 para formular propostas para a melhoria do ambiente de negócios no Brasil. A comissão contribuiu também com novas ideias, uma das quais seria acolhida pela relatora no Senado, Simone Tebet, e viria a constituir o art. 30 da Nova LINDB, sobre o caráter vinculante das súmulas administrativas e de outros instrumentos jurídicos semelhantes, para estabilizar os entendimentos da administração pública.

Já durante o governo Michel Temer, o Conselho de Desenvolvimento Econômico e Social da Presidência, em sua 46ª reunião plenária, em 7 de março de 2017, defendeu esse fortalecimento da legislação sobre segurança jurídica. Também se posicionara favoravelmente o Conselho Nacional do Ministério Público – CNMP. No Congresso Nacional, houve contribuições dos técnicos e emendas parlamentares, que geraram alterações no texto, que assim adquiriu a feição final com que foi votado. O projeto acabou aprovado no Senado em abril de 2017 e na Câmara em outubro de 2017, em decisão que se tornaria eficaz meses depois.

Já no período para a sanção do Executivo, visões bem diversas sobre as futuras normas foram expostas e discutidas em pareceres, comunicados, debates públicos, muitos artigos de imprensa e até na televisão. Foi um grande diálogo, embora por vezes emocional ou afetado por interesses corporativos. De qualquer modo, com isso a nova lei nasceria cercada de atenção pública pouco comum, apesar de seu caráter técnico-jurídico, o que foi democrático e construtivo.

Uma nota triste daqueles dias foi que faleceu o prof. Almiro do Couto e Silva, justamente ele que, por seus textos sobre o assunto, que remontavam à década de 1980, e pelas propostas de normas que terminariam positivadas na Lei Federal de Processo Administrativo (9.784, de 1999), fora tão decisivo para a aceitação da segurança jurídica como valor básico do direito público brasileiro.

Durante o primeiro ano de vigência da LINDB foram surgindo os primeiros trabalhos acadêmicos a seu respeito, com destaque para a edição especial da *Revista de Direito Administrativo RDA*, de outubro de 2018, que trouxe os comentários a cada artigo por acadêmicos que estiveram envolvidos em sua construção e defesa (Disponível em: http://bibliotecadigital.fgv.br/ojs/index.php/rda/issue/view/4255. Acesso em: 11 ago. 2021).

sabilização de agentes e responsabilidade por processos. Na conclusão, sintetizo as características do novo direito administrativo a que a LINDB está vinculada e destaco seu impacto no campo regulatório.

1. A LINDB COMO LEI BÚSSULA DO MUNDO PÚBLICO BRASILEIRO

A reforma da LINDB foi uma aposta com três bases.

Primeiro, pareceu-nos que nossa época, de tanta confusão jurídica, sugeria o resgate e expansão da incrível ideia, adotada pelo Brasil desde a década de 1940, de uma lei bússola, ferramenta primária do trabalho jurídico. Não uma lei dos conteúdos principais do ordenamento, pois o lugar deles já está reservado na Constituição e nas leis básicas de cada ramo ou setor. Uma lei, isto sim, definidora dos grandes modos de funcionamento do Direito, para induzir à operação articulada das normas gerais ou individuais de que ele se compõe. Em suma, uma lei sobre o jeito jurídico de operar com os conteúdos específicos do próprio Direito.

Por que não, a partir dessa base, fazer uma evolução com novas orientações universais e vinculantes sobre vigência, interpretação, validade, invalidação, preservação e produção de atos e normas, agora também para as esferas administrativa e do respectivo controle?

A Lei de Introdução já tinha tantos anos, resistira a tanta turbulência e estava tão entranhada na cultura jurídica – como uma espécie de sistema operacional de todo o ordenamento jurídico brasileiro – que parecia irresistível o desafio de refrescá-la, inclusive para preservar aquele que, na origem, tinha sido seu fim imediato: a modernização jurídica. Era coerente, pois ela havia sido uma lei de reciclagem: viera em 1942 para, embora mantendo o Código Civil de 1916, escrito a partir de concepções do século XIX, renová-lo com os jeitos de gerenciar o Direito que haviam sido sugeridos por mudanças da primeira metade do século XX – uma delas a determinação, incluída no art. 5º da LICC, de o juiz atender aos "fins sociais" quando da aplicação das leis, suavizando um viés exclusivamente liberal que predominara no passado.

Assim, nosso primeiro objetivo, alinhado ao gosto acadêmico por ideias ordenadoras dogmáticas, foi imprimir, na lei bússola do direito brasileiro, novas soluções de caráter operacional, agora para gerenciar as funções básicas dos profissionais do mundo jurídico público.

A segunda razão de nossa proposta foi atender a um chamado incomum e irresistível. Em 2010 ocorrera este surpreendente movimento: a lei 12.376 mudara o nome, e só o nome, da velha Lei de Introdução, que deixara de ser *do Código Civil*, a LICC, para passar a ser de todas as *Normas do Direito Brasileiro*, a LINDB.

Naquela ocasião, a mudança aparente havia sido só no nome. O conteúdo continuara idêntico, tratando basicamente da aplicação das leis no tempo e no espaço, e de certas pautas gerais de interpretação e colmatação de lacunas. Detalhe formal: na origem, a LICC foi editada por decreto-lei – ato de autoridade unipessoal, do Chefe do Poder Exe- cutivo, no auge de uma ditadura. Em termos simbólicos, ao mexer no nome da LICC e mantê-la em vigor, a lei de 2010, aprovada pelo Parlamento, embutiu a ratificação e valorização implícita, em plena era da democracia pós-1988, da ideia de que faz sentido sim o mundo jurídico ter sua lei fundante, sua bússola, para fazer os usuários percorrerem os caminhos certos.

A substituição do nome LICC por LINDB, ao eliminar a referência ao direito civil, lançara um sinal normativo de alerta contra distorção comum entre operadores, quanto à identificação da matriz dogmática do jurídico. Como alertava Geraldo Ataliba no agora distante ano de 1992: "a maioria dos estudantes – e mesmo dos já graduados – supõe que a lei geral de aplicação de normas jurídicas (entre nós impropriamente designada de Lei de Introdução ao Código Civil) é de direito privado, levando ao equívoco de pensar que o direito civil é matriz do direito".[3] Ataliba tinha razão. Mesmo em sua origem, a LICC tinha sido bem mais que isso, pois tratava, não propriamente das relações privadas, mas da relação entre normas, uma questão essencialmente pública. Ao menos desde 1942, o sistema operacional de nosso ordenamento, inclusive quanto às relações jurídico-administrativas, era a LICC, não o Código Civil.

Mas por que, já no século XXI, valeria a pena fazer da LINDB uma lei mais ampla, com a incorporação de certos protocolos fundamentais e modernizantes para o direito público? Embora a Constituição de 1988 e o conjunto de atos normativos que se seguiu (leis, decretos e regulamentos) tivessem conferido maior densidade aos institutos dos vários ramos do direito público (e que estavam esboçados em textos relevantes como o Código Tributário de 1966, a Lei Federal de Processo Administrativo de 1999 e outras), ainda faltavam certas normas de convergência, para gerenciar o sistema formado por todos esses ramos, por todas as administrações públicas e por todos os controladores públicos do país.

O direito público, fragmentado pelos azares das flutuações constitucionais, legislativas, regulamentares e do controle público, e ainda preso a certos anacronismos doutrinários de nossos antigos publicistas (o preconceito contra a consensualidade administrativa e a ideia de nulidade absoluta, por exemplo), parecia carente de um sistema operacional mais moderno. Na linguagem dos

---

3. ATALIBA, Geraldo. Prefácio do livro *Fundamentos de Direito Público* (SUNDFELD, Carlos Ari. São Paulo: Malheiros, 1992).

juristas, fazia falta uma nova "parte geral" para o direito público – o que a LINDB, se ampliada, poderia suprir em alguma medida.[4]

Assim, aquela convocação do legislador de 2010 parecia feita diretamente aos publicistas. Atendê-la foi nosso segundo objetivo. Tínhamos de publicizar ainda mais a LINDB, e com isso modernizá-la.

2. A LINDB E OS NOVOS CRIADORES DO DIREITO PÚBLICO

Quanto ao terceiro objetivo: aquele chamado do legislador embutia também a provocação para repensarmos nossos paradigmas sobre o grau e tipo de influência que as normas jurídicas, em sua abstração e generalidade, têm na solução dos casos concretos. Quando a velha LICC surgira, a concepção que predominava era a de que o Direito das coisas concretas seria produto de um "legislador racional", que escrevia nas leis específicas quase toda a "sabedoria jurídica" necessária. Os profissionais, portanto, aplicadores algo submissos e manietados, não teriam muito que inventar.[5]

O que lhes caberia, no dia a dia? Fazer singelas interpretações – e a LICC tratava delas, mandando atentar "aos fins sociais e às exigências do bem comum" (art. 5º). Nessa visão, o legislador racional, ao editar as leis específicas, obviamente não produziria contradições: daí, na LICC de 1942, a interpretação ter sido considerada como capaz de solucionar as "aparentes" contradições entre leis. Para a colmatação de eventuais lacunas (pois, de vez em quando, mesmo a legislação racional poderia ser "omissa"), valeria o disposto no art. 4º: recorrer à analogia, aos costumes e aos princípios gerais de Direito. Essa visão – de que os usuários do Direito seriam apenas reprodutores em concreto de decisões gerais já existentes, ainda que implícitas – explicava a exiguidade da velha LICC. Uma palavra sobre interpretação, outra sobre omissões e umas poucas normas sobre vigência e aplicação das leis no tempo e no espaço; para a LICC, em 1942, o mundo jurídico parecia simples e gerenciável por um sistema operacional de poucos recursos. Só que, no século XXI, ninguém mais acredita em algo assim – nem na esfera privada, nem na esfera pública. Aos poucos, o jurídico havia ficado mais amplo e mais complexo, se estendera para além das normas gerais, e o profissional se tornara um produtivo criador de Direito em concreto.

---

4. Para uma visão comparada sobre a ideia de "parte geral" como ordenadora do direito administrativo, em contraposição à ideia de "parte especial", v. CABALLERO, Francisco Velasco. *Administraciones públicas e derechos administrativos*. Madri: Marcial Pons, 2020, p. 116 a 122.

5. Retomo neste item as ideias de SUNDFELD, Carlos Ari; SALAMA, Bruno Meyerhof. Chegou a hora de mudar a velha Lei de Introdução. *Segurança Jurídica e Qualidade das Decisões Públicas*, cit., p. 13 e ss.

Quais os efeitos dessa mudança? Na atualidade, para dar um exemplo, os vetores de ordem ideológica, política e também jurídica têm levado, ou deveriam levar, os usuários do Direito, no âmbito das administrações e do controle público, inclusive judicial, a se preocupar cada vez mais, quando de suas criações jurídicas, com consequências agregadas dessas criações. Uma preocupação, portanto, que se estende para muito além da "lei no caso concreto" e da "justiça entre as partes", que eram os focos do passado.[6] É uma preocupação quanto aos novos modos para a criação jurídica pelos administradores públicos (criação essa especialmente presente na regulação administrativa) e pelos controladores públicos (muito ativos em temas como contratações públicas ou direitos sociais).

O diagnóstico sobre a transformação do mundo jurídico público foi alimentado por pesquisas acadêmicas no ambiente da Sociedade Brasileira de Direito Público – SBDP e do Grupo Público da FGV Direito SP,[7] cujo objeto de análise eram as concepções fundamentais adotadas no Brasil nas últimas décadas a respeito de três problemas básicos: a construção do interesse público, o tratamento da autoridade pública e os papéis dos Poderes do estado e dos órgãos constitucionais autônomos.[8] As pesquisas tinham identificado uma crise – causada por opções legislativas fragmentadas, mas conscientes – nas ideias históricas sobre a divisão de tarefas dentro do estado, na construção do interesse público. Uma hipótese era que, para superar a crise, seria preciso aceitar a realidade: de que juízes e outros controladores já estavam compartilhando a construção em concreto do interesse público com a administração pública, em doses crescentes; e de que a administração vinha cada vez mais compartilhando a produção normativa com os legisladores (fenômeno visível sobretudo na regulação econômica).

O funcionamento dos poderes públicos e do setor privado envolve custos e riscos jurídicos. Autoridades e empresas têm de observar leis e regulamentos, é verdade. O Judiciário e outros mecanismos podem ser acionados para proteger direitos e corrigir erros e abusos na aplicação das leis. Tudo isso é bom. Mas o problema é que, em meio ao ambiente de intensa criação, os custos e riscos jurídicos de governar e de empreender acabaram saindo do controle. Regras em excesso, mal feitas ou contraditórias. Incentivos demais para começar litígios ou eternizá-los. Poderes demais nas mãos de autoridades. Muitos controladores atuando sem limites, sem coordenação e sem pensar em consequências.

---

6. PARGENDLER, Mariana; SALAMA, Bruno. Direito e consequência no Brasil: em busca de um discurso sobre o método. *Revista de Direito Administrativo*. Rio de Janeiro, FGV, v. 262, 2013.

7. Para uma síntese a respeito, v. PALMA, Juliana. Segurança jurídica para a inovação pública: a nova Lei de Introdução às Normas do Direito Brasileiro (Lei 13.655/2018). *Revista de Direito Administrativo*. Rio de Janeiro, FGV, v. 279, n. 2, 2020.

8. Ver SUNDFELD, Carlos Ari. *Direito Administrativo para Céticos*. 2. ed. São Paulo: Malheiros-sbdp, 2014 (em especial caps. 9, 11 e 12).

As múltiplas leis sobre a atuação dos órgãos de estado, pontuais e pulverizadas, não tinham sido capazes de inventar o "direito mais que administrativo" (capaz de lidar com a construção do interesse público para além do âmbito legislativo e da administração), e essa ampliação era indispensável para evitar a ineficiência e o arbítrio no exercício das competências compartilhadas de criação jurídica. A gestão pública no Brasil ficara fragilizada – produzindo regulação na base da intuição e do improviso – e até acuada por controladores, muitas vezes por conta de avaliações apressadas e superficiais.

Para melhorar a segurança, era preciso conter esses desvios. Como? Convencer o país de que mais segurança jurídica seria bom para todos; diminuir, por meio de novos protocolos, os incentivos aos arbítrios criativos do Legislativo, dos Governos, do Judiciário e dos controladores; alertar que consequências importam; cobrar responsabilidade de quem acusa ou inicia processos; e parar de achar normais os improvisos estatais – o equilíbrio e a estabilidade do Direito têm de ser levados a sério. Tudo isso poderia ser de algum modo buscado com ajustes no sistema operacional do Direito.

As pesquisas sugeriram que o tipo de normas que se estava concebendo tinha identidade funcional com o conteúdo da velha LINDB, pois, à semelhança desta, a função das novas normas teria de ser regular as bases da criação e aplicação do Direito, mas agora segundo necessidades atuais. Daí a aposta em que uma solução legislativa articulada – uma lei bússola para o direito público, de carona na LINDB que já existia – poderia abrir caminho para o equilíbrio em todo esse complexo compartilhamento, pelos vários Poderes e órgãos constitucionais autônomos, de tantas funções jurídicas criadoras. Seria uma reforma apenas inicial e motivadora de novas mudanças, mas parecia boa aposta.

Um *software* que servisse como parte geral do direito público precisava ser consistente com essas tendências e desafios contemporâneos – e capaz, assim, de dirigir a intensa criação jurídica dos profissionais pulverizados. Para isso, teria que gerar uma ordem nova que combatesse a bagunça e a invenção concreta do jurídico a partir de volutarismos, inclinações políticas e improvisos, sem dar muita atenção a consequências. Essa nova ordenação, um desenvolvimento histórico necessário, poderia, seguindo a tradição da LINDB como lei bússola, estar em normas universais do campo público.

Acreditamos, assim, que o legislador de 2010, ao mudar o nome da LICC para LINDB, nos estava chamando e provocando. A mudança parecia providencial, inspirando a renovação circular do jurídico – aquela que mantém as bases e viabiliza novas funções e novos tempos. O legislador parecia estar pedindo: inovem outra vez; preservem a ideia de uma "parte geral", mas ampliem e façam avançar este velho diploma, para que ele possa incluir respostas aos problemas jurídicos dos últimos 70 anos.

Algumas de nossas ideias quanto a possíveis protocolos universais para o direito público – que de fato vieram a ser acolhidas na Nova LINDB em 2018 – poderiam gerar boa discussão: seriam elas próprias para uma "Lei de Introdução", cujo conteúdo havia sido de início mais restrito? O quanto era legítimo ampliar e adotar concepções inovadoras? Aqui não havia saída: respostas novas para os problemas atuais de criação desordenada do Direito teriam de vencer a inércia que mantinha intocada a extensão normativa da velha LICC. Nesse sentido, alguma ousadia seria necessária.

O Direito atual havia se tornado bem mais instável, incompleto, incerto, confuso, impossível de ordenar pelos singelos critérios de 1942 (sobre vigência das normas abstratas no tempo e no espaço, e baseados na concepção do legislador racional). Para melhorar de verdade o nível de certeza e estabilidade do Direito, era preciso, então, incorporar, em seu sistema operacional, protocolos de gerenciamento inspirados em concepções do presente.

Os protocolos teriam de ser universais, de aplicabilidade irrestrita, não limitados ao processo civil ou administrativo, ou só à esfera federal. Uma Lei de Introdução, que é nacional, seria bom lugar para eles. Também quanto a isso era uma visão mais inovadora, que enfrentava a tendência – derivada, com algum excesso, da autonomia federativa – de pensar certas áreas do direito público (em especial o administrativo) como em princípio infensas às normas legais nacionais.

Nosso terceiro objetivo foi, então, abrir caminho para que, por meio de uma lei bússola universal, o mundo público brasileiro alcançasse, em meio à pulverização de profissionais jurídicos criadores, mais estabilidade e equilíbrio. Enfrentando o tradicional ceticismo quanto à capacidade transformadora das normas, estávamos dispostos a tentar, pela via da lei bússola, o avanço de qualidade e coerência da ação decisória pública nos vários níveis da Federação (federal, estadual, distrital e municipal), nos diferentes Poderes (Executivo, Legislativo e Judiciário) e também nos órgãos autônomos de controle (tribunais de contas e ministérios públicos).

3. ORIENTAÇÕES DOS NOVOS ARTIGOS DAS LINDB

Os preceitos da Nova LINDB não têm conteúdo propriamente revolucionário: eles só transformam em texto legal, de caráter universal, exigências que, em muitos ambientes – o do controle público, inclusive já vinham sendo feitas, e que traduzem práticas jurídicas contemporâneas e adequadas. O revolucionário mesmo foi trazer esses temas para a velha LINDB e transformá-la em lei bússola também do mundo público.

As novas normas são relativamente poucas e concisas, ao estilo da LINDB. Sua linguagem incorpora terminologia e concepções contemporâneas. Fala-se em gestão pública (art. 22, *caput*), políticas públicas (art. 22, *caput*), consequências práticas das decisões (art. 20, *caput*), necessidade e adequação das medidas (art. 20, parágrafo único), obstáculos e dificuldades reais do gestor (art. 22, *caput*), circunstâncias práticas (art. 22, § 1º), alternativas de decisão (art. 20, § 1º), regime de transição (art. 23), regularização proporcional e equânime (art. 21, parágrafo único), orientações gerais estabelecidas (art. 24), orientações novas (art. 23), orientações vinculantes (art. 30), compromissos administrativos (art. 26) e compromissos processuais (art. 27, § 2º).

Tudo a ver com tendências atuais, realistas e pragmáticas do direito público. Garantem-se direitos e mecanismos para evitar as consequências não avaliadas nas intervenções jurídicas, para garantir transições jurídicas adequadas em caso de mudanças, para estabilizar relações jurídicas que já se consolidaram, para diminuir incertezas jurídicas, para viabilizar a solução consensual de dificuldades ou conflitos e para induzir à participação da sociedade na produção de normas administrativas.

Fazer com que a interpretação do direito administrativo olhe para as políticas públicas, para os negócios públicos, para as consequências, ao invés de se focar no micro, não é incompatível com o controle da legalidade em geral, e da probidade em especial. Formalismo algum é capaz, sozinho, de combater corrupção ou fraudes. Por trás dos clipes, da obsessão com a pura forma, é que talvez se consigam esconder mais facilmente as grandes manipulações, as fraudes sistêmicas. Um direito público realista e pragmático, baseado em normas e em evidências, e não em idealizações retóricas, e que leve em conta o mundo concreto da gestão pública brasileira: é esta a visão embutida nos novos dispositivos, também para a luta contra a violação sistemática do Direito e contra a corrupção.

A Lei Federal de Processo Administrativo – LFPA (9.784, de 1999) – que quase 20 anos antes consolidara e renovara a dogmática do direito administrativo no Brasil, em articulação com leis estaduais (como a Lei Paulista de Processo Administrativo, que a precedeu – 10.177, de 1998) e com algumas leis municipais – continha algumas poucas disposições que anteciparam, ainda que timidamente, uma parte da terminologia e das soluções da Nova LINDB. Já estavam na LFPA o critério de "adequação entre meios e fins, vedada a imposição de obrigações, restrições e sanções em medida superior àquelas estritamente necessárias ao atendimento do interesse público" (art. 2º, parágrafo único, VI), a vedação à "aplicação retroativa de nova interpretação" (art. 2º, parágrafo único, VI) e a preservação, após a passagem do tempo, de atos praticados com vícios (art. 54, *caput*). À época, foram avanços.

Característica importante é que, em mais de um dispositivo, a Nova LINDB fornece instrumentos para a segurança jurídica e a eficiência serem viabilizadas pela atuação dos próprios órgãos de controle público. Corrige-se, assim, a ênfase de muita legislação anterior, que se revelou incapaz de compor bem os distintos valores públicos, pois andou multiplicando os espaços de contestação das decisões públicas sem atentar a sério para as consequências e para os riscos de instabilidade do sistema. Mas também se preserva a autonomia funcional dos controles. A LINDB renovada é uma lei bússola que, ao mesmo tempo, preserva as conquistas do controle público e ajuda no indispensável equilíbrio das relações internas do estado e deste com a sociedade. A aposta é esta: que equilíbrio, moderação e inovação possam incentivar nosso desenvolvimento institucional.

As novas normas da LINDB são uma espécie de guia geral para a tomada de decisões na esfera pública. Esse guia tem de valer para a administração pública e também para quem a controla. A paridade é necessária. O gestor é obrigado a examinar as consequências do que vai fazer e a considerar as melhores alternativas. Como poderia o controlador, hoje tão criativo, substituir a opção do gestor sem fazer análise semelhante?

O foco das novas regras é impedir arbitrariedades do estado em situações como construção de políticas públicas, solução de dúvidas de interpretação, invalidação de atos importantes, celebração de compromissos, aplicação de sanções administrativas e responsabilização de agentes públicos. Um dos problemas é que as atividades de governo, de regulação e de controle haviam sido sequestradas pela pura retórica jurídica. Na administração, no Judiciário, no ministério público e nos tribunais de contas ainda hoje há um tipo de Direito muito voluntarista sendo praticado. A nova LINDB quer reverter essa tendência.

Foram acolhidas as melhores práticas jurídicas nacionais e internacionais. Um exemplo é a proteção de quem, confiando em uma autorização administrativa, construiu sua casa ou realizou investimentos. As pessoas não podem perder tudo só porque o estado mudou de ideia. Corrigir erros é importante e para tanto existem os controles públicos, cujas competências foram respeitadas. Mas é preciso também avaliar consequências e levar em conta a confiança legítima das pessoas (art. 21), além de proteger agentes públicos que agem de boa-fé e que, com frequência, atuam em situações difíceis e por isso são atacados (art. 28). Alguns dos novos dispositivos determinam a análise e ponderação das circunstâncias práticas que tiverem exigido o ato, ou que tiverem imposto o comportamento do gestor público (art. 22). Isso já era feito antes da Nova LINDB, muitos controladores eram sensíveis, mas não era generalizado no mundo público brasileiro – e precisa ser. Trata-se de impor a análise das consequências, dos fatores que influem na decisão. É uma visão realista do Direito e da gestão pública.[9]

---

9. SUNDFELD, Carlos Ari; GIACOMUZZI, José Guilherme. O espírito da Lei 13.655/2018: impulso realista para a segurança jurídica no Brasil. *Revista de Direito Público da Economia – RDPE*. Belo Horizonte, Fórum, ano 16, n. 62, p. 39-41, abr./jun. 2018.

Os arts. 20 e 22 trazem a realidade para dentro dos jogos de aplicação da lei. Com isso, combatem o equívoco de que interpretação jurídica e decisão por princípios seriam puros juízos abstratos, que autorizariam o aplicador a se manter distante das evidências do real, das consequências e da metódica comparação de alternativas. O art. 20 trata das decisões judiciais, controladoras e administrativas que se baseiem em "valores jurídicos abstratos" (que podem ser entendidos como princípios ou normas muito indeterminadas). É fácil entender a importância de um preceito desse tipo. Como hoje se acredita que os princípios podem ter força normativa – não só nas omissões legais, mas em qualquer caso – o mínimo que se pode exigir é que juízes e outros controladores (assim como os administradores) também pensem como políticos e gestores. Por isso, a determinação de que eles meçam "as consequências práticas da decisão" e considerem as "possíveis alternativas" (art. 20, *caput* e parágrafo único).

Em seu art. 20, a Nova LINDB procura influir no modo como princípios e indeterminações normativas são utilizados na prática decisória administrativa, forense e controladora.[10]

As pesquisas têm mostrado que, por mais generoso que tenha sido, na origem, o movimento de disseminação dos princípios como fonte central do direito positivo – foi uma tentativa de fazer vingar valores não suficientemente positivados em regras do ordenamento, algo nobre – o resultado tem sido negativo, terminando por legitimar uma prática voluntarista do Direito. Então, os princípios acabaram levando a um "vale-tudo", o que acabou servindo como instrumento de desagregação do Direito na prática brasileira.

A nova LINDB reconheceu que os controladores de contas, e outros órgãos de controle, afora tratarem cotidianamente com a administração pública, assumiram nos últimos anos o papel de construtores ativos do direito público e, com isso, passaram a estabelecer deveres, padrões de comportamento e comandos concretos de conduta às entidades estatais, aos gestores públicos e aos particulares que se relacionam mais estreitamente com eles.

A Nova LINDB enfrentou aquela que talvez fosse a principal crítica à atuação proeminente desses órgãos de controle: a de que eles estariam assumindo sem critérios o lugar dos gestores públicos na formulação de políticas e na própria condução da máquina estatal, trazendo enorme instabilidade. Superar o problema envolvia impor cuidado com decisões que, tomadas com base em princípios, em valores jurídicos abstratos, produzem efeitos concretos claros. O fato de o Direito

---

10. Sobre o art. 20 da Nova LINDB, v. JUSTEN FILHO, Marçal. Art. 20 da LINDB – Dever de transparência, concretude e proporcionalidade nas decisões públicas. *Revista de Direito Administrativo*. Edição Especial – Lei de Introdução às Normas de Direito Brasileiro – LINDB (Lei 13.555/2018). Rio de Janeiro, FGV, p. 13-41, out. 2018.

positivo prestigiar o uso dos princípios, e conter outras normas muito abertas, dos quais os intérpretes se socorrem com frequência, impõe aos órgãos de controle um ônus de motivação mais elevado.

Não basta dizer qual é o Direito, qual é o princípio a ser aplicado; é preciso motivar adequadamente, considerando os efeitos da decisão no caso concreto e até mesmo as possíveis soluções alternativas, cuja escolha deve ser ponderada e exposta (art. 20). É assim, afinal, que decidem os administradores públicos e os formuladores de políticas: defrontando-se com um problema vislumbram possíveis soluções, tentam prever custos e consequências de optar por cada uma delas, e submetem o juízo final ao escrutínio público e ao crivo de controladores.

O art. 21 cuida da regularização de situação administrativa inválida.[11] A autoridade que decreta a invalidade não pode mais, como no passado, fazer de conta que o Direito abstrato já tem as respostas sobre a preservação ou não de efeitos do ato inválido. É a autoridade quem tem de tratar disso, em todos seus detalhes, e a Nova LINDB fornece os critérios: a regularização tem de ocorrer "de modo proporcional, equânime e eficiente, e sem prejuízo aos interesses gerais, não se podendo impor, aos sujeitos atingidos, ônus ou perdas que, em função das peculiaridades do caso, sejam anormais ou excessivos". Aqui, mais uma vez, estão reconhecidos e regulados o papel político do juiz e outros controladores.

A nova lei veio para consolidar alterações que, no decorrer do tempo, vinham afetando a teoria dos atos administrativos. Toda teoria precisa ser revista sempre, repensada, adaptada, por vezes ampliada em função de novas demandas. O esforço iniciado pelos administrativistas brasileiros, já nas décadas de 1940 e 1950, de entender o ato administrativo e a sua invalidação, continua importante hoje, pela necessidade de reação adequada às irregularidades da esfera administrativa. Nesse sentido, a teoria dos atos administrativos continua atual, lidando com problemas fundamentais. Seja essa teoria qual for: uma mais clássica, inspirada numa visão mais abstrata, de teoria geral das normas; ou uma mais pragmática, que olha em primeiro lugar para a vida real e para os problemas concretos da gestão pública brasileira.

Mas a visão do direito administrativo mais ligada à realidade e ao funcionamento real da administração pública teria de gerar impacto na teoria dos atos

---

11. Sobre o art. 21 da Nova LINDB, v. MENDONÇA, José Vicente Santos de. Artigo 21 da LINDB – Indicando consequências e regularizando atos e negócios. *Revista de Direito Administrativo*. Edição Especial – Lei de Introdução às Normas de Direito Brasileiro – LINDB (Lei 13.555/2018). Rio de Janeiro, FGV, p. 43-61, out. 2018; e Art. 21 da LINDB: Invalidade no direito administrativo. Publicado no canal *Direito Público com Carlos Ari Sundfeld*, 2020. vídeo (16 min). Disponível em: https://youtu.be/khNDD6MYXO0. Acesso em: 12 ago. 2021.
Para uma análise sobre o impacto da Nova LINDB na teoria das invalidades contratuais, v. TEIXEIRA JÚNIOR, Flávio Germano de Sena; NÓBREGA, Marcos. A teoria das invalidades na nova lei de contratações públicas e o equilíbrio dos interesses envolvidos. *Ronny Charles (website)*, 2021. Disponível em: https://bityli.com/kJV02. Acesso em: 12 ago. 2021.

administrativos. Por isso, a nova LINDB reconstruiu a teoria das invalidades no direito público e procurou enfrentar as questões que os administrativistas contemporâneos consideram capitais. Ela está antenada com a tendência atual, de permitir a conservação de efeitos do ato, quando houver razões de segurança jurídica.

A lei também buscou alterar a resistência – uma falha cultural dos juristas e profissionais do direito público no Brasil – em considerar as exigências dos negócios públicos, das políticas públicas. Há excesso de preocupação com formalismos, com o micro, com os clipes. E menos preocupação em dar respostas adequadas às necessidades dos serviços sociais, por exemplo, que têm dinamismo imenso e acabam exigindo soluções administrativas capazes de atuar na realidade, de atender de fato às necessidades da população. Com frequência, a vida real não se adequa a essas exigências burocráticas. A lei atua em favor do "direito administrativo dos negócios públicos" ao apontar para a necessidade de olhar para a viabilidade prática das políticas públicas, para a sua eficácia, globalmente consideradas. Um exemplo é justamente a norma do art. 22, que manda considerar o macro, a política pública, o negócio público, impedindo que as interpretações sejam focadas no micro, no detalhe, no formal, no burocrático, nos clipes enfim.

Mesmo nos casos em que decisões dos órgãos de controle forem tomadas com base em regras claras, é necessário e prudente considerar, à luz do caso, as circunstâncias fáticas que se apresentaram no momento da prática do ato em exame. Isso significa avaliar a situação à luz de suas peculiaridades, das informações de que o administrador dispunha à época, dos respectivos custos e do que se pretendia alcançar naquele momento (art. 22).[12]

Com frequência, normas atribuem competências para autoridades administrativas ou de controle expedirem ordens vinculando sujeitos específicos (ordens individuais e concretas) ou uma categoria de sujeitos (ordens gerais e abstratas). Em vários casos a execução imediata das novas obrigações é injustificadamente onerosa, ou mesmo inviável. Aí as autoridades devem prever regime de transição, permitindo que os destinatários tenham tempo e condições para se adaptar (art. 23). O que as autoridades consideram para definir esse regime de transição? Os obstáculos e ônus que, no mundo real, poderiam impedir, dificultar ou onerar a adequada execução das novas ordens.[13]

---

12. Sobre o art. 22 da Nova LINDB, v. JORDÃO, Eduardo. Art. 22 da LINDB – Acabou o romance: reforço do pragmatismo no direito público brasileiro. *Revista de Direito Administrativo*. Edição Especial – Lei de Introdução às Normas de Direito Brasileiro – LINDB (Lei 13.555/2018). Rio de Janeiro, FGV, p. 63-92, out. 2018.

13. Sobre o art. 23 da Nova LINDB, v. MARQUES NETO, Floriano de Azevedo. Art. 23 da LINDB – O equilíbrio entre mudança e previsibilidade na hermenêutica jurídica. *Revista de Direito Administrativo*. Edição Especial – Lei de Introdução às Normas de Direito Brasileiro – LINDB (Lei 13.555/2018). Rio de Janeiro, FGV, p. 93-112, out. 2018.

Normalmente há espaço de discricionariedade na definição do conteúdo jurídico: qual a extensão exata das obrigações que se vai impor? A partir de quando as medidas serão exigíveis? As autoridades fazem a modulação, à vista das circunstâncias. Mas nunca são livres para ordenar qualquer coisa. Não podem seguir apenas pendores e desejos pessoais. Há discricionariedade, mas limitada por valores jurídicos públicos vigentes no país, em especial direitos ou competências dos sujeitos atingidos.

Decidir sobre a necessidade e as características dos regimes de transição é dever jurídico das autoridades que impõem obrigações novas a particulares ou a agentes públicos. Os atos terão de ser motivados e proporcionais, sendo vedado onerar o destinatário além do estritamente necessário para a razoável realização do fim público.

Foi justamente isso que dispôs o art. 23 da nova LINDB. As orientações dos órgãos administrativos ou de controle devem ser suficientemente claras, em especial em caso de mudanças. Os administradores públicos e os particulares que se relacionam de modo mais estreito com a administração devem saber antecipadamente como pensam os órgãos públicos, sobretudo quando mudam de ideia sobre alguma lei, ato administrativo ou prática de gestão, e devem ter a oportunidade de se adaptar, por meio de uma transição adequada.

O art. 23 tomou o cuidado de explicar: o dever de criar regime de transição ocorrerá em caso de nova orientação baseada em norma de conteúdo indeterminado, isto é, cujo texto já não contivesse a específica imposição do dever ou condicionamento, com as especificações necessárias e a indicação do destinatário. A exigência se aplica, portanto, ao se instituir *novo dever* ou *novo condicionamento de direito*. A transição terá de ser regulada, e de modo compatível com os interesses gerais, quando necessário por razões de proporcionalidade, equanimidade e eficiência. A criação de novas regulações econômicas, por exemplo, demanda estudo de impacto regulatório e discussão prévia, em consulta pública, das medidas projetadas, com o que se identificam antecipadamente dificuldades e ônus, discutindo-se também em detalhe o melhor modo de regular a adaptação. Portanto, a exigência de análise da transição não é novidade no direito público. Era preciso incluí-la em diploma com o alcance e a visibilidade da LINDB porque não há consciência geral das autoridades públicas quanto ao dever de atendê-la.

Em relação a decisões controladoras, como as das Cortes de Contas, o dever de regular a transição, a que se refere do art. 23 da Nova LINDB, existe, por exemplo, quando se determina correção de irregularidade concreta, sendo preciso, no mínimo, conceder prazo razoável (v. art. 71, IX, da Constituição que autoriza o TCU a "assinar prazo para que o órgão ou entidade adote as providências necessárias ao exato cumprimento da lei, se verificada ilegalidade"). Mas não só. Com base em normas de conteúdo indeterminado as Cortes de Contas editam orientações gerais para a ação administrativa, e depois as alteram com novas exigências ou limitações. Como a ação administrativa é contínua e complexa, a adaptação exige certeza, tempo e gradações, devendo o controlador atentar às circunstâncias típicas da máquina pública.

Nestes casos devem as Cortes de Contas fixar previamente o regime de transição. Mas elas falham quanto a isso. Um exemplo real envolvendo o TCU. Uma empresa estatal vinha implementando amplo programa de desinvestimentos seguindo procedimentos de manual interno. As operações começaram a ser fiscalizadas pelo Tribunal que, em certo momento, expediu cautelar para paralisar os procedimentos em curso. A preocupação? Os procedimentos do manual poderiam ser juridicamente inadequados ou insuficientes. A base da cautelar foram princípios de conteúdo indeterminado, como moralidade administrativa e competitividade.

Para superar a paralisação de seu programa, a empresa, em solução conciliadora, elaborou novo manual atendendo as preocupações do controlador, e este terminou por acolhê-lo como satisfatório, revendo a cautelar. Na decisão, cuidou parcialmente da transição, mandando refazer do início alguns procedimentos em curso e autorizando a conclusão de outros procedimentos ainda pendentes, inclusive com a preservação de atos praticados segundo a sistemática anterior.[14] Mas, no exemplo, como não decidiu em definitivo se o manual substituído era ou não válido, e como nada resolveu quanto às operações que já tinham sido celebradas quando da cautelar, criou insegurança quanto a elas. Deveriam ser mantidas? Revistas caso a caso? Invalidadas em bloco? A questão era sim pertinente ao processo, que tratava da adequação em abstrato da sistemática que estava vigente há anos. Faltou, portanto, regular de modo completo a transição. Talvez porque o controlador não tivesse à época consciência do dever jurídico de fazê-lo. Daí o valor da exigência do art. 23 da LINDB e de os controladores estarem sujeitos a ela.

A comprovação da importância disso veio em outro caso, quando o TCU editou, em 20 de junho de 2018, a Instrução Normativa 81, exigindo que lhes fossem submetidos, com a antecedência de 150 dias da data da licitação, para exame prévio, os documentos dos processos de desestatização da administração federal (concessões de rodovias, PPPs etc).

Não é o caso de discutir a duvidosa validade da ingerência prévia do TCU nas desestatizações, o que vem ocorrendo há anos. Interessa destacar que, na IN 81, mesmo já vigendo a Nova LINDB, o controlador ampliou bastante, para 5 meses, o interregno entre a submissão dos documentos e a data da licitação

---

14. Acórdão TCU 442/2017-Plenário. Relator Min. José Mucio Monteiro, j. 15.03.2017.

(antes havia várias regras, mas o prazo básico era de 2 meses). Segundo o TCU, a IN 81 deveria vigorar de imediato, sem regra de transição para desestatizações já planejadas para o 2º semestre de 2018, que assim ficariam inviabilizadas. Uma mudança surpreendente.

Felizmente, poucos dias depois, em 4 de julho, o TCU voltou atrás, com a IN 82. E postergou para 2019 os efeitos da nova instrução. Com isso, após resistir ao advento da Nova LINDB, o TCU deu um passo importante no sentido de se adaptar aos seus comandos. Explicou tratar-se de "regra de transição para que as instituições públicas envolvidas no processo de desestatização se adequem aos novos ditames". Como se vê, até pelo emprego da expressão legal ("regra de transição"), foi clara a submissão do tribunal ao art. 23 da Nova LINDB. É prova de que o Congresso Nacional precisava sim submeter os controladores às diretrizes desta lei, pois estes também se atrapalham mesmo quanto a deveres já consagrados.

Foram as seguintes as justificativas do TCU para a edição da regra inicial e para o subsequente recuo: "Essa previsão/ampliação dos prazos mínimos para o envio de informações ao Tribunal teve por propósito permitir à Corte de Contas aprofundar nas análises das modelagens dos projetos, para induzir o aperfeiçoamento dos arranjos contratuais e favorecer a regular execução dos serviços. A norma, por óbvio, almeja atingir os projetos futuros, não havendo qualquer pretensão de alcançar aqueles que já estão em andamento, até mesmo para não prejudicar o planejamento dos órgãos jurisdicionados, tampouco a continuidade dos serviços públicos".

Fez bem o TCU em promover a mudança. Não só porque corrigiu com rapidez o problema que causara. Também porque se curvou ao art. 23 da Nova LINDB, mesmo sem citá-lo. Mas dois aspectos chamaram atenção. Um foi a dificuldade de o Tribunal reconhecer de público o erro. Pareceu tentar minimizá-lo ao sugerir ser "óbvia" a vigência apenas futura. Não era tão óbvio: a instrução original previra outra coisa. Logo, foi um equívoco mesmo, que o órgão reparou diante das justas reclamações das autoridades do Executivo. Outro aspecto foi a contradição com o discurso anteriormente adotado contra os novos dispositivos da Nova LINDB, entre os quais o art. 23. Quando o projeto de lei foi à sanção presidencial, membros do TCU empreenderam verdadeira campanha para tentar desmoralizar a iniciativa. Em sessão pública, um dos ministros chegou a classificar o projeto "como um absurdo jurídico e uma vergonha, feito na calada da noite com objetivos escusos".

Na ocasião, também o art. 23 foi criticado em parecer amplamente divulgado da consultoria jurídica do TCU, que entendeu inadequado transformar "o que hoje é uma competência da Corte de Contas – fixar prazo – em direito do destinatário da decisão do Tribunal, oponível ao próprio TCU".

A crítica estava embasada em visão antiga da discricionariedade como poder e prerrogativa plenipotenciária do controlador, algo inexistente em qualquer ordenamento jurídico relevante. A consequência prática desse tipo de argumento é que nenhuma lei poderia disciplinar as ações do controlador, mesmo para impor respeito a valores jurídicos como proporcionalidade e eficiência, e para dar aos destinatários o direito de exigi-lo. As críticas no âmbito do TCU partiam da tese de que o legislador o estava manietando indevidamente e de que os controladores seriam autossuficientes e capazes de resolver sozinhos sobre o modo de aplicar bem o Direito. Como ficou evidente, não era o caso. Foi uma crítica sem razão, corporativa, autocentrada. Ao recuar no caso da IN 81, e submeter-se ao novo art. 23 da LINDB, ainda que com atraso e sem mencioná-lo de modo expresso, o TCU comprovou que os novos dispositivos vieram para aprimorar a ordem jurídica.

Outro passo importante para trazer estabilidade à atuação dos gestores públicos e às relações travadas entre a administração e os particulares é proteger a validade dos atos estatais em face de mudanças de orientação dos órgãos públicos. Interpretação nova não pode prejudicar atos praticados anteriormente (art. 24).[15]

Já era tempo de, em matéria de invalidade, superar a simplificação, a legalidade do senso comum. Em um artigo seminal de 1987 a respeito do assunto, Almiro do Couto e Silva investiu contra um desses sensos comuns, "a fria e mecânica aplicação da lei", mostrando porque, para fins de preservação de atos, deveria ceder espaço à proteção da confiança legítima.[16] Esta doutrina inspira vários preceitos da LINDB, entre os quais os arts. 21, 23 e 24.

O art. 24 reconhece que interpretações são normas – que podem, então, ser revogadas, desde que sem efeito retroativo. Seu tema, portanto, é a vigência no tempo das interpretações do Direito (desde sua edição, em 1942, a LINDB cuidava de vigência normativa, embora em outros termos, pois se limitava à vigência dos diplomas legais em si). Em coerência com a doutrina, hoje popularizada, da "modulação de efeitos", o art. 24 preserva as "situações plenamente constituídas", em certos casos de revisão de atos na esfera judicial, controladora ou administrativa. A novidade é a adoção de critérios mais claros para identificar as situações a serem protegidas. Faz sentido e é útil.

---

15. Sobre o art. 24 da Nova LINDB, v. CÂMARA, Jacintho Arruda. Art. 24 da LINDB – Irretroatividade de nova orientação geral para anular deliberações administrativas. *Revista de Direito Administrativo*. Edição Especial – Lei de Introdução às Normas de Direito Brasileiro – LINDB (Lei 13.555/2018). Rio de Janeiro, FGV, p. 113-134, out. 2018; e SUNDFELD, Carlos Ari. Art. 24 da LINDB e a segurança jurídica no direito tributário. *Revista de Direito Tributário Contemporâneo*. São Paulo: Ed. RT, ano 6, v. 29, p. 35-50, abr./jun. 2021.

16. Posteriormente republicado como capítulo "Princípios da legalidade da Administração Pública e da segurança jurídica no Estado de Direito Contemporâneo", em COUTO E SILVA, Almiro do. *Conceitos Fundamentais do Direito no Estado Constitucional*. São Paulo: Malheiros, 2015, p. 19-41.

A inspiração do real é clara também nos instrumentos que a Nova LINDB disciplinou. Um deles é o compromisso administrativo, instrumento para a administração pública buscar por consenso a eliminação de "irregularidade, incerteza jurídica ou situação contenciosa na aplicação do direito público" (art. 26). Há puro realismo quando a lei indica que a negociação pode ser a solução possível ante a ineficácia dos mecanismos comuns de coerção.[17]

O art. 26 é honesto: já que aplicar o Direito é diferente de apenas fazer subsunção – porque em tempos de estado social regulador não podemos mais nos dar ao luxo de viver apenas com a fábula do "legislador racional" – então que se dê às autoridades o poder de negociar. Mas tudo com ordem, procedimento, e mais importante, com transparência. Daí, entre outras coisas, o art. 26 exigir "consulta pública" e "oitiva de órgão jurídico" como condição da celebração de compromissos. O dispositivo, que prestigia o consensualismo na solução de conflitos, afasta em definitivo a ideia de que, mesmo nas crises, no campo público jamais se poderia transacionar quanto ao modo de aplicação da lei.

Também foi objeto da Nova LINDB um instrumento tradicional: o processo administrativo, controlador ou judicial. Em atitude bastante realista, oposta à de quem idealiza os institutos jurídicos, a lei reconheceu que, independentemente do resultado final quanto ao mérito, a mera existência e duração dos processos na prática é capaz de gerar "benefícios indevidos ou prejuízos anormais ou injustos", e por isso é preciso identificá-los e compensá-los (art. 27). O preceito determinou e regulou, em caráter geral para o direito público, a compensação desses prejuízos anormais e injustos e de benefícios indevidos.[18]

Trata-se de medida importante para a redistribuição de custos e externalidades inevitáveis, ainda que indesejáveis, associados à instauração e à tramitação de processos estatais envolvendo normas de direito público sob a tutela primária das administrações públicas. O preceito prevê que os riscos dos processos têm de onerar quem os usa, combatendo uma visão que sacraliza o direito ao processo e, com isso, ignora seu custo e seu peso.

---

17. Sobre o art. 26 da Nova LINDB, v. GUERRA, Sérgio; PALMA, Juliana Bonacorsi de. Art. 26 da LINDB – Novo regime jurídico de negociação com a Administração Pública. *Revista de Direito Administrativo.* Edição Especial – Lei de Introdução às Normas de Direito Brasileiro – LINDB (Lei 13.555/2018). Rio de Janeiro, FGV, p. 135-169, out. 2018; e Art. 26 da LINDB: Compromissos administrativos. Publicado no canal *Direito Público com Carlos Ari Sundfeld,* 2020. vídeo (9 min). Disponível em: https://youtu.be/HPUgg03NbRw. Acesso em: 12 ago. 2021.

18. Sobre o art. 27 da Nova LINDB, v. SUNDFELD, Carlos Ari; VORONOFF, Alice. Art. 27 da LINDB – Quem paga pelos riscos dos processos? *Revista de Direito Administrativo.* Edição Especial – Lei de Introdução às Normas de Direito Brasileiro – LINDB (Lei 13.555/2018). Rio de Janeiro, FGV, p. 171-201, out. 2018; e Art. 27 da LINDB – Um não ao processo como injustiça. Publicado no canal *Direito Público com Carlos Ari Sundfeld,* 2020. vídeo (9 min). Disponível em: https://youtu.be/ d76FZqOMMPA. Acesso em: 12 ago. 2021.

O art. 28, ao proteger o gestor público, contrapõe-se à noção persecutória de que toda falha na aplicação da lei, além de ser corrigida, teria também de gerar punições a seu autor. Não é assim: gestor algum pode ser punido se não agiu com dolo nem incidiu em erro grosseiro.[19] O preceito lida com o problema da incerteza do Direito. Será que comete ilicitude o agente público que adote interpretação normativa ou opção decisória depois rejeitada por controladores? Uma visão mais inquisitorial talvez dissesse que sim: sempre que interpreta ou decide "erradamente", o agente violaria o Direito, pois este seria sempre certo e completo, não deixando margem para qualquer erro não malicioso. Mas a verdade é que o Direito simplesmente não tem capacidade de propiciar toda essa certeza para os agentes públicos. Ele é relativamente incerto, e os aplicadores e controladores o estão construindo e reconstruindo todo o tempo. Por isso, a Nova LINDB previu que, na hipótese de reconstrução, pelos controladores, do sentido concreto do Direito para um caso concreto, os novos conteúdos normativos não podem assombrar quem teve de tomar decisões no passado.

Não se pode punir pessoalmente o gestor público que agiu de acordo com interpretação ou solução razoável, ainda que posteriormente considerada equivocada. Não podem cair nas costas do gestor as consequências do risco de falhar e as consequências da incerteza do Direito. Do contrário, temeroso das consequências, ele abrirá mão de agir e deixará de inovar, preferindo repetir as mesmas soluções, mesmo se inadequadas, ao invés de se arriscar em busca de solução melhor. Evidentemente, isso não significa isentar de responsabilização quem age com reiterada desídia, ou em nítida afronta ao Direito, mediante dolo ou erro grosseiro (as quais foram ressalvadas expressamente pelo art. 28).

Em 2020, com a medida provisória 966 – que depois seria ignorada pelo Congresso Nacional e perderia eficácia – voltou o debate, que havia sido suscitado pelo art. 28 da Nova LINDB, sobre as condições e limites para punir gestores públicos. Alguns controladores de contas, promotores e mesmo juízes receberam mal a iniciativa, dizendo que dificultaria o seu trabalho e poderia garantir impunidade. Partidos políticos foram ao STF contra a MP. Tanto o art. 28 da Nova LINDB como as regras da MP 966 condicionaram a punição de gestores à demonstração de "dolo ou erro grosseiro". Para alguns críticos, seria inviável comprovar o que constitui um erro grosseiro, que envolveria critérios de enquadramento fluidos, subjetividade essencial e mesmo insegurança jurídica.

---

19. Sobre o art. 28 da Nova LINDB, v. BINENBOJM, Gustavo; CYRINO, André. O art. 28 da LINDB – A cláusula geral do erro administrativo. *Revista de Direito Administrativo*. Edição Especial – Lei de Introdução às Normas de Direito Brasileiro – LINDB (Lei 13.555/2018). Rio de Janeiro, FGV, p. 203-224, out. 2018.

Mas essa leitura da Nova LINDB não é fiel. A ideia de erro grosseiro é usada há décadas no meio jurídico, inclusive no Supremo Tribunal Federal. O art. 28 também a usou, remetendo implicitamente à literatura jurídica e à jurisprudência, vastas a respeito. Um exemplo. Em 2017, antes da Nova LINDB, o STF suspendeu punição que havia sido imposta pelo Tribunal de Contas da União (TCU). Em 2019 voltou ao caso, usando a Nova LINDB e a noção de erro grosseiro. Para o STF, a falha havia sido que o TCU, com base "em mera interpretação distinta dos fatos, deixou de comprovar o erro inescusável" do gestor. O acórdão do STF foi além e, seguindo sua jurisprudência, lembrou outros protocolos que o TCU deveria ter observado.[20]

Assim, quando a LINDB exigiu dolo ou erro grosseiro, não vinculou a punição dos gestores a subjetividades, mas a protocolos que a jurisprudência e a literatura jurídica, com seus métodos de trabalho, estabeleceram em conjunto. Não há subjetivismos. Quem é do meio jurídico os conhece e segue. O valor desses protocolos é justamente impedir outros subjetivismos: os dos controladores públicos, que geram maus resultados.

Por que, então, alguns controladores reclamaram da LINDB (e, depois, da MP 966)? Aqui a verdadeira polêmica. Ao contrário da LINDB, eles entendem que protocolos dificultam punições e, prometendo lutar contra os desvios, defendem mais subjetividade, só que para si mesmos.

A diferença entre o médico e o curandeiro não está nas intenções ou qualidades morais, mas nas regras sob as quais atuam. Para identificar doenças e definir tratamentos, o médico observa protocolos. A definição e a alteração desses protocolos são coletivas. E seu conteúdo vem de milhares de pesquisas, cuja realização e atualização também têm protocolos. Quem é do meio os conhece e segue. Já o curandeiro é um sujeito bem intencionado que promete resultados fáceis, confia cegamente em suas intuições e recusa todos os protocolos gerais. A visão de certos controladores para a luta contra desvios públicos no Brasil se inspira nas supostas vantagens de algum curandeirismo sobre a medicina tradicional. Sugerem um controle público desse tipo para acabar com a doença da corrupção e do desperdício. Contra esse movimento, a Nova LINDB fez como os médicos: rejeitou o subjetivismo também para os controladores, insistindo no valor tradicional dos protocolos jurídicos.

O art. 29 trata da produção de regulamentos administrativos. Os preceitos mais antigos da LINDB, focados nas leis em sentido estrito, ignoravam essa espécie normativa. Só que hoje em dia, em muitos temas (como regulação econômica e tributação), as normas gerais mais decisivas não estão exatamente nas leis, e sim

---

20. STF. MS 35196 AgR. Primeira Turma. Relator Min. Luiz Fux, j. 12.11.2019.

nos regulamentos editados pela administração pública. Em função disso, a Nova LINDB considerou importante incentivar um mínimo de ordem, em âmbito nacional, na criação desses diplomas normativos, sugerindo a transparência e a motivação, por meio de processos administrativos de consulta pública. É algo que algumas agências reguladoras já faziam, mas não era obrigatório para todos os órgãos e entes da administração, nem para todo o Brasil – e deveria ser.

O art. 29 se contrapõe, assim, à concepção arcaica de que todos os regulamentos poderiam ser editados sem contraditório, pois eles nunca conteriam quaisquer inovações jurídicas, que seriam reservadas às leis. Essa contraposição é coerente com outras normas da Nova LINDB, que reconhecerem a natureza criativa e constitutiva dos atos de aplicação do direito público em geral.[21]

No passado, a edição de regulamentos administrativos foi pouco disciplinada pelas leis. Com o tempo, na medida em que os regulamentos foram ampliando seu espaço, inclusive em função do crescimento da regulação administrativa econômica, as leis passaram a tratar com mais profundidade de seus requisitos. A Nova LINDB, além de estimular que eles sejam precedidos de consulta pública formal, exigiu que sua edição seja precedida do estudo das possíveis medidas alternativas e de suas consequências práticas (art. 20), bem como, quando for o caso, que as normas regulamentares contenham regras para um regime de transição adequado (art. 23).

Por fim, o art. 30, ao impor às autoridades a adoção de comportamento ativo que seja capaz de ampliar a segurança jurídica, desfez a ilusão de que as leis seriam em si suficientes para obrigar, não necessitando de esclarecimentos complementares. Por força da Nova LINDB, agora é do estado, e não dos destinatários, o ônus de obter segurança e certeza quanto ao conteúdo e efeitos das leis no campo público. A mensagem da nova LINDB é poderosa: é preciso não só valorizar o realismo (como diz o art. 22), mas também gerar segurança jurídica com orientações gerais de fato consistentes (como exige o art. 30).[22]

Essas são apenas algumas das inspirações, dos conteúdos e dos possíveis efeitos dos dispositivos incorporados à LINDB em 2018.

---

21. Sobre o art. 29 da Nova LINDB, v. MONTEIRO, Vera. Art. 29 da LINDB – Regime jurídico da consulta pública. *Revista de Direito Administrativo*. Edição Especial – Lei de Introdução às Normas de Direito Brasileiro – LINDB (Lei 13.555/2018). Rio de Janeiro, FGV, p. 225-242, out. 2018; e Art. 29 da LINDB e a regulação. Publicado no canal *Direito Público com Carlos Ari Sundfeld*, 2020. vídeo (14 min). Disponível em: https://youtu.be/YX2dZ84p1So. Acesso em: 12 ago. 2021.

22. Sobre o art. 30 da Nova LINDB, v. MOREIRA, Egon Bockmann; PEREIRA, Paula Pessoa. Artigo 30 da LINDB – O dever público de incrementar a segurança jurídica. *Revista de Direito Administrativo*. Edição Especial – Lei de Introdução às Normas de Direito Brasileiro – LINDB (Lei 13.555/2018). Rio de Janeiro, FGV, p. 243-274, out. 2018; e Art. 30 da LINDB: Segurança aos consumidores do direito público. Publicado no canal *Direito Público com Carlos Ari Sundfeld*, 2020. vídeo (9 min). Disponível em: https://youtu.be/Cd48v4KM1Ck. Acesso em: 12 ago. 2021.

4. CONCLUSÃO

Em síntese, a Nova LINDB impactou o direito administrativo brasileiro ao:

1. condicionar, com exigências formais e substanciais de caráter geral, o exercício das competências públicas criativas da administração e do controle público (arts. 20, 23, 24, 29 e 30);

2. superar, em caráter geral, a ideia de nulidade absoluta no direito administrativo (parágrafo único do art. 20 e art. 21);

3. reconhecer e disciplinar, em caráter geral, a consensualidade administrativa (art. 26);

4. reverter, em caráter geral, o uso da responsabilização objetiva por falhas normais na aplicação de normas administrativas (art. 22, *caput* e § 1º e art. 28); e

5. impor, em caráter geral, a responsabilidade patrimonial por processos administrativos ou de controle (art. 27).

O direito administrativo que emerge da Nova LINDB, um direito mais contemporâneo, tem melhores condições para enfrentar o desafio do incremento da atividade regulatória administrativa com participação do controle público, em arranjo característico das últimas décadas. Esse direito administrativo aceita a existência de intensa criação jurídica nas esferas administrativa e do controle público, mas, em contrapartida, limita e condiciona essa criação, em nome de sua qualidade e também da segurança jurídica de todos os envolvidos. Nesse sentido, a Nova LINDB se alinha, pelo ângulo das estruturas jurídicas, ao movimento mais amplo de "melhoria regulatória".[23]

O direito administrativo da Nova LINDB prefere a preservação das situações estabelecidas, ao invés de apostar no jogo das invalidações radicais. A importância dessa orientação no campo regulatório é significativa, pois os regulamentos, atos e ajustes administrativos adotados em seu âmbito são a base da constituição e organização, no mundo privado, de empresas, empreendimentos e negócios cuja viabilidade é diretamente comprometida pela loteria das invalidações – loteria essa que, de outro modo, seria propiciada pelas incertezas próprias ao Direito.

Em busca de eficácia e eficiência, as tendências regulatórias mais recentes sugerem a suavização da orientação hiper dependente das imposições administrativas unilaterais, pois essa orientação simplesmente não funciona. É coerente com isso que o direito administrativo, por um lado, aceite como normal o uso de consensualidade administrativa na solução de situações difíceis e, de outro lado, ofereça instrumentos para que essa consensualidade seja bem construída. É justamente a opção da Nova LINDB, aplicável naturalmente ao campo regulatório.

---

23. Sobre esse movimento, ampliar em SUNDFELD, Carlos Ari. Reforma jurídica para o desenvolvimento da governança da ordenação pública econômica no Brasil. In: MOTTA, Fabrício; GABARDO, Emerson. *Desenvolvimento Nacional*: por uma agenda propositiva e inclusiva. Curitiba: Íthaca, p. 51-62, 2020.

Produzir e controlar regulação administrativa é fazer processos. Ao reconhecer que todos os processos públicos são potenciais geradores de custos e riscos e, em consequência, ao disciplinar a responsabilidade patrimonial deles decorrente, o direito administrativo que emerge da Nova LINDB atua para corrigir e desestimular excessos processuais no campo regulatório, trazendo mais equilíbrio à dinâmica desse campo.

Por fim, a Nova LINDB, além de combater a loteria das invalidações, também bloqueia o funcionamento da loteria das responsabilizações. Esse novo direito administrativo protege, das incertezas e irrealismos do mundo jurídico, os agentes públicos e privados envolvidos na dinâmica regulatória. Ele rejeita, em suma, que as funções sancionadora e responsabilizadora do controle e da administração pública imputem a esses agentes os efeitos dessas incertezas e irrealismos.

A construção da eficácia desse novo modelo de direito administrativo está agora nas mãos dos teóricos e dos aplicadores do direito, inclusive daqueles que, à época de sua sanção, foram muito ácidos em relação a ela, como a cúpula do Tribunal de Contas da União. É cedo ainda para avaliar seus resultados.

REFERÊNCIAS

ATALIBA, Geraldo. Prefácio do livro SUNDFELD, Carlos Ari. *Fundamentos de Direito Público*. São Paulo: Malheiros, 1992.

BINENBOJM, Gustavo; CYRINO, André. O art. 28 da LINDB – A cláusula geral do erro administrativo. *Revista de Direito Administrativo*. Edição Especial – Lei de Introdução às Normas de Direito Brasileiro – LINDB (Lei 13.555/2018). Rio de Janeiro, FGV, p. 203-224, out. 2018. Disponível em: http://bibliotecadigital.fgv.br/ojs/index.php/rda/article/view/77655. Acesso em: 11 ago. 2021.

CÂMARA, Jacintho Arruda. Art. 24 da LINDB – Irretroatividade de nova orientação geral para anular deliberações administrativas. *Revista de Direito Administrativo*. Edição Especial – Lei de Introdução às Normas de Direito Brasileiro – LINDB (Lei 13.555/2018). Rio de Janeiro, FGV, p. 113-134, out. 2018. Disponível em: http://bibliotecadigital.fgv.br/ojs/ index.php/rda/article/view/77652. Acesso em: 11 ago. 2021.

COUTO E SILVA, Almiro do. *Conceitos Fundamentais do Direito no Estado Constitucional*. São Paulo: Malheiros, 2015.

CABALLERO, Francisco Velasco. *Administraciones públicas y derechos administrativos*. Madri: Marcial Pons, 2020.

JORDÃO, Eduardo. Art. 22 da LINDB – Acabou o romance: reforço do pragmatismo no direito público brasileiro. *Revista de Direito Administrativo*. Edição Especial – Lei de Introdução às Normas de Direito Brasileiro – LINDB (Lei 13.555/2018). Rio de Janeiro, FGV, p. 63-92, out. 2018. Disponível em: http://bibliotecadigital.fgv.br/ojs/index.php/rda/article/ view/77650. Acesso em: 11 ago. 2021.

JUSTEN FILHO, Marçal. Art. 20 da LINDB – Dever de transparência, concretude e proporcionalidade nas decisões públicas. *Revista de Direito Administrativo*. Edição Especial – Lei de Introdução às Normas de Direito Brasileiro – LINDB (Lei 13.555/2018). Rio de Janeiro, FGV, p. 13-41, out. 2018. Disponível em: http://bibliotecadigital.fgv.br/ojs/index. php/rda/article/view/77648. Acesso em: 11 ago. 2021.

LEAL, Fernando; MENDONÇA, José Vicente Santos de (Org.). *Transformações do Direito Administrativo*: consequencialismo e estratégias regulatórias. Rio de Janeiro: FGV Direito Rio, 2016. Disponível em: http://biblio- tecadigital.fgv.br/dspace/handle/10438/18009. Acesso em: 11 ago. 2021.

PALMA, Juliana Bonacorsi de. Segurança jurídica para a inovação pública: a nova Lei de Introdução às Normas do Direito Brasileiro (Lei 13.655/2018). *Revista de Direito Administrativo*. Rio de Janeiro, FGV, v. 279, n. 2, 2020. Disponível em: http://bibliotecadigital.fgv.br/ojs/index. php/rda/article/view/82012. Acesso em: 11 ago. 2021.

PALMA, Juliana Bonacorsi de; GUERRA, Sérgio. Art. 26 da LINDB – Novo regime jurídico de negociação com a Administração Pública. *Revista de Direito Administrativo*. Edição Especial – Lei de Introdução às Normas de Direito Brasileiro – LINDB (Lei 13.555/2018). Rio de Janeiro, FGV, p. 135-169, out. 2018. Disponível em: http://bibliotecadigital.fgv.br/ojs/index.php/ rda/article/view/77653. Acesso em: 11 ago. 2021.

PARGENDLER, Mariana; SALAMA, Bruno. Direito e consequência no Brasil: em busca de um discurso sobre o método. *Revista de Direito Administrativo*. Rio de Janeiro, FGV, v. 262, 2013. Disponível em: http://bibliotecadigital.fgv.br/ojs/index.php/rda/article/view/8901. Acesso em: 11 ago. 2021.

PEREIRA, Flávio Unes (Coord.). *Segurança Jurídica e Qualidade das Decisões Públicas*. Brasília, Senado Federal, 2015. Disponível em: http://antonioaugustoanastasia.com.br/wp-content/uploads/2015/09/seguranca juridica.pdf. Acesso em: 11 ago. 2021.

MARQUES NETO, Floriano de Azevedo. Art. 23 da LINDB – O equilíbrio entre mudança e previsibilidade na hermenêutica jurídica. *Revista de Direito Administrativo*. Edição Especial – Lei de Introdução às Normas de Direito Brasileiro – LINDB (Lei 13.555/2018). Rio de Janeiro, FGV, p. 93-112, out., 2018. Disponível em: http://bibliotecadigital.fgv.br/ojs/ index.php/rda/article/view/77651. Acesso em: 11 ago. 2021.

MENDONÇA, José Vicente Santos de. Artigo 21 da LINDB – Indicando consequências e regularizando atos e negócios. *Revista de Direito Administrativo*. Edição Especial – Lei de Introdução às Normas de Direito Brasileiro – LINDB (Lei 13.555/2018). Rio de Janeiro, FGV, p. 43-61, out. 2018. Disponível em: http://bibliotecadigital.fgv.br/ojs/index.php/ rda/article/view/77649. Acesso em: 11 ago. 2021.

MONTEIRO, Vera. Art. 29 da LINDB – Regime jurídico da consulta pública. *Revista de Direito Administrativo*. Edição Especial – Lei de Introdução às Normas de Direito Brasileiro – LINDB (Lei 13.555/2018). Rio de Janeiro, FGV, p. 225-242, out. 2018. Disponível em: http://bibliotecadigital. fgv.br/ojs/index.php/rda/article/view/77656. Acesso em: 11 ago. 2021. MOREIRA, Egon Bockmann; PEREIRA, Paula Pessoa. Artigo 30 da LINDB – O dever público de incrementar a segurança jurídica. *Revista de Direito Administrativo*. Edição Especial – Lei de Introdução às Normas de Direito Brasileiro – LINDB (Lei 13.555/2018). Rio de Janeiro, FGV, p. 243-274, out. 2018. Disponível em: http://bibliotecadigital.fgv.br/ojs/ index.php/rda/article/view/77657. Acesso em: 11 ago. 2021.

SUNDFELD, Carlos Ari. Art. 24 da LINDB e a segurança jurídica no direito tributário. *Revista de Direito Tributário Contemporâneo*. São Paulo: Ed. RT, ano 6, v. 29, p. 35-50, abr./jun. 2021.

SUNDFELD, Carlos Ari. Reforma jurídica para o desenvolvimento da governança da ordenação pública econômica no Brasil. In: MOTTA, Fabrício; GABARDO, Emerson. *Desenvolvimento Nacional*: por uma agenda propositiva e inclusiva. Curitiba: Íthaca, 2020.

SUNDFELD, Carlos Ari. ART. 21 DA LINDB: Invalidade no direito administrativo. Publicado no canal *Direito Público com Carlos Ari Sundfeld*, 2020. vídeo (16 min). Disponível em: https://youtu.be/khNDD6MYXO0. Acesso em: 12 ago. 2021.

SUNDFELD, Carlos Ari. Art. 26 da LINDB: Compromissos administrativos. Publicado no canal *Direito Público com Carlos Ari Sundfeld*, 2020. vídeo (9 min). Disponível em: https://youtu.be/HPUgg03NbRw. Acesso em: 12 ago. 2021.

SUNDFELD, Carlos Ari. Art. 27 da LINDB – Um não ao processo como injustiça. Publicado no canal *Direito Público com Carlos Ari Sundfeld*, 2020. vídeo (9 min). Disponível em: https://youtu.be/d76FZqOMMPA. Acesso em: 12 ago. 2021.

SUNDFELD, Carlos Ari. Art. 29 da LINDB e a regulação. Publicado no canal *Direito Público com Carlos Ari Sundfeld*, 2020. vídeo (14 min). Disponível em: https://youtu.be/YX2dZ84p1So. Acesso em: 12 ago. 2021.

SUNDFELD, Carlos Ari. Art. 30 da LINDB: Segurança aos consumidores do direito público. Publicado no canal *Direito Público com Carlos Ari Sundfeld*, 2020. vídeo (9 min). Disponível em: https://youtu.be/Cd48v4KM1Ck. Acesso em: 12 ago. 2021.

SUNDFELD, Carlos Ari; VORONOFF, Alice. Art. 27 da LINDB – Quem paga pelos riscos dos processos? *Revista de Direito Administrativo*. Edição Especial – Lei de Introdução às Normas de Direito Brasileiro – LINDB (Lei 13.555/2018). Rio de Janeiro, FGV, p. 171-201, out. 2018. Disponível em: http://bibliotecadigital.fgv.br/ojs/index.php/rda/article/view/77654. Acesso em: 12 ago. 2021.

SUNDFELD, Carlos Ari; GIACOMUZZI, José Guilherme. O espírito da Lei 13.655/2018: impulso realista para a segurança jurídica no Brasil. *Revista de Direito Público da Economia – RDPE*. Belo Horizonte, Fórum, ano 16, n. 62, p. 39-41, abr./jun. 2018.

SUNDFELD, Carlos Ari; SALAMA, Bruno Meyerhof. Chegou a hora de mudar a velha Lei de Introdução. In: PEREIRA, Flávio Unes (Coord.). *Segurança Jurídica e Qualidade das Decisões Públicas*. Brasília, Senado Federal, 2015. p. 13 e ss. Disponível em: http://antonioaugustoanastasia.com.br/wp-content/ uploads/2015/09/seguranca juridica.pdf. Acesso em: 11.08.2021.

SUNDFELD, Carlos Ari. *Direito Administrativo para Céticos*. 2. ed. São Paulo: Malheiros-sbdp, 2014.

SUNDFELD, Carlos Ari; MARQUES NETO, Floriano de Azevedo. Uma nova lei para aumentar a qualidade jurídica das decisões públicas e seu controle. In: SUNDFELD, Carlos Ari (Org.). *Contratações Públicas e seu Controle*. São Paulo: Malheiros-sbdp, 2013.

TEIXEIRA JÚNIOR, Flávio Germano de Sena; NÓBREGA, Marcos. A teoria das invalidades na nova lei de contratações públicas e o equilíbrio dos interesses envolvidos. *Ronny Charles (website)*, 2021. Disponível em: https://bityli.com/kJV02. Acesso em: 12 ago. 2021.

A IMPORTÂNCIA DA AVALIAÇÃO *EX ANTE* NA REGULAÇÃO ECONÔMICA – ANÁLISE DE IMPACTO REGULATÓRIO

Fernando B. Meneguin

Doutor e Mestre em Economia pela Universidade de Brasília. Pós-Doutorado em Análise Econômica do Direito pela Universidade da California/Berkeley. Professor Titular do Instituto Brasiliense de Direito Público – IDP e da AMBRA University. Consultor Legislativo do Senado na área de microeconomia aplicada. Pesquisador do Economics and Politics Research Group – EPRG, CNPq/ UnB e Líder-docente do Grupo de Estudos em Direito e Economia (GEDE/Unb/IDP). Sócio da Pakt Consultoria e Assessoria. E-mail: fbmeneguin@hotmail.com

Ana Paula Andrade de Melo

Mestranda em Administração Pública pelo Instituto Brasileiro de Ensino, Desenvolvimento e Pesquisa – IDP. Bacharel em Direito pela PUC/GO e Especialista em Direito Público com ênfase em Gestão Pública pelo Instituto Damásio Educacional/SP. Atual Subchefe Adjunta de Consolidação Normativa e Subchefe Adjunta de Revisão de Atos Normativos na Subchefia para Assuntos Jurídicos da Presidência da República. Escrivã de Polícia Federal. E-mail: ana.melo@presidencia.gov.br.

Sumário: Introdução – 1. Intervenção estatal na economia – regulação – 2. Análise de impacto regulatório – AIR – 3. Conclusões e considerações finais – Referências.

INTRODUÇÃO

A ordem econômica brasileira tem como um de seus fundamentos a livre iniciativa, conforme disposto no art. 170 da Constituição Federal. Isso significa, em síntese, que os diversos agentes na sociedade devem ter liberdade para participar do mercado, empreendendo, produzindo ou vendendo bens e serviços.

O mercado, por sua vez, deve existir precipuamente para facilitar a troca de bens e serviços, para diminuir os custos de se efetivarem negociações, isto é, diminuir os custos de transação, conforme ensina o Professor Ronald Coase, Nobel de Economia (Coase, 1988, p.7). Se o mercado estiver calibrado corretamente, há uma tendência em direção à eficiência.[1]

---

1. O Primeiro Teorema do Bem-Estar Social afirma que todo equilíbrio geral competitivo é eficiente no sentido de Pareto.

Sem mitigar a importância da liberdade econômica, sabe-se, no entanto, que há uma série de situações econômicas que não podem ser deixadas ao livre arbítrio do mercado, havendo a necessidade de regulação estatal. Para tanto, normas são elaboradas e, juntamente com elas, é criado um conjunto de incentivos e sanções que acarretam reflexos sobre o funcionamento do mercado.

Tem-se, então, a necessidade do Estado Regulador, cujas características, nas palavras de Marçal Justen Filho, são as seguintes:

> transferência para a iniciativa privada de atividades desenvolvidas pelo Estado, desde que dotadas de forte cunho de racionalidade econômica; liberalização de atividades até então monopolizadas pelo Estado a fim de propiciar a disputa pelos particulares em regime de mercado; a presença do Estado no domínio econômico privilegia a competência regulatória; a atuação regulatória do Estado se norteia não apenas para atenuar ou eliminar os defeitos do mercado, mas também para realizar certos valores de natureza política ou social; e institucionalização de mecanismos de disciplina permanente das atividades reguladas (2009, p. 565).

Portanto, o preceito da liberdade econômica não é, em nenhum aspecto, incompatível com as finalidades públicas que ensejam a regulação estatal. Mas as medidas regulatórias, ao pretenderem limitar a garantia de liberdade, precisam fazê-lo de forma válida.

Assim, em que pese a necessidade do Estado Regulador, é natural que se questione acerca da pertinência e da adequação das normas regulatórias. Será que o desenho da norma consegue gerar efeitos que eram realmente os esperados? Será que os custos impostos pela regulação superam os benefícios gerados para a sociedade?

Um exemplo clássico de regulação malfeita é encontrado na história recente do Brasil: o Plano Cruzado, ao promover o congelamento de preços para combater uma hiperinflação, não permitiu o ajuste dos valores de mercadorias sujeitas à sazonalidade, gerando um desequilíbrio de preços. Isso agravou o desabastecimento de bens (ninguém se dispunha a vender com prejuízo ou perder oportunidades de lucro) e fomentou o surgimento de ágio para compra de produtos escassos, principalmente os que se encontravam na entressafra, como carne e leite.

Então, como evitar situações reguladas em que as consequências da atuação do Estado são negativas? Como evitar que uma intervenção estatal que objetiva minimizar uma falha de mercado ocasione uma falha de governo?

A resposta a essa pergunta direciona o presente texto para um instrumento que recebeu bastante atenção nos países associados à Organização para a Cooperação e Desenvolvimento Econômico (OCDE) e que agora está institucionalizado no Brasil, o chamado *Regulatory Impact Assessment* – Análise de Impacto Regulatório (AIR). Trata-se de uma ferramenta aplicada com a finalidade de subsidiar a elaboração das normas regulatórias e a formulação de políticas públicas, contribuindo para o aumento da racionalidade do processo decisório acerca das potenciais ações governamentais.

No Brasil, as iniciativas para a disseminação dessa ferramenta no âmbito do Poder Público se iniciaram recentemente. Pode-se destacar como precursor do movimento o lançamento pelo Governo Federal, em 2018, da obra intitulada *Diretrizes Gerais e Guia Orientativo para Elaboração de Análise de Impacto Regulatório – AIR*, que traz um roteiro de apoio, considerando as boas práticas internacionais, para a confecção de uma avaliação.

Em 2019, a Análise de Impacto Regulatório passa a ter status de norma legal. Primeiramente houve a aprovação da Lei 13.848, de 25 de junho de 2019, destinada às agências reguladoras, cujo art. 6º dispõe que:

A adoção e as propostas de alteração de atos normativos de interesse geral dos agentes econômicos, consumidores ou usuários dos serviços prestados serão, nos termos de regulamento, precedidas da realização de Análise de Impacto Regulatório (AIR), que conterá informações e dados sobre os possíveis efeitos do ato normativo.

Em seguida, houve a publicação de outra norma, a Lei 13.874, de 20 de setembro de 2019, que institui a "Declaração de Direitos da Liberdade Econômica". Novamente a AIR ganha destaque, dessa vez passando a ser obrigatória não somente para as agências reguladoras, mas para toda a administração pública federal:

Art. 5º As propostas de edição e de alteração de atos normativos de interesse geral de agentes econômicos ou de usuários dos serviços prestados, editadas por órgão ou entidade da administração pública federal, incluídas as autarquias e as fundações públicas, serão precedidas da realização de análise de impacto regulatório, que conterá informações e dados sobre os possíveis efeitos do ato normativo para verificar a razoabilidade do seu impacto econômico.

Referida Lei foi regulamentada pelo Decreto 10.411, de 30 de junho de 2020, que regulamenta a AIR no Brasil e a define como:

procedimento, a partir da definição de problema regulatório, de avaliação prévia à edição dos atos normativos de que trata este Decreto, que conterá informações e dados sobre os seus prováveis efeitos, para verificar a razoabilidade do impacto e subsidiar a tomada de decisão. (inciso I, do art. 2º)

Iniciados os efeitos do Decreto 10.411, de 2020, o Governo Federal lançou, em abril de 2021, o novo Guia para Elaboração de Análise de Impacto Regulatório (AIR).[2]

---

2. Disponível em: https://www.gov.br/economia/pt-br/acesso-a-informacao/reg/guias-e-manuais/referencias-e-bibliografia-guia-air/guia-de-air_vfinal_150421.pdf. Acesso em: 21 abr. 2021.

Meneguin e Silva (2017, p. 14) ressaltam que a materialização da intervenção estatal ocorre por meio das políticas e ações que buscam regular situações que necessitam ser resolvidas no interior das coletividades. Seus limites, formas e conteúdos decorrem de processos decisórios que expressam relações e arranjos de poder que devem necessariamente obedecer a critérios essencialmente republicanos e democráticos.

Segundo pondera Oliveira (2015, p. 21):

> Com o intuito de evitar a paralisia ou a asfixia regulatória por meio de regulações excessivas, que inviabilizam a atividade econômica, bem como a ausência de regulação, com comprometimento da igualdade no mercado repleto de falhas, a decisão ponderada sobre a intensidade e a qualidade da regulação depende do conhecimento prévio das peculiaridades do setor econômico e dos custos e benefícios envolvidos na escolha pública.

O correto desenho desses limites, formas e conteúdos das intervenções estatais é justamente uma das motivações da AIR. A institucionalização da Análise de Impacto Regulatório modifica paradigmas da administração pública, pois gera o dever de se realizar a uma avaliação *ex ante*, que preceda a produção de atos normativos.

A avaliação *ex ante* abarca "desde a análise dos motivos que tornam necessária determinada intervenção, o planejamento das ações para o desenvolvimento da iniciativa, a definição dos agentes encarregados de implementá-la, o levantamento das normas disciplinadoras pelas quais será regida, até a fundamental avaliação de seus possíveis impactos" (Meneguin e Silva, 2017, p. 18).

Assim, espera-se que um dos reflexos da Lei de Liberdade Econômica no Direito Regulatório, ao exigir a AIR, apresente-se por meio de normas mais adequadas, que atendam realmente suas finalidades, promovendo eficiência, com os menores efeitos adversos possíveis em decorrência da ação estatal.

Na seção seguinte, aborda-se a importância e os objetivos da regulação estatal. A terceira seção, cerne deste texto, traz uma apresentação da ferramenta da AIR, conforme pesquisas da OCDE, da legislação brasileira e dos guias editados pelo Governo Federal. Por fim, tecem-se as conclusões e considerações finais do presente trabalho.

1. INTERVENÇÃO ESTATAL NA ECONOMIA – REGULAÇÃO

Conforme o Primeiro Teorema do Bem-Estar Social, sempre que houver um mercado competitivo, isto é, uma concorrência perfeita, o livre mercado propiciará uma alocação de recursos eficiente do ponto de vista econômico. No entanto, esse teorema é válido sob condições bem restritas.

Sabe-se que existem situações, conhecidas como falhas de mercado, que quebram essa lógica, podendo gerar alocações que não são eficientes. Pode-se citar como falhas de mercado: a existência de bens públicos, os monopólios, as assimetrias informacionais e as externalidades. Os bens públicos são caracterizados por serem indivisíveis e por responderem ao princípio da "não exclusão" no seu consumo. São indivisíveis porque o consumo por parte de um indivíduo ou de um grupo social não prejudica o consumo do mesmo bem pelos demais integrantes da sociedade. São não excludentes porque, em geral, é difícil ou mesmo impossível impedir que um determinado indivíduo usufrua um determinado bem público. São exemplos clássicos de bens públicos: iluminação pública, justiça, segurança pública e defesa nacional. É justamente o princípio da "não exclusão" no consumo dos bens públicos que torna a solução de mercado, em geral, ineficiente para garantir a produção da quantidade adequada de bens requerida pela sociedade, pois não se consegue ratear os custos de produção.

No caso dos monopólios, trata-se de uma falha de mercado por ser uma situação em que uma empresa detém poder econômico suficiente para diminuir a oferta do bem produzido e aumentar o preço praticado, incrementando, assim, seus lucros, além de restringir ou eliminar uma possível concorrência. O resultado é uma ineficiência alocativa grave com consequências negativas para a sociedade.

Já as externalidades são um conceito utilizado na ciência econômica para se referir aos efeitos exercidos pela produção de uma empresa ou o consumo de um indivíduo sobre terceiros de forma positiva ou negativa. Um dos problemas da externalidade é que a firma que gera um efeito negativo exporta um custo para outros agentes da economia e isso acarreta distorções na alocação dos recursos produtivos.

Por fim, temos as assimetrias informacionais. São situações em que existe um desequilíbrio de informações entre as partes envolvidas, impedindo negócios de acontecerem ou gerando decisões viesadas.

Em situações que envolvam falhas de mercado, é necessário que haja uma intervenção estatal para tentar incrementar o bem-estar social. Uma das maneiras de essa intervenção acontecer é por meio de instrumentos de regulação.

Importa ainda mencionar a estrita relação entre regulação e concorrência. A regulação deve atuar no sentido de incentivar mercados competitivos, pois isso combate a concentração do poder econômico, favorece uma alocação eficiente dos recursos produtivos e gera ganhos para os consumidores.

Conforme Giambiagi e Além (1999, p. 337), "os instrumentos regulatórios são as tarifas, as quantidades, as restrições à entrada e à saída e os padrões de desempenho". Os autores ainda destacam que os objetivos da regulação são: o bem-estar do consumidor; a melhoria da eficiência alocativa; a universalização e a qualidade dos serviços; a interconexão entre os diferentes provedores; e a segurança e a proteção ambiental.

Note que quando se propõe melhorar o bem-estar do cidadão, trabalha-se de maneira a aumentar os benefícios e minimizar os custos sociais. Em outras palavras, a regulação pode e deve ir além do campo estritamente econômico. Nesse sentido, Justen Filho (2005, p.447) explica que a intervenção estatal no âmbito econômico deve estar atenta aos valores sociais, "toda e qualquer atuação regulatória consiste num conjunto de providências econômicas e sociais".

Pelo exposto, uma síntese pertinente e conclusiva do que vem a ser regulação é a apresentada por Aragão (2003, p.37):

> conjunto de medidas legislativas, administrativas e convencionais, abstratas ou concretas, pelas quais o Estado, de maneira restritiva da liberdade privada ou meramente indutiva, determina, controla, ou influencia o comportamento dos agentes econômicos, evitando que lesem os interesses sociais definidos no marco da Constituição e orientando-os em direções socialmente desejáveis.

Percebe-se que, quando se mencionam medidas indutivas, infere-se que há espaço para a inserção na regulação de ações que modificam o comportamento dos cidadãos sem necessariamente haver a criação de obrigações normativas ou incentivos financeiros. Essas ações são conhecidas na literatura de Economia Comportamental como *nudges*.[3]

Feita essa contextualização sobre a intervenção do Estado na Economia por meio da regulação, discute-se no tópico seguinte essa importante ferramenta para propiciar uma melhor regulação: a Análise de Impacto Regulatório.

2. ANÁLISE DE IMPACTO REGULATÓRIO – AIR

Conforme mencionado na Introdução, a Lei da Declaração de Direitos da Liberdade Econômica estabeleceu a necessidade de elaboração da Análise de Impacto Regulatório para toda a administração pública federal.

Segundo a Organização para a Cooperação e Desenvolvimento Econômico (OCDE), em seu relatório intitulado "OECD Regulatory Policy Outlook 2015", uma boa regulação deve:

- Servir claramente aos objetivos definidos na política governamental;
- Ser clara, simples e de fácil cumprimento pelos cidadãos;

---

3. "Aspecto da arquitetura de escolha que altera o comportamento das pessoas de uma maneira previsível, sem proibir nenhuma opção ou alterar significativamente seus incentivos econômicos". (Sunstein & Thaler, 2008).

A IMPORTÂNCIA DA AVALIAÇÃO *EX ANTE* NA REGULAÇÃO ECONÔMICA | **61**

Ter base legal e empírica;

- Ser consistente com outras regulações e políticas governamentais;

- Produzir benefícios que compensem os custos, considerando os efeitos econômicos, sociais e ambientais disseminados por toda a sociedade;

- Ser implementada de maneira justa, transparente e de forma proporcional;

- Minimizar os custos e as distorções de mercado;

- Promover inovação por meio de incentivos de mercado; e

- Ser compatível com os princípios que promovam o comércio e o investimento, tanto em nível nacional quanto internacional.

Por fomentar essa regulação, que atenda aos critérios de economicidade, eficiência, eficácia e efetividade e que realmente promova o desenvolvimento econômico e o aumento do bem-estar social, é que a AIR ganhou destaque nos países associados à OCDE.

Em consonância com o disposto no Manual de Auditoria Operacional do Tribunal de Contas de União, esses critérios são definidos conforme se segue.

A economicidade tem por objetivo a minimização dos custos dos recursos utilizados na consecução de uma atividade, sem comprometimento dos padrões de qualidade.

A efetividade diz respeito ao alcance dos resultados pretendidos, a médio e longo prazo. Refere-se à relação entre os resultados de uma intervenção ou programa, em termos de efeitos sobre a população alvo (impactos observados), e os objetivos pretendidos (impactos esperados), traduzidos pelos objetivos finalísticos da intervenção.

A eficácia retrata o grau de alcance das metas programadas (bens e serviços) em um determinado período de tempo, independentemente dos custos implicados. O conceito de eficácia diz respeito à "capacidade de entrega" da gestão pública, para cumprir objetivos imediatos.

Por fim, a eficiência é definida como a relação entre os produtos (bens e serviços) gerados por uma atividade e os custos dos insumos empregados para produzi-los, em um determinado período de tempo. Fazer "mais com menos", por exemplo, é ideia que reflete o conceito de eficiência.

Uma boa regulação, ao zelar por essas quatro dimensões de desempenho da ação governamental, contribui para o crescimento e desenvolvimento econômico, bem como para o atingimento de maior bem-estar social.

Toda regulação traz efeitos colaterais ou *trade-offs*; no entanto, a boa regulação potencializa os ganhos esperados e diminui a extensão dos efeitos indesejados.

Com essa perspectiva é que se demonstra a utilidade da AIR. Essa ferramenta é um instrumento de tomada de decisão que ajuda os formuladores de políticas públicas a desenhar as ações governamentais com base em critérios sólidos, fundamentados em evidências concretas (*evidence-based*[4]), voltadas para o atingimento de seus objetivos.

De acordo com o citado Relatório da OCDE, a maneira como a AIR é adotada e implementada nos diversos países varia bastante, tanto pela forma como passou a ser exigida, se por meio de lei, decreto ou simplesmente por meio de uma diretiva, quanto pela organização administrativa para o desempenho dessa atividade. Como dito, no Brasil, a matéria, ao ser recentemente incluída em legislação federal, foi alçada ao nível de obrigatoriedade institucionalizada.

Por um outro Relatório da OECD, *Regulatory Policy in Perspective*,[5] a definição da metodologia para avaliar o impacto e comparar as alternativas é crucial para que o AIR seja um documento relevante no momento de subsidiar a escolha da nova política governamental ou da norma regulamentadora que será aprovada.

No caso de uma análise focada no problema a ser atacado, as metodologias mais comuns utilizadas pelas administrações públicas são as seguintes, conforme Garoupa (2006):

• Análise de menor custo – verifica e compara somente os custos para escolher a melhor alternativa. Esse método é mais indicado quando os benefícios são fixos e o agente público deve apenas decidir como atingir esses benefícios;

• Análise de custo-efetividade – mensura quanto do resultado (e não o seu valor) é alcançado para cada unidade monetária alocada ao projeto. Usualmente vem traduzida na forma de uma razão (benefício/custo). Um exemplo típico para utilizar essa metodologia é a avaliação de programas de criação de empregos, em que o indicador seria a quantidade de postos de trabalho por unidade monetária alocada no programa. Outra indicação para essa metodologia é quando se trabalha com vidas (inviável de se quantificar em dinheiro), de forma que a razão para fins de comparação seria, por exemplo, o número de vidas salvas por unidade monetária investida; e

• Análise de custo-benefício: nesse caso, a comparação é em termos monetários tanto do lado dos custos quanto dos benefícios da política. Na maior parte dos casos, a análise de custo-benefício não capta nada sobre como ocorrerá a distribuição de recursos entre as classes da sociedade, de forma que é importante uma análise complementar para verificar o grau de concentração dos custos e benefícios, em particular se os custos são disseminados e os benefícios concentrados.

---

4. A formulação de políticas públicas baseadas em evidências tem sido recorrentemente preconizada no âmbito da OCDE.

5. Regulatory Policy in Perspective: A Reader's Companion to the OECD Regulatory Policy Out- look 2015.

Acrescentando aos métodos difundidos na doutrina, o Decreto 10.411, de 2020, regulamentador da AIR, define em seu art. 7º que "na elaboração da AIR, será adotada uma das seguintes metodologias específicas para aferição da razoabilidade do impacto econômico: análise multicritério, análise de custo-benefício, análise de custo-efetividade análise de risco, ou análise de risco-risco". Mas destaca que, além dessas, "o órgão ou a entidade competente poderá escolher outra metodologia, desde que justifique tratar-se da metodologia mais adequada para a resolução do caso concreto".

Com base na previsão regulamentar e para facilitar a escolha do regulador, o novo Guia para Elaboração de Análise de Impacto Regulatório (2021, p. 36) trouxe quadro explicativo e comparativo dessas metodologias:

Figura 1

Metodologia	Característica	Quando utilizar	Quando não utilizar
Análise multicritério	Modelo Matemático que permite criar perfis de impacto para cada alternativa viabilizando comparar o desempenho de diferentes ações para o mesmo problema.	Quando a decisão regulatória englobar critérios com diferentes tipos de escalas ou que necessitem da construção de descritores matematicamente mensuráveis.	Quando a decisão regulatória incluir critérios com escalas de mensuração claramente definidas e com taxas de compensação (pesos) previamente estipuladas.
Análise de custo-benefício	Modelo Econômico que permite calcular a taxa de utilidade social (função bem estar) de cada alternativa.	Quando o objeto de análise de uma alternativa for a relação entre custo e benefício.	Quando o objetivo principal da decisão regulatória não for analisar o bem estar social que cada alternativa proporciona.
Análise de custo-efetividade	Modelo Econômico que permite calcular o custo de oportunidade e o índice de custo-efetividade de cada alternativa de decisão.	Quando o objeto de análise de uma alternativa for a efetividade de atingimento dos resultados em função dos custos apurados para aquela ação.	Quando o objetivo principal da decisão regulatória não for analisar o custo-efetividade de cada alternativa de decisão.
Análise de custo	Modelo Contábil que permite calcular os custos diretos, indiretos, fixos e variáveis de cada alternativa.	Quando o objeto de análise de uma alternativa limitar-se aos custos diretos, custos indiretos, custos fixos e variáveis bem como as perdas envolvidas ineficiência, ociosidade, qualidade).	Quando o objetivo principal da decisão regulatória não se limitar à análise contábil de custos das alternativas.
Análise de risco	Modelo Econômico que permite calcular o grau de risco de todos os resultados negativos diretos.	Quando o objeto de análise de uma alternativa for o cálculo do grau de risco (probabilidade de ocorrência vezes a gravidade do resultado).	Quando o objetivo principal da decisão regulatória não estiver associado diretamente ao grau de risco de uma alternativa.
Análise risco-risco	Modelo Econômico que permite calcular o grau de risco de todos os resultados negativos diretos ou indiretos.	Quando o objeto de análise de uma alternativa for o cálculo do grau de risco - direto ou indireto - de cada alternativa.	Quando o objetivo principal da decisão regulatória não estiver associado direta ou indiretamente ao grau de risco de uma alternativa.

Fonte: Guia para Elaboração de Análise de Impacto Regulatório (2021, p. 36)

No mencionado Guia (2021, p. 37) esclarece-se ainda que "a utilização de uma metodologia não exclui a utilização de outra, visto que é possível que exista o uso conjunto dessas metodologias indicadas no Decreto AIR".

Importante destacar que há também métodos mais complexos, como a aplicação de grandes pesquisas ou consultas públicas entre amostras considerá-veis dos possíveis afetados pela nova regulamentação, bem como o tratamento econométrico da base de dados organizada.

Outro fato importante é que a avaliação de impacto regulatório é função intimamente relacionada com o processo orçamentário. O vínculo, com efeito, é bastante significativo, na medida em que a AIR contempla avaliação de custos, e custos estimados no presente representam despesas orçamentárias do futuro.

A Lei de Responsabilidade Fiscal (Lei Complementar 101, de 4 de maio de 2000) já previa em seu art. 16 que a "criação, expansão ou aperfeiçoamento de ação governamental que acarrete aumento da despesa será acompanhado de estimativa do impacto orçamentário-financeiro no exercício em que deva entrar em vigor e nos dois subsequentes". A necessidade de análise ex ante no processo orçamentário foi alçada a nível constitucional pela EC 95, de 15 de dezembro de 2016, que acrescentou o art. 113 nos Atos das Disposições Constitucionais Transitórias para prever que "a proposição legislativa que crie ou altere despesa obrigatória ou renúncia de receita deverá ser acompanhada da estimativa do seu impacto orçamentário e financeiro".

Apesar de haver diferenças de como a AIR tomou forma em diferentes países, há uma estrutura básica que é similar em todos os documentos. Conforme o documento *Regulatory Policy in Perspective* e consoante discussão já apresentada em Meneguin e Bijos (2016, p. 9) sobre a utilização da AIR como instrumento de melhoria das normas, os principais elementos constitutivos de uma avaliação de impacto regulatório são os seguintes:

a) Definição do problema – é essencial identificar corretamente o problema que se quer atacar. Uma nova regulação é necessária quando há falhas de mercado a serem resolvidas, como informação assimétrica, mercados incompletos ou pouco competitivos, custos de transação elevados, outras imperfeições de mercado que geram resultados ineficientes. Uma nova regulação também é necessária quando as atuais regras precisam ser alteradas de forma a melhorar o atingimento de seus objetivos. Por fim, novas normas são recomendadas quando a administração pública possui novos objetivos de políticas públicas a serem alcançados;

b) Coleta de dados – ter dados e informações disponíveis sobre o tema correlato ao problema é importante para se conseguir acurácia na avaliação do que se quer resolver e na intervenção a ser realizada. Existem vários métodos empíricos disponíveis como aplicação de questionários, consultas públicas, entrevistas, modelagem econométrica, entre outros;

c) Identificação de opções regulatórias – nessa fase, a necessidade de intervenção governamental deve ser traduzida em opções concretas de ação. É importante assegurar que a intervenção escolhida não seja desproporcional ao problema a ser resolvido;

d) Avaliação das alternativas – uma vez que foram elaboradas as opções para se resolver o problema, deve-se avaliá-las. Nesse ponto, utilizam-se as técnicas disponíveis da análise de menor custo, análise de custo-efetividade, análise custo-benefício ou análise de risco. Importante incluir a "opção zero", representando a alternativa que capta a evolução do cenário quando não há mudança na política regulatória;

e) Escolha da política a ser adotada – após a comparação das alternativas, identifica-se a melhor opção. Cabe lembrar que a AIR é mais um instrumento e não um determinante para a escolha resultante do processo político decisório.

Semelhante ao que já trazia o manual de "Diretrizes Gerais e Guia Orientativo para Elaboração de Análise de Impacto Regulatório – AIR" publicado pelo Governo Federal (Casa Civil da Presidência da República, 2018), no art. 6º do Decreto 10.411, de 2020, são elencados os seguintes elementos constitutivos de uma AIR:

a) sumário executivo objetivo e conciso, que deverá empregar linguagem simples e acessível ao público em geral;

b) identificação do problema regulatório que se pretende solucionar, com a apresentação de suas causas e sua extensão;

c) identificação dos agentes econômicos, dos usuários dos serviços prestados e dos demais afetados pelo problema regulatório identificado;

d) identificação da fundamentação legal que ampara a ação do órgão ou da entidade quanto ao problema regulatório identificado;

e) definição dos objetivos a serem alcançados;

f) descrição das alternativas possíveis ao enfrentamento do problema regulatório identificado, consideradas as opções de não ação, de soluções normativas e de, sempre que possível, soluções não normativas;

g) exposição dos possíveis impactos das alternativas identificadas, inclusive quanto aos seus custos regulatórios;

h) considerações referentes às informações e às manifestações recebidas para a AIR em eventuais processos de participação social ou de outros processos de recebimento de subsídios de interessados na matéria em análise;

i) mapeamento da experiência internacional quanto às medidas adotadas para a resolução do problema regulatório identificado;

j) identificação e definição dos efeitos e riscos decorrentes da edição, da alteração ou da revogação do ato normativo;

k) comparação das alternativas consideradas para a resolução do problema regulatório identificado, acompanhada de análise fundamentada que contenha a metodologia específica escolhida para o caso concreto e a alternativa ou a combinação de alternativas sugerida, considerada mais adequada à resolução do problema regulatório e ao alcance dos objetivos pretendidos; e

l) descrição da estratégia para implementação da alternativa sugerida, acompanhada das formas de monitoramento e de avaliação a serem adotadas e, quando couber, avaliação quanto à necessidade de alteração ou de revogação de normas vigentes.

De acordo ainda com o citado Guia, a AIR deve respeitar o princípio da proporcionalidade, no sentido de que a profundidade do documento e os recursos utilizados para sua produção devem ser proporcionais à relevância do problema investigado. No mesmo sentido, o parágrafo único do art. 6º do Decreto 10.411, de 2020, prevê que "o conteúdo do relatório de AIR deverá, sempre que possível, ser detalhado e complementado com elementos adicionais específicos do caso concreto, de acordo com o seu grau de complexidade, abrangência e repercussão da matéria em análise".

O Governo Federal, a partir dessas etapas pormenorizadas no instrumento regulamentador, elaborou o Guia 2021 como qual pretendeu orientar os órgãos da administração pública a realizarem a AIR nas regulações criadas a partir de então. Importante enfatizar que o Guia, em que pese embasado na regulamentação vigente, consiste num roteiro analítico, com regras de apoio para a elaboração da AIR, mas não se trata de material vinculante ou cujo objetivo seja engessar as análises. Conforme a ampla literatura da OCDE sobre o tema, bem como a experiência prática das Agências Reguladoras, existem diversos métodos e técnicas disponíveis, sendo que cada caso concreto indicará o melhor caminho a ser trilhado.

3. CONCLUSÕES E CONSIDERAÇÕES FINAIS

A regulação constitui função de Estado essencial ao bom funcionamento da economia. Por haver falhas de mercado e assimetrias sociais, justifica-se a atuação estatal a fim de corrigi-las ou evitá-las. Para que esse fim seja alcançado, contudo, é necessário que a intervenção governamental seja capaz de ofertar ganhos líquidos efetivos à sociedade, estimados a partir do confronto entre custos e benefícios associados. Do contrário, o setor público pode agravar os problemas que pretende mitigar. Fundamental, portanto, que haja instrumentos capazes de conduzir o setor público à "boa regulação".

No Guia para Elaboração de Análise de Impacto Regulatório (2021, p. 6-7), dando evidência ao que já descrevia o Guia de 2018, destaca-se que:

> A regulação é o instrumento por meio do qual a Administração Pública atua, com vistas a assegurar a eficiência de mercado, melhoria na segurança, crescimento econômico e ganhos de bem-estar social. Entretanto, se utilizada de modo arbitrário e desproporcional, a regulação pode gerar efeitos nocivos substanciais aos mercados e à sociedade como um todo. Os efeitos não previstos de uma regulação podem ser: aumento de preços de bens e serviços, desestímulo na atração de investimentos, barreiras de mercado, barreiras à inovação, altos custos de conformidade ao setor regulado, entre outros, e com isso, aumento dos riscos e distorções de mercado.

A Análise de Impacto Regulatório tem se destacado como instrumental bastante útil nas análises técnicas que se propõem a subsidiar a elaboração ou revisão das normas regulatórias. De amplo uso e destaque no âmbito da OCDE, a AIR vem contribuindo para o aumento da racionalidade do processo decisório governamental atinente a políticas públicas em geral, sejam elas eminentemente regulatórias ou não.

Deve-se ressaltar que o funcionamento das instituições, no qual se incluem as regulações estatais, precisa estar corretamente calibrado de forma a contribuir com uma eficiente coordenação do sistema econômico. A definição de Douglass North, renomado autor institucionalista, deixa clara essa importância: "as instituições são as regras do jogo em uma sociedade ou, mais formalmente, são as restrições elaboradas pelos homens que dão forma à interação humana. Em consequência, elas estruturam incentivos no intercâmbio entre os homens, seja ele político, social ou econômico" (North, 1990).

Assim, as regulações destinadas a corrigir falhas tanto podem ser eficazes na redução dos problemas, quanto podem introduzir distorções adicionais na economia e na sociedade. A Análise de Impacto Regulatório contribui para que as escolhas sejam no sentido da melhoria do bem-estar social, propiciando um arcabouço jurídico mais eficiente e efetivo.

Por fim, cabe esclarecer que a elaboração técnica de um relatório de AIR não exclui as discussões políticas acerca de uma nova norma. Segundo Dunlop e Radaelli (2016), o desafio futuro de países desenvolvidos e em desenvolvimento é integrar a dimensão racional à dimensão política de elaboração de uma regulação, propiciando mais transparência e cuidado com as consequências dos regramentos normativos.

REFERÊNCIAS

ANVISA. Relatório de Análise de Impacto Regulatório sobre Rotulagem Nutricional. Brasília: Gerência-Geral de Alimentos/ANVISA, 2019.

ARAGÃO, A. S. *Agências reguladoras e a evolução do direito administrativo econômico*. 2. ed. Rio de Janeiro: Editora Forense, 2003.

BRASIL. Casa Civil da Presidência da República. Diretrizes gerais e guia orientativo para elaboração de Análise de Impacto Regulatório – AIR / Subchefia de Análise e Acompanhamento de Políticas Governamentais et al. Brasília: Presidência da República, 2018.

BRASIL. Lei 13.848, de 25 de junho de 2019. Dispõe sobre a gestão, a organização, o processo decisório e o controle social das agências reguladoras. Diário Oficial da União, Poder Executivo, Brasília, p. 1, 26 jun. 2019.

BRASIL. Lei 13.874, de 20 de setembro de 2019. Institui a Declaração de Direitos de Liberdade Econômica. Diário Oficial da União, Poder Executivo, Brasília, Edição Extra, p. 1, 20 set. 2019.

BRASIL. Ministério da Economia. Guia orientativo para elaboração de Análise de Impacto Regulatório (AIR). Brasília: Presidência da República, 2021. Disponível em: https://www.gov.br/economia/pt-br/acesso-a-informacao/reg/guias-e-manuais/referencias-e-bibliografia-guia-air/ guia-de-air_vfinal_150421.pdf. Acesso em: 21 abr. 2021.

COASE, Ronald. *The firm, the market and the law*. Chicago: University of Chicago Press, 1988.

DUNLOP, C. A.; RADAELLI, C. M. *Handbook of Regulatory Impact Assessment*. Cheltenham, UK: Edward Elgar Publishing, 2016.

GAROUPA, N. Limites ideológicos e morais à avaliação econômica da legislação. *Cadernos de Ciência de Legislação*, n. 42/43, jan./jun./2006. Oeiras/ Portugal: Instituto Nacional de Administração, 2006.

GIAMBIAGI, F.; ALÉM, A. C. D. *Finanças Públicas*: Teoria e Prática no Brasil. Rio de Janeiro: Editora Campus, 1999.

JUSTEN FILHO, Marçal. *Curso de Direito Administrativo*. 4. ed. rev. atual. São Paulo: Saraiva, 2009.

MENEGUIN, F. B.; BIJOS, P. R. S. *Avaliação de Impacto Regulatório* – como melhorar a qualidade das normas. Brasília: Núcleo de Estudos e Pesquisas/CONLEG/Senado, março/ 2016 (Texto para Discussão 193). Disponível em: www.senado.leg.br/estudos.

MENEGUIN, F. B.; SILVA, R. S. Introdução. In: VIEIRA, E. S. S.; MENEGUIN, F. B.; RIBEIRO, H. M.; KÄSSMAYER, K. *Avaliação de impacto legislativo*: cenários e perspectivas para sua aplicação. Org.: Fernando B. Meneguin, Rafael Silveira e Silva. Brasília: Senado Federal, Coordenação de Edições Técnicas, 2017.

NORTH, D. C. *Institutions, institutional change and economic performance*. Cambridge: Cambridge University Press, 1990.

OECD. OECD Regulatory Policy Outlook 2015. Paris: OECD Publishing, 2015.

OECD. Regulatory Policy in Perspective: A Reader's Companion to the OECD Regulatory Policy Outlook 2015. Paris: OECD Publishing, 2015. OLIVEIRA, R. C. R. Novo perfil da Regulação Estatal: Administração Pública de Resultados e Análise de Impacto Regulatório. Rio de Janeiro: Forense, 2015.

SUNSTEIN, Cass R.; THALER, Richard H. *Nudge*: Improving decisions about Health, Wealth and Happiness. USA: Penguim Books, 2008.

TRIBUNAL DE CONTAS DA UNIÃO. Manual de auditoria operacional. 3. ed. Brasília: TCU, Secretaria de Fiscalização e Avaliação de Programas de Governo. 2010.

TRINDADE, A. D. C. A. Teoria da Regulação Econômica aplicada ao Setor Mineral Brasileiro. *Revista de Direito Setorial e Regulatório*, v. 5, n. 2, p. 53-78, out. 2019.

ARBITRAGEM DA ARTE E AUTORREGULAÇÃO: UMA ANÁLISE ECONÔMICA[1]

Henrique Lenon Farias Guedes

Doutor em Direito Internacional e Direito Comparado pela Universidade de São Paulo (USP). Professor da Universidade Federal da Paraíba (UFPB). Advogado.

João Victor Porto Jarske

Advogado com estágio de pesquisa no Instituto Internacional Para a Unificação do Direito Privado (UNIDROIT).

Sumário: Introdução – 1. Arbitragem internacional em análise econômica – 2. Estudo de caso: as regras de arbitragem da organização mundial da propriedade intelectual *versus* as regras de arbitragem da corte de arbitragem da arte; 2.1 Regras de arbitragem da OMPI antes da CAfA; 2.2 Regras de arbitragem da CAfA; 2.3 Regras de arbitragem da OMPI depois da CAfA – 3. Conclusão – Referências.

INTRODUÇÃO

A arbitragem vem se tornando um método excepcionalmente prestigiado para a resolução de conflitos internacionais.[2] Sua utilização tem sido aceita e fomentada nos mais variados âmbitos: disputas de investimento, conflitos comerciais, querelas diplomáticas e, em alguns casos, nas esferas trabalhista e consumerista.

Já não é novidade que a arbitragem, sobretudo a arbitragem internacional, apresenta inúmeros benefícios para os litigantes: a possibilidade de se estabelecer um foro neutro, entre as partes, para a resolução da disputa; a liberdade para que seja escolhida a lei aplicável, o idioma, a nacionalidade e a especialidade dos árbitros; a organização do processo de uma maneira flexível e, talvez ainda mais relevante, a maior facilidade na execução das decisões jurisdicionais proferidas em âmbito internacional, quando comparamos as sentenças arbitrais com as sentenças judiciais estrangeiras.[3]

---

1. Uma versão deste artigo, em inglês, foi aprovada para publicação, no Hague Yearbook of International Law.
2. BLACKABY, Nigel; PARTASIDES, Constantine; REDFERN, Alan; HUNTERN J. Martin H. *Redfern and Hunter on Internacional Arbitration*.5th Oxford University Press. 2009. p. 1.
3. Em grande parte, isso se deve à Convenção Sobre o Reconhecimento e a Execução de Sentenças Arbitrais Estrangeiras ou, como é mais bem conhecida, a Convenção de Nova York de 1958 que agora conta com

Outra característica peculiar da arbitragem e que, talvez, tenha contribuído com sua vasta disseminação em âmbito internacional, diz respeito à inexistência de um órgão, ou de uma instituição centralizadora, que edita regras sobre como os procedimentos arbitrais devem ser conduzidos, ou sobre como os árbitros devem se portar durante um processo arbitral.

Como seria esperado de qualquer empreendimento que visasse a regulamentar o comportamento humano, há pouco consenso quanto às diretrizes regulamentares que deveriam ser aplicadas aos árbitros. Apesar de sua expansão, a arbitragem internacional não é uniformemente regulamentada, e os Tribunais Arbitrais carecem de diretrizes padronizadas sobre como conduzir o procedimento.

Este artigo, portanto, objetiva abordar a questão da autorregulação privada na arbitragem internacional, isto é, o processo pelo qual os árbitros e as Câmaras Arbitrais impõem limites à sua própria atuação. Para isso, no primeiro tópico, será feita uma análise histórica da arbitragem internacional, com fulcro nos incentivos econômicos e sociais que proporcionaram um pujante processo de autorregulação, mesmo em um instituto eminentemente desregulamentado.

Em seguida, no segundo tópico, será feito um breve estudo de caso do processo de autorregulação das instituições arbitrais, com foco no mercado da arte, analisando a evolução das regras de arbitragem do Centro de Mediação e Arbitragem da Organização Mundial da Propriedade Intelectual (OMPI) frente à criação da Corte de Arbitragem para a Arte (CafA).

A metodologia utilizada neste artigo é eminentemente descritiva, utilizando-se, também, o método hipotético-dedutivo. A primeira hipótese levantada por este trabalho é a de que os árbitros e as Câmaras Arbitrais se comportam como agentes de mercado, aprimorando suas regras e suas condutas face aos incentivos econômicos que lhes são trazidos pelo mercado. Em outras palavras, as instituições arbitrais, em uma competição pelo "mercado da justiça", moldam-se às necessidades de seus consumidores, os litigantes.

A segunda hipótese sugerida neste artigo, a qual será objeto do estudo de caso ora trazido, é a de que foi exatamente isso o que ocorreu com o Centro de Arbitragem e Mediação da OMPI, quando atualizou suas regras sobre a arbitragem e sobre a mediação, pouco tempo depois da criação da CAfA.

Enfim, as fontes utilizadas são tanto primárias, com a análise direta das regras de arbitragem e mediação da OMPI e da CAfA, quanto secundárias, com ênfase em uma bibliografia centrada na sociologia e na análise econômica do direito.

---

168 Estados membros. Cf. UNITED NATIONS. *United Nations Convention on the Recognition and Enforcement of Foreign Arbitral Awards* – countries. Disponível em: http://www. newyorkconvention. org/countries. Acesso em: 26 jul. 2021.

1. ARBITRAGEM INTERNACIONAL EM ANÁLISE ECONÔMICA

Historicamente, foi bastante comum a ideia de que meros vínculos sociais seriam suficientes para normatizar, ou, no mínimo, guiar a conduta tanto das partes quanto dos árbitros.[4] Durante o século XX, de acordo com Yves Dezalay e Bryant Garth, o desenvolvimento da arbitragem internacional se deu, em grande parte, pelos chamados "Grand Old Men". À época, eles constituiriam a elite da advocacia internacional e competiriam, entre si, para serem indicados como árbitros nas disputas que emergiam. Os árbitros que conseguiriam ser apontados para compor os mais variados Tribunais Arbitrais seriam selecionados em razão de sua reputação e de sua propensão à "virtude": seriam aqueles que considerassem seu ofício mais como uma missão que como um trabalho.[5] É bem verdade que essa confiança – e essa dependência – apenas na reputação tornou-se insustentável, à medida que a arbitragem internacional se expandia para outros países. A intensificação das atividades comerciais entre as empresas que já se utilizavam da arbitragem, associada à entrada de novas empresas no comércio internacional, sobretudo aquelas oriundas de países emergentes, levou a um maior número de disputas e, consequentemente, a um maior número de arbitragens.[6] Além disso, a maior diversidade entre os parceiros comerciais resultou em uma pressão socioeconômica por painéis arbitrais igualmente mais diversificados.

Havia uma percepção, entre os agentes do comércio internacional, de que os árbitros da Europa teriam uma visão parcial contra os litigantes provenientes de países emergentes. Isso fez com que os empreendedores fora da Europa insistissem na indicação de árbitros de suas próprias nacionalidades, ou, no mínimo, árbitros que fossem habituados com um sistema jurídico semelhante ao seu.[7]

Além dessa tentativa de evitar a indicação de árbitros europeus, supostamente parciais, outros aspectos também eram considerados pelos advogados e profissionais do direito advindos de outras Nações: fatores como o lugar da arbitragem, ou a familiaridade do árbitro com os advogados e com a lei aplicável ao caso, ou com o idioma e a cultura dos países emergentes, também se tornaram relevantes.[8] Nesse sentido, o sucesso das Câmaras regionais de arbitragem se

---

4. VAGTS, Detlev F. The International Legal Profession: A Need for More Governance? 90 *American Journal of International Law*. 250. 1996. p. 250.
5. DEZALAY, Yves; GARTH, Bryant. *Dealing in Virtue*: International Arbitration and the Construction of a Transnational Legal Order. 1996. p. 34-36.
6. ROGERS, Catherine A. Regulating International Arbitration: a Functional Approach to Developing Standards of Conduct. 41 *Stan. J. Int'l L.* 53. 2005. p. 62.
7. DEZALAY, Yves; GARTH, Bryant. Dealing in Virtue: International Arbitration and the Construction of a Transnational Legal Order. 1996. p. 47.
8. RAOUF, Mohamed Abdel. Emergence of New Arbitral Centres in Asia and Africa: Competition, Cooperation and Contribution to The Rule of Law. The Evolution and Future of International Arbitration. Ed Stavros Brekoulakis Julian D.M. Lew Loukas Mistelis. *Kluwer Law International BV*. Holanda. 2016. p. 323.

deve, em grande parte, a esse contexto de pressão socioeconômica por Tribunais Arbitrais mais diversificados.[9]

Uma constatação econômico-comportamental interessante nesse fenômeno é a de que não seria benéfico, para nenhuma das partes, a rejeição completa da arbitragem. Na verdade, o incentivo criado foi o de expandir o rol de indivíduos que, em tese, poderiam ser indicados para arbitrar as disputas, e esses novos árbitros acabaram trazendo perspectivas diferentes da política então predominante, mormente quanto ao que configuraria uma conduta apropriada do Tribunal Arbitral. Criaram-se novas pressões econômicas, novos círculos sociais foram constituídos, e, como corolário, floresceram novas demandas frente ao "mercado da justiça". Assim, árbitros e Câmaras Arbitrais tiveram que se adaptar para satisfazer as necessidades de seus clientes.

Vê-se, portanto, que a arbitragem deixou de ser considerada uma "missão", para ser considerada um empreendimento comercial.[10] Vários profissionais encontraram, na arbitragem, um ramo bastante lucrativo, fomentando um mercado verdadeiramente competitivo. Também já foi apontado que os "árbitros são agentes econômicos racionais e comportam-se de modo a maximizar a utilidade",[11] de modo que sua conduta é moldada ou regulada nessa direção.

Na perspectiva dos incentivos econômico-comportamentais, constata-se que, nos estágios iniciais da arbitragem comercial internacional, o método arbitral era apreciado tanto por sua informalidade, como pelo fato de que os árbitros tendiam a basear suas decisões na equidade, em detrimento da legalidade.[12] Nessa época, as decisões arbitrais eram avaliadas não muito por sua precisão legal, mas pelo senso de justiça e pelo conhecimento técnico dos árbitros acerca da matéria disputada. Era comum que os árbitros baseassem suas decisões na doutrina do *amiable compositeur* e julgassem *ex aequo et bono*, ou com base nos princípios da *lex mercatoria*, proferindo decisões que não seriam inteiramente lastreadas no contrato ou na lei aplicável, mas sim no seu "senso de justiça".

O aumento na quantidade de advogados atuando como árbitros,[13] associado à intensificação da competição entre as empresas em âmbito internacional e à chegada de outros estilos de advocacia, especialmente mais "adversarial", cau-

---

9. QUEEN MARY UNIVERSITY. *2010 International Arbitration Survey*: Choices in International Arbitration. 2010. Disponível em: http://www.arbitration.qmul.ac.uk/docs/123290.pdf. Acesso em: 26 jul. 2021.

10. DEZALAY, Yves; GARTH, Bryant. *Dealing in Virtue*: International Arbitration and the Construction of a Transnational Legal Order. 1996. p. 34-36.

11. MAYER, Pierre. *La liberté de l'arbitre*. 2013, 2 Revue de l'Arbitrage. p. 339, 346; 349.

12. DEZALAY Yves; GARTH, Bryant. Fussing About the Forum: Categories and Definitions as Stakes in Professional Competition. 21 *Law & Soc. Inquiry*. 1996. p. 295.

13. Ibidem, p. 297-298.

saram uma mudança nessa visão da arbitragem como um método equitativo de resolução de disputas, tornando-a cada vez mais "regrada". Naturalmente isso se tornou um critério de avaliação para os árbitros, criando-lhes novos incentivos.

As empresas passaram a celebrar contratos cada vez mais complexos, portanto escolhiam cuidadosamente a lei aplicável à disputa; por conseguinte, foi demandada uma precisão jurídica equivalente das sentenças arbitrais. Em resposta a essas novas necessidades do mercado, floresceu um procedimento arbitral muito mais formal, em um processo que conhecido como "judicialização da arbitragem".[14] No contexto deste artigo, podemos chamá-lo de "autorregulação da arbitragem".

À medida que se tornava cada vez mais formal, a arbitragem também se fazia mais transparente e mais confiável, uma vez que seu conteúdo e sua forma procedimental se tornavam mais definidos.[15] De fato, grande parte dos "padrões impostos pela comunidade arbitral estão baseadas no desejo de assegurar legitimidade ao sistema arbitral".[16] Atualmente, é comum às partes efetuarem uma fiscalização dos árbitros, exigindo-lhes que baseiem suas decisões na lei aplicável e sigam, com certo rigor, o procedimento acordado.

Graças à competição entre os árbitros e entre as Câmaras Arbitrais – agora intercontinental –, a arbitragem também se tornou mais barata. Isso, novamente, resultou de uma pressão, sobretudo econômica, para atender às necessidades mercadológicas: de acordo com um estudo publicado pela School of International Arbitration sobre "Corporate Choices in International Arbitration: Industry Perspectives", um dos principais fatores que influenciam os litigantes na escolha de um método de resolução de disputas é o seu preço.[17]

É incontroverso que existe uma acirrada competição entre as Câmaras Arbitrais e entre os árbitros, o que os incentiva a oferecer serviços de qualidade, por um preço razoável, e a se adaptarem às necessidades do comércio internacional.

Por outro lado, também é importante notar que há muita cooperação entre essas instituições e entre esses indivíduos, já que, afinal, permeia-os o objetivo comum de garantir as melhores condições, para que a arbitragem internacional garanta sua legitimidade.

---

14. LILLICH, Richard B.; BROWER, Charles N. *International Arbitration In The 21st Century*: Towards "Judicialization" And Uniformity. 1993.
15. ROGERS, Catherine A. *Regulating International Arbitration*: a Functional Approach to Developing Standards of Conduct. 41 Stan. J. Int'l L. 53. 2005. p. 67.
16. GUANDALINI, Bruno. Chapter 5: The Rational Decision-Maker Arbitrator: Unveiling the Arbitrator's Utility Function. *Economic Analysis of the Arbitrator's Function, International Arbitration Law Library*, v. 55. Kluwer Law International; Kluwer Law International. 2020. p. 211-272.
17. QUEEN MARY UNIVERSITY. *Corporate Choices in International Arbitration*: Industry Perspectives. 2013. Disponível em: http://www.arbitration.qmul.ac.uk/research/2013/. Acesso em: 26 jul. 2021.

Durante o International Council for Commercial Arbitration – ICCA, realizado em 2014, foi consenso entre os oito representantes de instituições arbitrais da Europa, Ásia, África e América Latina, que a competição entre instituições arbitrais deveria buscar pela melhoria dos seus serviços, e não por uma mútua destruição. Partilhava-se a opinião de que as Câmaras Arbitrais não competem pelo mesmo escopo de clientes, de modo que haveria espaço para harmonia e cooperação entre elas. Enfim, muito embora exista essa recomendação de que a competição entre árbitros e Câmaras Arbitrais deva ser "comedida, atenciosa, colegial e até mesmo amigável",[18] continua sendo competição, e ainda há a expectativa de que as Câmaras Arbitrais atuem como agentes de mercado, autorregulando seus procedimentos da maneira mais eficiente possível e tendo sua eficiência definida – e premiada – pelo mercado. Esse é o tema do próximo tópico.

2. ESTUDO DE CASO: AS REGRAS DE ARBITRAGEM DA ORGANIZAÇÃO MUNDIAL DA PROPRIEDADE INTELECTUAL *VERSUS* AS REGRAS DE ARBITRAGEM DA CORTE DE ARBITRAGEM DA ARTE

O processo de autorregulação voluntária no âmbito das Câmaras Arbitrais não deve se restringir a ramos específicos da arbitragem internacional – como aos contratos de compra e venda de mercadorias no sentido estrito atribuído pela Convenção de Viena de 1980. Ao contrário, considerando-o como um fenômeno econômico-comportamental, deve ser aplicável às mais variadas instituições arbitrais, cujos enfoques são os mais diversos. No âmbito dessa discussão, emerge a segunda hipótese deste artigo, agora tratada na forma de estudo de caso: a de que essa competitividade teve influência na evolução das regras de arbitragem da OMPI, atualizadas entre 2019 e 2020, face à criação da CAfA, em 2018.

2.1 Regras de Arbitragem da OMPI antes da CAfA

Fundada em 1967, a Organização Mundial da Propriedade Intelectual integra a Organização das Nações Unidas e atualmente conta com 193 Estados membros.[19] O principal objetivo dessa organização é o desenvolvimento de um sistema balanceado e efetivo para a proteção da propriedade intelectual, de modo a permitir e incentivar a inovação e o processo criativo.[20] Interessante notar que

---

18. Tradução livre de "measured, thoughtful, collegial and even friendly". Cf. INTERNATIONAL COUNCIL FOR COMMERCIAL ARBITRATION. *Arbitral Institutions Can Do More to Foster Legitimacy. True or False?* 18 ICCA Congress Series 667. 2015.
19. WORLD INTELLECTUAL PROPERTY ORGANIZATION. *Member States.* Disponível em: https://www.wipo.int/members/en/. Acesso em: 26 jul. 2021.
20. WORLD INTELLECTUAL PROPERTY ORGANIZATION. *Inside WIPO. What is WIPO?* Disponível em: https://www.wipo.int/about-wipo/en/. Acesso em: 26 jul. 2021.

a criação da OMPI tem suas raízes, dentre outros elementos, na Convenção de Berna relativa à proteção das obras literárias e artísticas,[21] o que indica, desde os primórdios, a adequação da OMPI para o mercado da arte.

De fato, dentre as suas variadas áreas de atuação, a OMPI lida com diversas instituições culturais, como museus, livrarias, comunidades nativas e outros mercados relacionados. Seu enfoque é na proteção contra a desapropriação e o uso não autorizado da arte e do patrimônio cultural.[22]

Em 1994, a OMPI criou seu Centro de Arbitragem e Mediação, estabelecendo suas primeiras regras procedimentais.[23] A ideia foi a de responder à demanda por uma instituição específica que provesse serviços de resolução de disputas para a propriedade intelectual. Emergiram vários casos em que o Centro de Arbitragem e Mediação da OMPI foi usado para a resolução de conflitos do mercado da arte e do patrimônio cultural, de modo que essa instituição se tornou reconhecida pelo desenho de seu sistema de resolução de disputas, apropriado para esse mercado.[24]

Em 2002, após diversas consultas a especialistas em arbitragem da propriedade intelectual, as regras de arbitragem e de mediação na OMPI foram atualizadas para incluir as regras de arbitragem expedita e, novamente, em 2007, para abarcar as regras sobre "expert determination".[25]

Nota-se que, mesmo nesse momento inicial, embora o escopo das regras de arbitragem da OMPI fosse destinado mais especificamente à resolução de disputas envolvendo a propriedade intelectual – apenas um dos ramos do Direito da Arte – o Centro de Arbitragem e Mediação da OMPI também desenvolveu outras maneiras, sobretudo administrativas, de contribuir para a resolução dos mais variados conflitos do mercado da arte e da propriedade intelectual.

Exemplificativamente, vale citar os serviços de bons ofícios, uma espécie de guia procedimental oferecido pelo Centro de Mediação e Arbitragem da OMPI, mediante o qual, após solicitado, o Centro irá atuar como um agente neutro intermediário, ponderando as considerações de cada parte e, posteriormente, aconselhando-as a recorrer a um ou outro processo de resolução de disputas da OMPI.[26]

---

21. THEURICH, Sarah. *Alternative Dispute Resolution in Art and Cultural Heritage* – Explored in the Context of the World Intellectual Property Organization's Work. 2010. P. 581.

22. Ibidem.

23. WORLD INTELLECTUAL PROPERTY ORGANIZATION. *WIPO Arbitration and Mediation Center*. Disponível em: https://www.wipo.int/about-wipo/en/activities_by_unit/index.jsp?id=1012. Acesso em: 26 jul. 2021.

24. Ibidem.

25. MICHAELSON, Peter. The New 2014 WIPO ADR Rule Set: Flexible, Efficient and Improved. *New York Dispute Resolution Lawyer*. Outono 2014. v. 7. n. 2. p. 32-35.

26. WORLD INTELLECTUAL PROPERTY ORGANIZATION. *WIPO Good Offices*. Disponível em: https://www.wipo.int/amc/en/goodoffices/. Acesso em: 26 jul. 2021. Esses serviços de "Good Offices" da OMPI já foram requisitados mesmo por comunidades nativas, num caso em que essa população objetivava

Em 2014, a OMPI adotou um novo conjunto de regras, desta vez, influenciados pelas regras da ICC de 2012, pelas regras da arbitragem suíça, também de 2012, e pelas regras de arbitragem da UNCITRAL, de 2010.[27] Observa-se que esse comportamento reativo da OMPI frente às inovações no mercado da arbitragem corrobora com a primeira hipótese deste artigo, segundo a qual as Câmaras de Arbitragem se comportam como agentes de mercado, melhorando seus próprios serviços com vistas a abarcar uma maior parte de consumidores.

Uma das inovações trazidas pelas regras de 2014 foi a de instituir uma "reunião preparatória" entre as partes, a ser realizada logo após a formação do Tribunal Arbitral. Nessa reunião, as partes deveriam estabelecer o calendário do processo arbitral, de modo a poupar tempo e custos.[28]

Dentre outras inovações, merece destaque a possibilidade do *joinder*,[29] da reunião ou consolidação de processos arbitrais relacionados[30] e da indicação de um árbitro de emergência, para que fosse obtida uma tutela antecipada ou medida cautelar antes mesmo da constituição do Tribunal Arbitral.[31]

Algumas dessas regras, porém, foram especialmente relevantes para disputas envolvendo arte e propriedade intelectual. Exemplificativamente, podem ser mencionadas as extensas obrigações de confidencialidade e as detalhadas determinações sobre o processo de obtenção de evidências científicas.[32]

Até o início de 2020, dentre todos os casos submetidos ao Centro de Arbitragem e Mediação da OMPI, 35% foram resolvidos por mediação. A maior parte dos casos envolvia questões de patentes – 25% –, seguidos por disputas sobre tecnologia da informação e comunicação – 22%. Questões comerciais e de marca correspondiam a 20% dos casos e questões de direitos autorais, que envolvem arte, serviços de *broadcasting*, entretenimento, filmes e mídias, representaram 13% dos casos. A maior parte das disputas resolvidas pelo Centro da OMPI, porém, envolvia a Política Uniforme de Solução de Disputas Relativas a Nomes de Domínio, com cerca de 46.000 casos.[33]

---

reaver um objeto arqueológico que lhe era considerado sagrado, mas que tinha sido comprado por um museu estrangeiro e posto à exibição. A OMPI, através de seus serviços de "Good Offices", auxiliou a mediar esse conflito que, enfim, terminou com uma composição amigável.Cf. THEURICH, Sarah. *Alternative Dispute Resolution in Art and Cultural Heritage* – Explored in the Context of the World Intellectual Property Organization's Work. 2010. p. 591-593.

27. GROZ, Philipp. *Revision of the WIPO Arbitration Rules*. 2014. Disponível em: http://arbitrationblog. kluwerarbitration.com/2014/05/23/revision-of-the-wipo-arbitration-rules/. Acesso em: 26 jul. 2021.
28. Ibidem. Artigo 40.
29. Ibidem. Artigo 46.
30. Ibidem. Artigo 47.
31. Ibidem. Artigo 49.
32. Ibidem. Artigo 50.
33. WORLD INTELLECTUAL PROPERTY ORGANIZATION. *WIPO Caseload Summary*. Disponível em: https://www.wipo.int/amc/en/center/caseload.html. Acesso em: 26 jul. 2021.

É notório, portanto, que a OMPI tem uma ampla margem de atuação, e a melhoria de suas regras se reflete no aumento significativo de casos submetidos ano a ano. Isso, novamente, corrobora com a hipótese levantada por este artigo, de que as Câmaras Arbitrais – e mesmo a OMPI, uma organização sem fins lucrativos – comportam-se como agentes de mercado, melhorando suas autorregulações, a fim de atender às necessidades dos consumidores.

Enfim, a despeito de sua crescente popularidade, a OMPI ainda tem, em termos comparativos, poucos casos envolvendo o mercado da arte, os quais são centrados, principalmente, em questões de direitos autorais.

2.2   Regras de Arbitragem da CAfA

A Corte de Arbitragem para a Arte foi fundada em junho de 2018 como uma instituição especializada para a arbitragem e para a mediação de disputas do mercado da arte.[34] A CAfA foi resultado da colaboração entre o Netherlands Arbitration Institute – NAI – e a Authentication in Art Foundation.[35]

As regras de arbitragem da CAfA são baseadas nas Regras de Arbitragem da NAI, com algumas adaptações, para torná-las mais específicas para disputas do mercado da arte.[36] Dentre as principais preocupações da CAfA, destacam-se a qualidade do processo decisório e a aceitação do mercado quanto à decisão proferida.[37]

Uma das principais características das regras de arbitragem da CAfA é a de que todos os árbitros devem ser selecionados de um *pool* de profissionais previamente aprovado pelo NAI. Caso alguma das partes queira se desviar desse *pool*, deverá formular um pedido justificado e submetê-lo à avaliação do NAI.

É bem verdade que a formação de uma lista de árbitros vem se tornando comum dentre algumas instituições arbitrais,[38] no entanto os critérios de seleção da

---

34. CLARKE, Osborne. *The Court of Arbitration for* Art: One year anniversary. 2019. Disponível em: https://www.osborneclarke.com/insights/court-arbitration-art-one-year-anniversary/. Acesso em: 26 jul. 2021.

35. "Authentication in Art Foundation"é uma organização sem fins lucrativos, que promove as melhores práticas na arte, especialmente no que diz respeito à autenticidade das obras de arte.

36. CLARKE, Osborne. *The Court of Arbitration for Art*: One year anniversary.2019. Disponível em: https://www.osborneclarke.com/insights/court-arbitration-art-one-year-anniversary/. Acesso em: 26 jul. 2021.

37. Ibidem.

38. Ver, por exemplo, artigo 3.1 das Regras de Arbitragem do Centro de Arbitragem e Mediação da Câmara de Comércio Brasil-Canadá. Disponível em: https://ccbc.org.br/cam-ccbc-centro-arbitragem-media-cao/resolucao-de-disputas/arbitragem/regulamento-2012/; e o artigo 4.1 da Câmara de Mediação e Arbitragem Empresarial – Brasil. Disponível em: http://camarb.com.br/arbitragem/ regulamento-de--arbitragem/, duas das mais relevantes câmaras arbitrais no Brasil.

CAfA são muito mais restritivos que a média:[39] os árbitros candidatos devem ter familiaridade tanto com a arbitragem internacional, quanto com arte e questões a ela relacionadas.[40]

Essa regra bastante restritiva quanto à liberdade na seleção dos árbitros acabou levantando algumas preocupações: por um lado, o grupo de árbitros que compõem o *pool* da CAfA terá maior credibilidade, dando confiança tanto às partes quanto ao mercado da arte. Por outro lado, essa limitação pode acabar culminando em uma lista muito seleta de árbitros, o que, possivelmente, criará problemas com questões envolvendo a neutralidade e a parcialidade. Provavelmente, os árbitros seriam selecionados múltiplas vezes, pelas mesmas partes,[41] já que o mercado da arte também é bastante seleto.

Outro aspecto interessante da CAfA é que, na ausência de acordo entre as partes, conflitos cujo valor da causa ficam acima de 500 mil euros deverão ser resolvidos por um Tribunal de três árbitros. Isso contraria a política de grande parte das Câmaras de arbitragem comercial, as quais determinam, como padrão na ausência de acordo entre as partes, o Tribunal composto por apenas um árbitro.

Provavelmente essa determinação da CAfA se deu em razão da alta complexidade das disputas da arte, sobretudo quando envolvem questões de autenticidade; também porque será difícil determinar o valo da causa, diante da incerteza acerca da originalidade da obra. Por outro lado, também é provável que essa regra possa aumentar consideravelmente o custo médio das arbitragens.[42]

Outra regra bem controversa da CAfA[43] é a de que, em casos envolvendo a obtenção de provas forenses quanto à proveniência de um objeto de arte, caso haja a necessidade de apontar um perito, essa indicação será de responsabilidade do Tribunal Arbitral, e não das partes. Além disso, esses *experts* terão de ser selecionados de uma lista previamente formulada de experts – *expert pool* – também previamente formulada pela CAfA e pelo NAI.[44]

Essa regra permitirá que os árbitros tenham um controle relativamente amplo sobre o procedimento e, consequentemente, sobre a legitimidade da decisão. O objetivo da CAfA era que os peritos não advogassem em prol da parte que os indicou. Isso poderá contribuir com a aceitabilidade da sentença arbitral, tanto

---

39. COURT OF ARBITRATION FOR ART. *Selection Criteria Arbitrators & Mediators*. 2019. Disponível em: https://cafa.world/docs/2018%20CAfA%20Selection%20Criteria%20Arbitrators%20and%20Mediators.pdf. Acesso em: 26 jul. 2021.

40. Ibidem.

41. Ibidem.

42. Ibidem.

43. KADHIM, Noor. Arbitration in the Art World and the Court of Arbitration for Art: Heading Towards a More Effective Resolution of Arts Disputes? *Institute of Art and Law*. 2019. p. 7.

44. Ibidem. Artigo 28(7).

para as partes, quanto para o mercado, em linha, então, com um dos principais objetivos da CAfA.[45]

De fato, no mercado da arte, não é incomum que os comerciantes não aceitem uma decisão jurisdicional que afirma a autenticidade de determinada obra.[46] Em casos assim, a decisão do árbitro se torna irrelevante, na medida em que não acarreta o reflexo comercial desejado, mesmo porque, afinal, "é o mercado da arte, e não a opinião de um Juiz, que conta sob a ótica da confiabilidade".[47]

As duas regras acima mencionadas – a da lista de árbitros e da lista de *experts* – deverão servir para diminuir a incerteza que circunda as querelas sobre a autenticidade das obras de arte, fornecendo a legitimidade adequada para a decisão, em que o mercado poderá se lastrear com segurança.[48]

Por último, outra previsão interessante é a de que, de acordo com o artigo 21(7) das Regras de Arbitragem da CAfA, a sede da arbitragem deverá ser a Haia, na Holanda. É bastante peculiar que as partes não sejam livres para escolher a sede da arbitragem, considerando que essa deveria ser uma das suas principais vantagens. Essa determinação poderia, inclusive, dar aos advogados neerlandeses uma vantagem, quando contrapostos com advogados e partes de outros países.[49]

Enfim, como foi demonstrado, há diferenças substanciais entre as regras de arbitragem da CAfA e as regras de arbitragem da OMPI. Enquanto a OMPI se preocupa muito mais com confidencialidade e com a produção de provas, a CAfA se preocupa com a opinião pública e com a aceitabilidade da decisão arbitral. Isso se reflete em um conjunto de regras bastante peculiar da CAfA. Vale investigar, portanto, se, de alguma forma, isso motivou alguma adaptação da OMPI.

2.3 Regras de Arbitragem da OMPI depois da CAfA

Em 2019, em resposta a uma série de desenvolvimentos havidos em âmbito global, o Centro de Mediação e Arbitragem da OMPI, novamente, revisou suas regras. As regras de mediação foram adaptadas principalmente em resposta à Convenção

---

45. CHARRON, Bill; NOH Megan. *The Launch of the Court of Arbitration for Art*. 2018. Art Tactic Podcast. Disponível em https://arttactic.com/podcast/bill-charron-megan-noh-court-arbitration-art/. Acesso em: 26 jul. 2021.

46. TERRELL, Alexandra; DENTONS. *The opening of the Court of Arbitration for Art and what it could mean for Canadian art law disputes*.2018. Disponível em: https://www.dentons.com/en/insights/articles/2018/august/23/the-opening-of-the-court-of-arbitration-for-art-and-what-it-could-mean--for-canadian-art-law-disputes. Acesso em: 26 jul. 2021.

47. Tradução livre de "it is the art market, not a judge's opinion, which counts from a confidence perspective". KADHIM, Noor. Arbitration in the Art World and the Court of Arbitration for Art: Heading Towards a More Effective Resolution of Arts Disputes? *Institute of Art and Law*. 2019. p. 7.

48. Ibidem.

49. KADHIM, Noor. Arbitration in the Art World and the Court of Arbitration for Art: Heading Towards a More Effective Resolution of Arts Disputes? *Institute of Art and Law*. 2019. p. 9.

de Singapura sobre Mediação,[50] de modo que os litigantes pudessem se beneficiar das novas tendências nesse aspecto.[51] Mais uma vez, essa adequação regulatória demonstra que a OMPI responde aos incentivos econômico-comportamentais, atuando como um agente de mercado. A contínua adaptação e a melhoria de suas regras repercutem as novas tendências regulatórias, demonstrando seu desejo de adequar-se às necessidades de seus consumidores – ou às necessidades do mercado.

Com relação às regras de arbitragem e de arbitragem expedita da OMPI, as principais diferenças do regulamento de 2020, em comparação com o de 2014, encontram-se nas múltiplas referências feitas à mediação, mesmo no processo arbitral. O Centro da OMPI parece estar desenvolvendo uma característica que já poderia ser considerada uma de suas vantagens: mediações bem-sucedidas.

A nova previsão nas regras de arbitragem da OMPI, portanto, determina explicitamente que o Tribunal Arbitral pode sugerir que as partes explorem a resolução da disputa, iniciando um procedimento de mediação, se assim acharem adequado.[52]

As regras de mediação da OMPI também sofreram adaptações interessantíssimas. Agora, haverá a possibilidade de que seja carreada a mediação ainda na ausência de uma cláusula de mediação assinada entre as partes, ocasião na qual o Centro da OMPI prestará toda a assistência, para que as partes cheguem a um consenso quanto ao procedimento.[53] Igualmente, novas previsões sobre confidencialidade foram adicionadas ao escopo da mediação[54] – o que poderá favorecer a autocomposição no mercado da arte, que preza substancialmente pela confidencialidade. Ademais, ao contrário do que era determinado nas regras de mediação de 2014, as novas regras definem que a mediação poderá ser dada por encerrada, mesmo sem que tenha havido uma primeira reunião entre as partes e o mediador. Considerando que a mediação pode ser conduzida durante o procedimento arbitral e que o árbitro também é incentivado a estimular a autocomposição entre as partes, é compreensível que esse tipo de determinação tenha perdido a sua relevância.

Enfim, muito embora as mudanças nas regras de arbitragem e mediação da OMPI tenham sido relativamente singelas, seus impactos podem ser bastante rele-

---

50. Sobre o tema da mediação comercial internacional, cf. FARIAS GUEDES, Henrique Lenon. Leveza e peso na mediação comercial internacional: o conteúdo jurídico do acordo corporativo mediado e sua incorporação pelo direito brasileiro. *Revista de Direito Internacional*, v. 15, n. 3, 2018.
51. WORLD INTELLECTUAL PROPERTY ORGANIZATION. *2019 Review*: WIPO Arbitration and Mediation Center. 2019. Disponível em https://www.wipo.int/amc/en/new/2019review.html. Acesso em: 26 jul. 2021.
52. WORLD INTELLECTUAL PROPERTY ORGANIZATION. *WIPO Mediation, Arbitration, Expedited Arbitration and Expert Determination Rules and Clauses*. 2019. p. 57. Disponível em https://www.wipo.int/edocs/pubdocs/en/wipo_pub_446_2020.pdf. Acesso em: 26 jul. 2021.
53. Ibidem. Artigos 4 e 5. p. 10.
54. Ibidem. Artigos 17, 18 e 20.

vantes. Considerando o amálgama de conflitos abarcados pelo Centro d Arbitragem e Mediação da OMPI, essa instituição não poderia fazer regras tão específicas para o mercado da arte – ou para qualquer mercado – quanto o fez a CAfA – essa sim dedicada, exclusivamente, para disputas sobre arte e patrimônio cultural.

3. CONCLUSÃO

Apesar de faltar à arbitragem internacional um órgão central ditando regras e diretrizes procedimentais, a serem seguidas em uníssono pelos árbitros e pelas instituições arbitrais, não é certo dizer que lhe faltam regras ou clareza processual, ao contrário: cada vez mais, as Câmaras Arbitrais traçam, para si mesmas e para os árbitros, limites de atuação, normas procedimentais e diretrizes de comportamento que, em razão dos incentivos econômicos que moldam a atuação dos árbitros e dos profissionais da área, tendem a ser seguidos à risca.

Assim, conforme a primeira parte deste trabalho, os árbitros e as Câmaras Arbitrais se comportam como agentes de mercado, lapidando suas regras e suas condutas em razão dos incentivos que lhes são trazidos pelo mercado. Seja pelas buscas positivas dos árbitros por maior remuneração ou mais prestígio, seja pelos incentivos negativos, como o receio de parecerem parciais ou juridicamente imprecisos, os árbitros tendem a se ajustar às demandas impostas pelo mercado da justiça.

Quanto à segunda hipótese, segundo a qual o Centro de Arbitragem e Mediação da OMPI atualizou suas regras sobre a arbitragem e sobre a mediação em razão da criação da CAfA, ainda é incerto afirmar que ela está confirmada ou negada. Embora o Centro da OMPI tenda a modificar reativamente suas regras, face às novas tendências no mercado da arbitragem e da mediação, é fato que suas novas regras de arbitragem não sofreram alterações que a deixaram semelhantes às regras de arbitragem da CAfA.

Por outro lado, é bem verdade que dificilmente a OMPI estabeleceria regras tão específicas, para atender apenas ao mercado da arte, já que seus "clientes" emergem dos mais variados ramos da propriedade intelectual. Por isso, pode ser apontado que a frente de atuação da OMPI, para captar o mercado da arte, foi outro: o aperfeiçoamento das suas regras de mediação, método de resolução de disputas igualmente atrativo para os comerciantes de arte.

Por último, vale destacar que uma constatação mais empírica desse fenômeno, isto é, da aquisição, pela OMPI, de uma porção maior do mercado da arte, ainda dependerá do tempo. Da mesma forma, a aceitação das regras de arbitragem da CAfA também não foi inteiramente demonstrada. Ainda faltam casos ou extratos de sentença – e suas respectivas avaliações – os quais possam corroborar os argumentos trazidos neste artigo, algo que poderá surgir nos próximos anos, para que seja revisitada a hipótese.

REFERÊNCIAS

BLACKABY, Nigel; PARTASIDES, Constantine; REDFERN, Alan; HUNTER, Martin. *Redfern and Hunter on International Arbitration*. 5. ed. Nova York: Oxford University Press, 2009.

CHARRON, Bill; NOH Megan. *The Launch of the Court of Arbitration for Art*. 2018. ArtTactic Podcast. Disponível em https://arttactic.com/podcast/bill-charron-megan-noh-court-arbitration-art/. Acesso em: 26 jul. 2021.

CLARKE, Osborne. *The Court of Arbitration for Art*: one year anniversa ry. 2019. Disponível em: https://www.osborneclarke.com/insights/court-arbitration-art-one-year-anniversary/. Acesso em: 26 jul. 2021.

COURT OF ARBITRATION FOR ART. *Selection Criteria Arbitrators & Mediators*. 2019. Disponível em https://cafa.world/docs/2018%20 CAfA%20Selection%20Criteria%20Arbitrators%20 and%20 Mediato rs.pdf. Acesso em: 26 jul. 2021.

DEZALAY, Yves; GARTH, Bryant. *Dealing in Virtue*: International Arbitration and the Construction of a Transnational Legal Order. Chicago: University of Chicago Press, 1996.

DEZALAY Yves; GARTH, Bryant. Fussing About the Forum: Categories and Definitions as Stakes in Professional Competition. *Law & Soc. Inquiry*, 21, 1996.

GROZ, Philipp. *Revision of the WIPO Arbitration Rules*. 2014. Disponível em: http://arbitrationblog. kluwerarbitration.com/2014/05/23/ revision-of-the-wipo-arbitration-rules/. Acesso em: 26 jul. 2021.

GUANDALINI, Bruno. Chapter 5: The Rational Decision-Maker Arbitra tor: Unveiling the Arbitrator's Utility Function. *Economic Analysis of the Arbitrator's Function, International Arbitration Law Library*, v. 55. Kluwer Law International; Kluwer Law International. 2020.

INTERNATIONAL COUNCIL FOR COMMERCIAL ARBITRATION. Arbitral Institutions Can Do More to Foster Legitimacy. True or False? 18 ICCA Congress Series 667. 2015.

KADHIM, Noor. Arbitration in the Art World and the Court of Arbitration for Art: Heading Towards a More Effective Resolution of Arts Disputes? *Institute of Art and Law*. 2019.

LILLICH, Richard B.; BROWER, Charles N. *International Arbitration In The 21st Century*: Towards "Judicialization" And Uniformity. 1993.

MAYER, Pierre. *La liberté de l'arbitre*. 2013. 2 Revue de l'Arbitrage.

MICHAELSON, Peter. The New 2014 WIPO ADR Rule Set: Flexible, Efficient and Improved. *New York Dispute Resolution Lawyer*. v 7. n. 2. Outuno 2014.

NATIONAL ACADEMY OF ARBIRATORS. *Report of Special Committee on Professionalism of National Academy of Arbitrators*. Daily Lab. Rep. BNA n. 106, em E-1, E-4. 4 de junho, 1987.

QUEEN MARY UNIVERSITY. *2010 International Arbitration Survey: Choices in International Arbitration*. 2010. Disponível em: http://www.arbitration.qmul.ac.uk/docs/123290.pdf. Acesso em: 26 jul. 2021.

QUEEN MARY UNIVERSITY. *Corporate Choices in International Arbitration*: Industry Perspectives. 2013. Disponível em: http://www.arbitration. Qmul.ac.uk/research /2013/. Acesso em: 26 jul. 2021.

RAOUF, Mohamed Abdel. Emergence of New Arbitral Centres in Asia and Africa: Competition, Cooperation and Contribution to The Rule of Law. *The Evolution and Future of International Arbitration*. Ed Stavros Brek-oulakis Julian D.M. Lew Loukas Mistelis. Kluwer Law International BV. Holanda. 2016.

ROGERS, Catherine A. *Regulating International Arbitration*: a Functional Approach to Developing Standards of Conduct. 41 Stan. J. Int'l L. 53. 2005.

TERRELL, Alexandra; DENTONS. *The opening of the Court of Arbitration for Art and what it could mean for Canadian art law disputes.* 2018. Disponível em: https://www.dentons.com/en/insights/articles/2018/august/23/the-opening-of-the-court-of-arbitration-for-art-and-what-it-could-mean-for-canadian-art-law-disputes. Acesso em: 26 jul. 2021.

THEURICH, Sarah. *Alternative Dispute Resolution in Art and Cultural Heritage* – Explored in the Context of the World Intellectual Property Organization's Work. 2010.

UNITED NATIONS. *United Nations Convention on the Recognition and Enforcement of Foreign Arbitral Awards* – countries. Disponível em: http:// www.newyorkconvention.org/countries. Acesso em: 26 jul. 2021.

UNITED NATIONS. *United Nations Convention on International Settlement Agreements Resulting from Mediation* (New York, 2018) (the "Singapore Convention on Mediation"). Disponível em https://uncitral.un.org/ en/texts/mediation/conventions/international_settlement_agreements. Acesso em: 26 jul. 2021.

VAGTS, Detlev F. The International Legal Profession: A Need for More Governance? 90 *American Journal of International Law*. 250. 1996.

WORLD INTELLECTUAL PROPERTY ORGANIZATION. *Member States.* Disponível em: https://www.wipo.int/members/en/. Acesso em: 26 jul. 2021.

WORLD INTELLECTUAL PROPERTY ORGANIZATION. *Inside WIPO. What is WIPO?* Disponível em: https://www.wipo.int/about-wipo/en/. Acesso em: 26 jul. 2021.

WORLD INTELLECTUAL PROPERTY ORGANIZATION. *WIPO Arbitration and Mediation Center.* Disponível em: https://www.wipo.int/abou-twipo/en/activities_by_unit/index.jsp?id=1012. Acesso em: 26 jul. 2021.

WORLD INTELLECTUAL PROPERTY ORGANIZATION. *WIPO Good Offices.* https://www.wipo.int/amc/en/goodoffices/. Acesso em: 26 jul. 2021.

WORLD INTELLECTUAL PROPERTY ORGANIZATION. *WIPO Case-load Summary.* Disponível em: https://www.wipo.int/amc/en/center/caseload.html. Acesso em: 26 jul. 2021.

WORLD INTELLECTUAL PROPERTY ORGANIZATION. *2019 Review: WIPO Arbitration and Mediation Center.* 2019. Disponível em https://www.wipo.int/amc/en/new/2019review.html. Acesso em: 26 jul. 2021.

WORLD INTELLECTUAL PROPERTY ORGANIZATION. *WIPO Mediation, Arbitration, Expedited Arbitration and Expert Determination Rules and Clauses.* 2019. p. 57. Disponível em: https://www.wipo.int/edocs/pub- docs/en/wipo_pub_446_2020.pdf. Acesso em: 26 jul. 2021.

UMA ABORDAGEM ECONÔMICA DA REGULAÇÃO: O CASO DO SANEAMENTO A PARTIR DA LEI 14.026/2020

Luciana Yeung

Doutora pela Escola de Economia de São Paulo, da Fundação Getúlio Vargas (FGV). Mestre em Economia Aplicada e em Relações Industriais pela Universidade de Wisconsin-Madison (EUA). Graduada em Economia pela Universidade de São Paulo. Professora Associada do Insper, onde leciona na graduação, pós-graduação (Mestrado, LLM) e Educação Executiva para alunos de Economia, Administração, Direito e Administração Pública. Na mesma instituição, é coordenadora do Núcleo de Análise Econômica do Direito do Centro de Regulação e Democracia. Foi coordenadora do curso de graduação em Economia de 2011 a 2018. É sócia fundadora e ex-presidente da Associação Brasileira de Direito e Economia (ABDE). Atualmente é membro do *board of directors* da Associação Latino-Americana e Ibérica de Direito e Economia (ALACDE). Editora-chefe da Revista de Análise Econômica do Direito.

Patricia Pessôa Valente

Doutora e Mestre em Direito do Estado pela Faculdade de Direito da Universidade de São Paulo. Graduada em Direito pela Pontifícia Universidade Católica de São Paulo. Especialista em Direito Público (*LL.M.*) pela London School of Economics and Political Science. Pesquisadora do Centro de Regulação e Democracia do Insper. Na mesma instituição é coordernadora do Núcleo de Infraestrutura. Atualmente é membro a comissão de infraestrutura da OAB-SP.

Sumário: Introdução – regulação na perspectiva econômica – 1. Por quê? Para quê?; 1.1 Justificativas econômicas da regulação; 1.2 Objetivos econômicos da regulação; 1.3 Dificuldades da regulação – 2. Algumas teorias econômicas da regulação; 2.1 Teoria do interesse público; 2.2 Teoria da captura; 2.3 Teorias econômicas ou economia política da regulação; 2.4 Teoria institucional da regulação; 2.5 Corroboração (ou não) das teorias econômicas da regulação por trabalhos empíricos: Djankov et al (2002); 2.6 Aprendizados das teorias econômicas da regulação e lacunas ainda remanescentes – 3. Discutindo um caso: regulação do saneamento no Brasil – 4. Conclusões: avaliação da qualidade regulatória sob a perspectiva econômica – Referências.

INTRODUÇÃO – REGULAÇÃO NA PERSPECTIVA ECONÔMICA

A existência da regulação pode ser explicada pelo interesse em se garantir a maximização de bem-estar na sociedade. Esse seria um fato inconteste, mas o que se contesta são as maneiras e os meios de se chegar lá. Sobretudo a perspectiva econômica parece não estar alinhada com outras perspectivas sobre qual o melhor caminho para se gerar esse bem-estar social. E, mesmo dentro da própria economia, as polêmicas também existem.

Dois objetivos parecem frequentemente se contrapor: a eficiência e a equidade. Usando uma paródia coloquial, popularizada pelos próprios economistas, eficiência refere-se ao objetivo de "fazer o bolo crescer", e equidade refere-se a "repartir igualmente o bolo". Essa contraposição chega a dividir áreas de conhecimento, linhas de pensamento, direcionamentos de governos etc. que ora podem preferir majoritariamente um objetivo, ora outro. Apesar da teoria clássica econômica guiar-se normalmente pelos critérios de eficiência, é certo, no entanto, que não será possível a nenhum governo ou nenhuma política guiar-se exclusivamente por um ou por outro. O desafio é saber identificar quando e onde preferir políticas que promovam o crescimento agregado da economia – favorecendo a eficiência – e quando e onde preferir aquelas que foquem na (re)distribuição da renda gerada.

No entanto, esse é apenas o início das grandes questões a serem tratadas pelo agente público, e várias outras escolhas difíceis precisam ser feitas no momento da implementação de políticas públicas e da regulação.

O objetivo deste capítulo é, de maneira sucinta, abordar os princípios gerais da regulação e os desafios que ela impõe, dentro de uma perspectiva econômica. Em seguida, traremos de maneira reduzida as principais teorias da literatura econômica sobre a regulação. Ainda, discutiremos de maneira um pouco mais específica a regulação dos serviços de utilidade pública (SUP), dada a recente experiência de reformas em diversos setores. Os processos de inovação nos marcos regulatórios ainda estão longe de ser concluídos, e seus resultados ainda estão longe de serem considerados ideais. Discutiremos algumas questões que permeiam as políticas regulatórias, independentemente do setor econômico em questão.

Para melhor ilustrar a discussão, traremos o caso da regulação do saneamento básico no Brasil. A redação deste artigo se dá em momento de frescor do "novo marco do saneamento básico". A Lei 14.026, de 15 de julho de 2020, promete renovar amplamente a provisão de serviços do setor, bem como melhorar os indicadores brasileiros, que estiveram por muito tempo em níveis inadmissíveis.

Concluiremos o capítulo com algumas reflexões acerca de avaliações e impactos da regulação sobre a economia.

1. POR QUÊ? PARA QUÊ?

1.1 Justificativas econômicas da regulação

Em linhas gerais, a regulação se justifica economicamente pela existência de *falhas de mercado*, tais como assimetrias de informação, poder de mercado e externalidades. A atuação regulatória se justificaria para a correção de tais falhas e possibilitar que, mesmo nessas situações, a maximização de bem-estar social seja atingida.

Especificamente no caso da regulação de serviços de utilidade pública (SUP),[1] há diversas características inerentes a essas atividades econômicas que potencializam as falhas de mercado e tornam um mercado livre impossível. Em primeiro lugar, elas envolvem a ocorrência de *monopólios naturais* em alguma etapa da cadeia produtiva. Monopólio natural é um conceito econômico que diz menos respeito à organização das firmas no mercado e mais a características da estrutura produtiva: especificamente, é formado por firmas cujos ativos iniciais demandam altíssimos investimentos e são irrecuperáveis – os conhecidos *sunk cost*. Por conta da existência dos *sunks costs*, o custo médio dessas empresas tende a cair à medida que o tamanho de seu mercado aumenta. Nessas situações, "a regulação não só entende que a concentração do mercado é inevitável, como também acredita que o monopólio possa ser, muitas vezes, uma estrutura superior para esses mercados. O objetivo é, então, colocar limites ao desempenho das firmas neste mercado de maneira a limitar as perdas que poderiam ser infringidas [na sociedade]" (Viscusi et al, 2018, p. 6). Por esse motivo, muitas vezes os serviços apresentam *economias de rede*. Por fim, os SUPs ainda se caracterizam por terem demanda generalizada, um consumo praticamente universal e, muitas vezes, pouco sensível a variações de preços, ou seja, muito inelásticas.

Farina et al (1997) trazem ainda a discussão dos SUPs com externalidades de rede. Essas seriam firmas cujos consumidores teriam a utilidade proporcionalmente crescente à medida que se aumenta o número dos demais consumidores da mesma firma. Diz-se então que externalidades são geradas aos clientes à medida que se aumenta a rede dos próprios clientes. Exemplos típicos seriam serviços de redes de telefonia e eletricidade. Aqui, firmas teriam características que inquestionavelmente demandam uma concentração de mercado:

- Grandes investimentos iniciais de capital;

- Economias de escopo na provisão de múltiplos serviços;

- Economias de escala na criação de rede para atender demanda total;

- Quantos mais segmentos houver em uma rede, maior será o tráfego em cada um dos segmentos individuais na rede;

- Capacidade individual de segmentos para atender a demandas de pico podem ser apoiadas por outros segmentos;

- Efeito escala na adoção de novas tecnologias para diferentes serviços;

- O custo marginal para serviços especiais diminui com o aumento da rede;

---

1. A expressão "serviço de utilidade pública" não reflete seu conceito jurídico, mas da teoria econômica de *public utilities*. Do ponto de vista jurídico, aqui neste artigo compreende também os serviços públicos (p.ex.: saneamento, transporte coletivo de passageiros, educação e saúde etc.), o qual não se confunde com os serviços de utilidade pública assim definidos pela legislação (p. ex. serviço de táxi).

- Aumento no número de consumidores gera externalidades positivas e negativas a todos os consumidores.

As consequências de mercados com essa natureza são, além da propensão à grande concentração, a imposição de fortes desvantagens competitivas para potenciais entrantes. No campo regulatório, os desafios são grandes por envolverem *tradeoffs* na decisão pública entre garantir a livre concorrência (ou livre entrada de novos *players*[2]) e alcançar a eficiência na provisão do serviço e gestão da rede. Muitas vezes, decisões regulatórias podem – na tentativa de incentivar novos entrantes – gerar redundância, subutilizando as economias de rede. Voltaremos a discutir algumas dificuldades técnicas na regulação dos SUPs.

1.2 Objetivos econômicos da regulação

Uma vez justificada, quais seriam os objetivos da regulação, na visão econômica? Giambiagi e Além (2016) respondem:

> Os principais objetivos da regulação são o bem-estar do consumidor; a melhora da eficiência alocativa – situação na qual se realiza o maior volume de transações econômicas, com a geração de maior renda agregada possível –, [eficiência] distributiva – definida como a capacidade de redução, pela concorrência ou pela regulação, da apropriação de excedentes econômicos por parte do produtor – e [eficiência] produtiva – entendida como a utilização da planta instalada com máximo rendimento e menor custo, dada a estrutura de mercado – da indústria; a universalização e a qualidade dos serviços) a serem prestados por um preço considerado justo); a interconexão entre os diferentes provedores (interoperabilidade da rede pública); a segurança e a proteção ambiental (p. 427).

Como já mencionado anteriormente, a eficiência tende a ser geralmente o critério normativo de preferência dos modelos econômicos. Isso pode ser argumentado com as definições de eficiência, como os autores deixam claro na passagem acima: "geração de maior renda possível", "redução da apropriação de [renda] por parte do produtor", "utilização com máximo de rendimento e menor custo" etc. Se o Direito é guiado normativamente pelo ideal de justiça (e/ou legalidade), a Economia é orientada pelo ideal de eficiência[3] por aquilo que se espera que ela seja capaz de materialmente alcançar.

Ainda dentro dos objetivos da regulação, além dos fins a que se deseja alcançar, há ainda objetivos na *maneira de atuar* das políticas:

---

2. No Direito, fala-se em concorrência *pelo* mercado e, não, concorrência *no* mercado, de maneira que na maioria das vezes o processo licitatório é responsável por selecionar o agente que poderá exclusivamente explorar aquela atividade econômica de titularidade estatal.

3. A partir da Emenda Constitucional 19/1998, foi introduzido o princípio da eficiência no rol de princípios da administração pública (art. 37, CF). Muito embora receba a mesma nomenclatura, para o direito prevalece uma eficiência procedimental (de meio) e não econômica (de resultado).

Além disso, são essenciais o estabelecimento das regras da concorrência, definindo-se quais mercados serão abertos, para quantos concorrentes e como assegurar uma justa competição; e a determinação da estrutura tarifária, principalmente no que diz respeito ao tipo de mecanismo de controle das tarifas dos segmentos regulamentados. Os instrumentos regulatórios são as tarifas, as quantidades, as restrições à entrada e à saída e os padrões de desempenho. (Giambiagi e Além, 2016, p. 427).

1.3 Dificuldades da regulação

Mesmo que à primeira vista os objetivos acima listados – de fins e de meios – pareçam ser claros e lógicos, a verdade é que é o alcance de cada um deles traz enormes complexidades e controvérsias. Além das dificuldades de alinhamento de prioridades com outras perspectivas que não a econômica, há ainda profundos debates dentro da própria ciência econômica sobre os princípios que norteiam as políticas regulatórias. Por exemplo, uma das controvérsias é sobre qual dos excedentes é o alvo a ser maximizado pelas políticas regulatórias: excedente total? ou excedente do consumidor? O primeiro é, por definição, o excedente aferido por medidas de eficiência no sentido mais amplo da economia, e englobaria além do excedente do consumidor também o excedente do produtor. Mas cada vez mais a regulação antitruste em diversos locais do mundo questiona a utilização plena do critério de excedente total argumentando, no seu lugar, pela utilização do critério de maximização do excedente do consumidor. A controvérsia é longa e, de maneira alguma, superficial (e.g., Farrel & Katz, 2006; Pittman, 2007).

Ainda, na execução das políticas regulatórias, os princípios analíticos podem trazer mais dificuldades do que respostas. Se a existência de monopólios naturais é uma das justificativas mais básicas para intervenção regulatória, a maneira de corrigir essa falha de mercado não é nada trivial. Viscusi et al (2018) resumem as dificuldades em um exemplo:

Aspectos chave que têm surgido com relação à regulação econômica relaciona-se aos diferentes papeis dos custos marginais e custos fixos. Quando uma empresa elétrica fornece serviços para sua casa ou apartamento, custos identificáveis específicos podem ser atribuídos ao produto que é distribuído a você, isso é representado pelo custo marginal. No entanto, a empresa elétrica também incorre em custos fixos substanciais em termos de sua planta e equipamentos que precisam também ser cobertos. Como a empresa elétrica deveria alocar esses custos fixos? Deveria ela simplesmente dividi-los igualmente entre o número total de clientes? Deveria ela distinguir entre os diferentes grupos, dependendo em qual sensíveis eles são ao preço? Se as empresas são menos sensíveis aos preços do que os consumidores, deveriam ser elas a arcarem com a maior parte dos custos, ou deveriam ser os consumidores?

Nas últimas décadas, economistas têm desenvolvido uma série de estruturas muito sofisticadas para endereçar tais assuntos. O objetivo geral dessas análises é determinar como podemos melhor estruturar o preço e os incentivos para essas firmas, de maneira a proteger os interesses dos consumidores de eletricidade, enquanto ao mesmo tempo sejam oferecidos incentivos e retornos razoáveis para as firmas envolvidas.

No caso da defesa de concorrência e a regulação econômica, quase nunca é possível replicar um mercado eficiente de maneira perfeita. Geralmente há algum desvio da situação de concorrência perfeita que não pode ser encoberto ou retificado, mesmo por meio de esquemas de preços imaginativos e complexos. No entanto, aplicando ferramentas econômicas a essas questões, podemos obter uma situação de mercado muito mais adequada do que seria se não houvesse qualquer regulamentação" (tradução livre, p. 7).

Frente às dificuldades, a discussão entre teóricos e praticantes da regulação econômica tem se desenvolvido e progredido a passos largos. De fato, nas últimas décadas, uma rica literatura acadêmica tem sido desenvolvida, muitas vezes dentro de uma perspectiva interdisciplinar (apesar de sempre embasada nos sólidos modelos econômicos) e, cada vez mais, essa literatura vem sendo apoiada por observações empíricas para corroboração ou ajustes das hipóteses defendidas. A regulação econômica tem se beneficiado intensamente da metodologia científica de análise de impactos e de políticas baseadas em evidências.

2. ALGUMAS TEORIAS ECONÔMICAS DA REGULAÇÃO[4]

> Não existe, infelizmente, uma boa solução para o monopólio técnico. Existe apenas uma escolha entre três demônios: o monopólio privado desregulamentado, o monopólio privado regulado pelo Estado e a produção estatal. (Milton Friedman, Capitalism and Freedom, 1962).

São diversas as teorias que se propuseram (e se propõem) a estudar a regulação econômica na história do pensamento – e elas continuam surgindo, adequando--se às realidades das novas atividades econômicas, novos comportamentos dos consumidores e, quiçá em pouco tempo, a novas formas de organização pública. De maneira geral, o que une as teorias econômicas da regulação é o desafio de ser capaz de prever quem seriam os ganhadores e perdedores da regulação, quais indústrias têm mais chances de serem reguladas, e quais são os formatos da regulação acontecer (Viscusi et al, 2018).

---

4. Esta seção é baseada em Viscusi et al (2018).

2.1 Teoria do Interesse Público[5]

Esta teoria parte do pressuposto econômico básico sobre a necessidade da intervenção regulatória: ela seria justificada primordialmente pela existência das falhas de mercado. Assim, toda regulação teria como objetivo a melhoria do bem-estar agregado ou maximização da eficiência. Pode-se dizer que essa teoria foi um dos pontos de partida da análise econômica sobre o fenômeno da regulação, sendo a primeira intepretação e justificativa, sob a perspectiva liberal, da intervenção estatal na atividade econômica.

Por se basear na análise de o que a regulação *deveria* fazer (i.e., corrigir as falhas de mercado), e muitas vezes não se ater aos resultados efetivamente alcançados pela regulação, críticos apontam ao fato de a teoria do interesse público ser efetivamente uma teoria normativa. Ainda segundo os críticos, ela não explica o processo da criação regulatória em si – algo que merece uma atenção pelos profundos impactos causados. Por fim, quando combinada com a análise empírica, essa perde robustez, pois falha nas previsões empíricas.

2.2 Teoria da Captura

Como a teoria do interesse público provou-se muitas vezes incapaz de prever os resultados empíricos da regulação, outras teorias surgiram na tentativa de melhor explicar os fenômenos observados. Um fato que logo chamou a atenção foram as evidências que indicavam aumento nos lucros de diversas indústrias que passaram por processos regulatórios. Se a regulação servisse meramente ao propósito de resolver falhas de mercado e garantir a eficiência econômica, o que deveria seguir a um processo regulatório seria um aumento do bem-estar social, ou seja, redução nos preços e consequentemente *redução* nos lucros. O que explicaria o resultado contrário observado empiricamente?

Na tentativa de explicar esse fenômeno, surgiu a teoria da captura – uma perspectiva que combina análises da teoria econômica, baseada em agentes racionais, com análises da ciência política, atenta às dinâmicas da esfera política. Segundo essa visão, a regulação é na verdade fruto de demandas da própria indústria. Ou seja, legisladores e/ou reguladores são "capturados" pela indústria e, depois de capturados, criarão normas e regulações com o propósito de facilitar o alcance dos interesses dos regulados. Então, diferentemente do que se poderia supor, a regulação não existe para disciplinar ou monitorar o exercício da atividade eco-

---

5. A ideia de "interesse público" aqui não coincide com o conceito jurídico abstrato, mas com a reunião de interesses dos indivíduos coletivamente, que somados transcende os interesses pessoais daquele que tem o dever de operacionalizá-lo.

nômica pelas firmas, mas para facilitar a maximização de seus benefícios, mesmo em detrimento dos interesses dos consumidores.

Da mesma maneira que a teoria do interesse público, a teoria da captura não consegue explicar a observação de alguns resultados empíricos. Mesmo que seja bem-sucedida em alguns casos, esta teoria não consegue explicar por que somente os interesses da indústria seriam os favorecidos, dado que a regulação geralmente afeta numerosos grupos de agentes ao mesmo tempo: consumidores, trabalhadores, empresários, políticos etc. Por que os outros não seriam capazes de, igualmente, capturar os reguladores? Por que somente a indústria teria essa capacidade?

Também, as evidências empíricas mostram casos de indústrias que, historicamente, tiveram lucratividade reduzida no momento pós-regulação.

2.3 Teorias Econômicas ou Economia Política da Regulação

Um conjunto relativamente numeroso de teorias compõem o que se conhece como teorias econômicas ou economia política da regulação. Várias das ideias propostas baseiam-se em conceitos anteriores, por exemplo a teoria da captura, mas foram se desenvolvendo analítica e empiricamente com o passar dos anos, compondo hoje uma rica literatura com autores e modelos diversos. Trazemos uma em especial para discussão mais detalhada, mais adiante.

Há duas premissas que fundamentam as teorias da economia po lítica da regulação. Primeiro, o recurso básico mais importante do estado é o poder de coerção. Sabendo-se disso, grupos de interesse podem convencer o estado a usar tal poder para aumentar seu próprio benefício. Segundo, os agentes são racionais. Nas palavras de George Stigler, um dos mais conhecidos representantes dessa teoria:

> Assumimos que os sistemas políticos são racionalmente concebidos e racionalmente empregados, o que significa que são instrumentos apropriados para a realização de desejos de membros da sociedade (1971, p.4, tradução livre; apud Viscusi et al (2018), p. 459).

Posteriormente, juntamente com Sam Peltzman, e baseados no trabalho sobre a lógica da ação coletiva de M. Olson (1965), Stigler formula um modelo que parte das seguintes premissas:

i. A regulação serve, em parte, para redistribuir riqueza na sociedade.

ii. Os legisladores maximizam votos para sua reeleição.

iii. Os grupos de interesse oferecem apoio político a legisladores em apoio a legislações favoráveis.

Como consequência de tais premissas, a regulação tenderá a favorecer pequenos grupos de interesse que sejam bem-organizados. É que Olson previa o problema da ação coletiva: legislações e regulações que geram custos para uma minoria concentrada, mas benefícios para uma grande maioria espalhada, dificilmente serão aprovadas. Por outro lado, muitas regulações serão criadas para gerar benefícios para uma pequena minoria bem-organizada, às custas de uma maioria espalhada, com interesses difusos na sociedade. Então, mesmo que haja motivação racional, mudanças regulatórias que geram grandes benefícios podem não acontecer por dificuldade de organizar a ação coletiva.

Assim, como resultado do modelo Stigler-Peltzman, a regulação tenderá a favorecer pequenos grupos de interesse, bem-organizados. Ou seja, a lógica da teoria da captura seria aplicada de maneira mais ampla, também para grupos de interesse além daqueles da indústria. No entanto, igualmente, haveria um fenômeno de "captura" do estado regulador por grupos de interesse.

Os resultados do modelo Stigler-Peltzman podem parecer simplistas ou *naïve* à primeira vista, mas isso não condiz com a realidade. Sem nos delongar com o desenvolvimento matemático,[6] apresentamos os resultados do modelo, baseando--nos nas premissas e desenvolvimentos que foram sucintamente explanados acima.

Dado que aqui não somente grupos de interesses da indústria se organizam para influenciar legisladores e reguladores, haverá uma diversidade maior dos grupos de pressão. Esses podem ser de representantes de consumidores, trabalhadores e afins, além das empresas que seriam reguladas. Desta maneira, o primeiro resultado, diferente do previsto pela teoria da captura, é que a regulação por vezes pode impactar negativamente as firmas. Então, nem sempre o resultado regulatório será de maximizar o lucro das indústrias monopolistas (ou oligopolistas). Mais – e talvez o resultado mais importante em termos de previsão teórica – o modelo prevê que as indústrias onde haverá mais chances de serem reguladas serão aquelas: (i) onde há muita competição, porque as firmas terão incentivos para se organizar e pressionar por regulação *que lhes seja favorável*; (ii) onde há muita concentração de mercado, porque nessas situações, os consumidores se organizarão demandando regulações que *seja favorável aos consumidores e que limitem o poder de mercado das firmas presentes*. Esse resultado pode ser facilmente corroborável pelas evidências empíricas, o que de fato tem acontecido com certo grau de sucesso.

Então, de maneira geral, poder-se-ia resumir as principais conclusões do modelo Stigler-Peltzman, um dos mais conhecidos modelos das teorias econômicas da regulação:

---

6. Para um desenvolvimento mais detalhado, porém bastante pedagógico e instrutivo do modelo de Stigler--Peltzman, consultar Viscusi et al (2018), cap. 10 (pp.458-63). Não se exige profundos conhecimentos matemáticos para entender o desenvolvimento, apesar de exigir alguma interpretação de gráficos.

- A regulação beneficiará grupos relativamente pequenos e bem-organizados, às custas de grandes grupos, não organizados e com preferências fracas.

- Mesmo a regulação que beneficia firmas não irá maximizar o lucro da indústria.

- A regulação tenderá a acontecer em indústrias muito competitivas ou muito concentradas: nesses casos, há grande interesse de algum grupo para pressionar os reguladores/legisladores para criação de regras que lhes sejam favoráveis.

- Ainda, a existência de falhas de mercado torna a regulação mais provável, pois o ganho de um grupo é relativamente grande em comparação às perdas de outro (falhas de mercado tendem a gerar grandes perdas na sociedade).

2.4 Teoria Institucional da Regulação

Em anos mais recentes, uma nova teoria surgiu para explicar o fenômeno da regulação e a natureza da dinâmica regulatória. Essa teoria tem a vantagem de se basear na Nova Economia Institucional, fortemente baseada em análises sobre a importância das *instituições*, ou seja, as regras do jogo – formais e informais – que governam as relações políticas, econômicas e sociais. Também é uma teoria baseada em uma perspectiva *organizacional*, enfatizando a importância das estruturas das organizações que fazem parte do processo regulatório.

Há dois principais argumentos na teoria institucional:

i. As formas organizacionais das instituições legislativas e executivas de um país influenciam de maneira determinante a natureza dos problemas regulatórios.

ii. A credibilidade e a efetividade da estrutura regulatória são determinadas pela qualidade das instituições do país. Por efetividade, entende-se a capacidade de incentivar investimentos privados em áreas públicas.

Assim sendo, a questão principal seria, em que medida a estrutura e organização dessas instituições impõem restrições sobre a ação governamental ou o comportamento oportunista do governo? Essa é a maior preocupação dos teóricos dessa linha de pensamento.

Na visão desses teóricos, as instituições que podem limitar o comportamento oportunista do estado e que, portanto, seriam merecedoras de escrutínio maior para fins de avaliação da qualidade regulatória seriam: regras de tripartição de poderes (que garantem, por exemplo, investigações de casos de corrupção dentro do governo), a Constituição que limita poderes legislativos do Executivo e garantia de cumprimento pelo Judiciário, regras de funcionamento e de votações do Congresso Nacional, regras eleitorais calibradas, regras que definem estruturas de poder descentralizado, entre outros. Portanto, para bem entender os problemas regulatórios e a estrutura regulatória de um país seria essencial bem compreender a natureza dessas instituições.

Autores institucionalistas têm defendido que a regulação somente gerará os impactos positivos desejados nos agentes privados (por exemplo, nas firmas reguladas) se houver limitações na política regulatória – ou seja, não um poder irrestrito da autoridade regulatória, mas com limitações no próprio sistema regulatório e capacidade de o Judiciário impor o cumprimento dos contratos (e.g., Levy & Spiller, 1994).

Essas são reflexões importantes a serem feitas no contexto regulatório brasileiro.

2.5 Corroboração (ou não) das Teorias Econômicas da Regulação por Trabalhos Empíricos: Djankov et al (2002)

Um artigo do começo dos anos 2000 tornou-se um marco na literatura econômica da regulação. "The Regulation of Entry" foi publicado no conceituado periódico econômico "Quarterly Journal of Economics" e mediu empiricamente diversos impactos da regulação em algumas dezenas de países. Deste trabalho surgiram iniciativas práticas de medir a qualidade regulatória internacionalmente, sendo ele referência para a construção dos indicadores do famoso relatório *Doing Business*, publicado anualmente pelo Banco Mundial. Ao que nos interessa aqui, vale resumir seus achados, no que se refere à corroboração de algumas das teorias vistas.

Para começar, poucas foram as evidências empíricas encontradas que evidenciassem a precisão da teoria do interesse público. Mais especificamente, usando a quantidade de exigências para uma firma operar no mercado como *proxy* de intensidade de regulação, os autores encontraram que mais regulação estava associada a maior presença de externalidades negativas causadas aos consumidores, tais como poluição da água, mortes por intoxicação e também baixos padrões de qualidade nos serviços oferecidos. À classe de trabalhadores, a presença de maior regulação também não trouxe maiores benefícios: mais regulação, nos 66 países analisados, foi associado a uma maior economia informal (em termos de participação no PIB total) e, em mais da metade desses, em mais empregos informais.

Por sua vez, os autores encontraram indícios da teoria da captura: uma maior intensidade na regulação foi associada a uma redução da competição nos mercados, bem como a um aumento no retorno aos ativos das firmas (apesar deste último resultado não ter sido estatisticamente significativo).

Por fim, os autores testaram uma terceira teoria, conhecida como "toll-booth theory", ou teoria do pedágio. Esta propõe que a regulação existe em grande parte para aumentar a renda de políticos ou burocratas, normalmente via corrupção. Nos seis modelos testados pelos autores, foram encontradas evidências estatisticamente significativas de que uma maior intensidade na regulação leva a maiores níveis de corrupção.

Vale ressaltar que o Brasil foi um dos países que entrou na análise de Djankov e coautores.

2.6 Aprendizados das Teorias Econômicas da Regulação e Lacunas Ainda Remanescentes

Nessas últimas décadas, muito se aprendeu sobre a natureza e as motivações da regulação, bem como as forças motoras desse fenômeno. No entanto, muito ainda resta para ser aprendido e, mais ainda, corroborado pelas evidências empíricas. Pela natureza complexa da regulação – política, econômica, sociológica, jurídica, comportamental etc. – por envolver dezenas de atores, cada um dos quais com seus próprios inte resses e objetivos, boas teorias e boas previsões precisam levar em conta a natureza dinâmica deste processo. Valem as palavras de autores bem conhecedores desse fenômeno, na teoria e na prática:

> Para entender plenamente a regulação vigente, é preciso entender as motivações de consumidores, empresas, sindicatos, legisladores, reguladores e burocratas governamentais. Diversas teorias que tentam entender porque a regulação acontece da maneira que acontece têm sido discutidas. Diferentes variantes da teoria econômica da regulação parecem condizer mais com as evidências empíricas. No entanto, ela ainda não consegue explicar todas as evidências relevantes de maneira perfeita. Mais pesquisa é necessária para o desenvolvimento de uma teoria da regulação mais abrangente (Viscusi et al, 2018, p.473, tradução livre).

No intuito de fomentar novas pesquisas sobre as variantes da teoria econômica da regulação, nas próximas linhas abordaremos como a regulação no setor de saneamento no país pode ser um campo rico para essas reflexões. É possível argumentar que algumas reflexões e críticas às teorias econômicas da regulação expostas anteriormente e, em especial a teoria institucional da regulação, têm sido incorporadas na regulação do saneamento no Brasil na recente reforma à qual o setor foi submetido.

3. DISCUTINDO UM CASO: REGULAÇÃO DO SANEAMENTO NO BRASIL

Em julho de 2020, a Lei 14.026 foi publicada e ficou conhecida como o "novo marco do saneamento básico", por alterar leis federais que já disciplinavam o tema muito antes do seu advento. Foi aprovada como resposta à ineficiência da teoria do interesse público, que se aplicada ao saneamento deveria ter como propósito a universalização do serviço e evidências da aplicação da teoria da captura de das teorias econômicas na gestão municipal

Ainda à luz das teorias econômicas da regulação, foram incorporadas novas formas de regulação do serviço de saneamento básico,[7] com o intuito de coibir

---

7. Considera-se serviços de saneamento básico: Art. 3º Para fins do disposto nesta Lei, considera-se: a) abastecimento de água potável, b) esgotamento sanitário, c) limpeza urbana, (d) manejo de resíduos sólidos urbanos, e e) drenagem e manejo das águas pluviais urbanas.

desvios na consecução dos objetivos regulatórios traçados na Constituição Federal e nas leis federais então existentes, e para incentivar comportamentos visando a universalização dos serviços. A respeito desse último aspecto, mesmo que investimentos relevantes em saneamento tenham sido realizados sobretudo pelas empresas estatais estaduais no âmbito do PLANASA nas décadas de 1970 e 1980 e, também, do PLANSAB a partir de 2007 com fundamento na Lei 11.445, de 05 de janeiro daquele ano ("diretrizes nacionais para o saneamento básico"), fato é o Brasil ainda apresenta índices de cobertura dos serviços de saneamento ainda bastante aquém dos desejáveis. De acordo com os dados de 2018 informados pelo SNIS 2020, 47% da população brasileira não tem acesso ao serviço de esgotamento sanitário, e 46% dos esgotos gerados no país não são tratados. Somente o serviço de abastecimento de água atinge índice de 84% de cobertura.

Como espécie de SUP, o saneamento básico é caracterizado como serviço que exige elevado valor de investimento inicial para construção de estações de tratamento de água ou de esgoto, ou, no caso do serviço de manejo de resíduos sólidos, alto custo de operacional. Como clássico exemplo de monopólio natural, os serviços de saneamento se beneficiam da economia de rede, na medida em que todos os estabelecimentos, residenciais ou não, de uma dada região de abrangência se tornariam consumidores, e geram externalidade de rede, com o crescimento da utilidade dos consumidores mais remotos proporcionalmente ao aumento do número dos demais consumidores atendidos pela mesma prestadora. Vale lembrar também que o serviço de saneamento impacta a saúde da população e sobrecarga no sistema pública de saúde (WHO, 2014). Não é por outro motivo que ao Sistema Único de Saúde cabe participar da formulação da política e da execução das ações de saneamento básico (art. 200, CF).

Do ponto de vista operacional e jurídico, em saneamento, um dos temas mais relevantes é a identificação do titular do serviço incumbido de organizar e prestar os serviços de saneamento. Ainda que a Constituição Federal tenha determinado que serviços de interesse local são de titularidade do município (art. 30, V), na prática do setor nem sempre tem sido claro se o serviço em questão é de interesse local (tendo o município como titular) ou de interesse comum (estado-membro e municípios, em conjunto, como titulares). Digamos que mais de um município capte água de uma mesma bacia hidrográfica, essa situação envolvendo mais de um ente federativo já seria suficiente para revelar problemas na forma como a legislação definiu a titularidade do serviço. Sem entrar nas questões constitucionais sobre o tema enfrentadas pelo Supremo Tribunal Federal no julgamento da ADI 1.842/RJ e em outros julgados mais recentes, a teoria institucional oferece explicações para esse fenômeno.

Pela lente da teoria institucional da regulação, deve-se analisar a estrutura das organizações que fazem parte do processo regulatório no saneamento. Em razão da titularidade local ou regional dos serviços, os agentes reguladores estão, também, local ou regional. Nesse contexto, verifica-se a desproporcionalidade de forças econômicas, políticas e institucional, da maioria dos municípios frente aos estados-membros. Daí, é possível explicar o domínio das companhias estaduais de saneamento não apenas na prestação dos serviços de saneamento com lastro em contratos de programa, mas principalmente na definição das políticas regulatórias para o setor e na condução de formas variadas de prestação regionalizada em sentido amplo (por consórcio público ou região metropolitana) por décadas antes da edição do novo marco do saneamento básico.

As companhias de saneamento são os principais agentes econômicos do setor (apenas 6% dos municípios são atendidos pela iniciativa privada – Trata, 2019), os quais não deveriam se confundir com os agentes definidores das políticas regulatórias. Os agentes reguladores podem ser tanto municipais quanto estaduais; mesmo que o titular do serviço seja o município, é admitida a delegação da regulação do município ao agente regulador estadual, o que se verifica em parte dos municípios atendidos pelas companhias estaduais. A delegação tem se mostrado uma alternativa frente à baixa capacidade institucional dos municípios ou, quando existentes, das agências municipais para lidar com temas de regulação econômica. Esta opção tem como pressuposto o fato de as agências estaduais teriam melhores condições, institucional e técnica, para lidar com a gestão de contratos com ferramentas sofisticadas para manutenção do preço no decorrer da sua longa vigência e, com isso, fortalecer o ambiente de negócios, fortalecer a competitividade do país e melhorar o nível de qualidade e satisfação dos cidadãos pelos serviços prestados.

Diante do comportamento de determinado grupo político, a regulação mostrou-se ineficaz, o que pode ser verificado a partir dos serviços de abastecimento de água. Apesar de apresentar índices de cobertura melhores, ainda não atingiu a universalidade da sua prestação, e tem alta ineficiência, com índices de perdas de quase 40% segundo dados de 2018 (Trata Brasil, 2020).

Em contraponto a isso, o novo marco do saneamento básico quebrou a reserva de mercado das companhias estaduais de saneamento para proibir a renovação e celebração de contratos de programas com os municípios (nova redação do art. 10 da Lei 11.445/2007, Diretrizes Nacionais para o Saneamento Básico). Os contratos de programa em vigor permanecem vigentes até o advento do seu termo contratual, não sendo admitida sua renovação. Com isso, privilegia-se a segurança jurídica ao não atingir ato jurídico perfeito (contratos regulares celebrados antes do advento da lei e em execução pelas partes quando da edição da lei), contudo, exige que as empresas estatais, cujo principal ou único acionista é pessoa jurídica de direito público (estado-membro) e submetidas ao regime jurídico de direito privado, sujeita-se às regras de mercado para conquistar novos contratos de concessão como as demais empresas privadas atuantes em saneamento.

A proibição da celebração de contratos de programa tem efeito positivo na competição na medida em que as companhias de saneamento precisam competir *pelo* mercado, participando das licitações públicas para a concessão dos serviços de saneamento promovidas pelos titulares dos serviços –, sejam eles municípios ou outra forma de organização por meio da qual estado-membro, em conjunto, com municípios que compartilham efetivamente instalações operacionais integrantes de regiões metropolitanas, aglomerações urbanas e microrregiões (nova redação do art. 8º das Diretrizes Nacionais para o Saneamento Básico).

O novo marco do saneamento básico não esgotou as discussões jurídicas, que se concentram na caracterização e implementação da prestação regionalizada, definida pela nova redação do inciso VI, do art. 3º das Diretrizes Nacionais para o Saneamento Básico. Dessa discussão, para o propósito deste artigo, vale destacar que a prestação regionalizada, ao ser alçada a princípio fundamental do saneamento básico, teve como objetivo expresso privilegiar ganhos de escala, a garantia da universalização e a viabilidade técnica e econômico-financeira do serviço (inclusão do inciso XIV no art. 49 das Diretrizes Nacionais para o Saneamento Básico).

Ainda sob influência da teoria institucional, para reforçar a capacidade regulatória dos órgãos reguladores infranacionais, seja estadual, regional ou municipal, o novo marco do saneamento básico ainda recorreu à Agência Nacional de Águas, que passou a ser chamada de Agência Nacional de Águas e Saneamento Básico (ANA) (nova redação do art. 1º da Lei 9.984/2000, Lei de Criação da ANA). Foi acrescida às suas competências originais, até então restritas à implementação da Política Nacional de Recursos Hídricos, a instituição de normas de referência para a regulação dos serviços de saneamento básico por seus titulares e seus agentes reguladores e fiscalizadores (art. 4º-A incluído na Lei de Criação da ANA).

As normas de referência possuem caráter geral e podem ser adotadas facultativamente pelas entidades administrativa infranacionais. Por ausência de competência legal para impor sua observância compulsória, a União faz uso de instrumento de regulação por incentivo, ao condicionar o acesso aos recursos públicos federais ou a contratação de financiamentos com recursos da União, pelas firmas (estatais ou não) exploradoras da atividade econômica, à adoção das normas de referência da ANA pelos agentes reguladores infranacionais (inclusão do art. 4º-B na Lei de Criação da ANA). Assim se na concorrência pelo mercado o ente regulador infranacional quiser atrair firmas que busquem estabilidade, eficiência e regulação, em certa medida um pouco mais blindada das interferências locais, deverá adotar as normas de referência da ANA.

Assim, criação das normas de referência é tentativa do novo marco do saneamento básico de orientar e transferir capacidade regulatória do nível federal (em teoria distante e, portanto, imune às pressões governamentais e econômicas locais) para as agências locais sobre determinados temas já identificados no texto legal. Como capacidade regulatória não pode ser entendido conhecimento e experiência técnica em saneamento básico no contexto da ANA, que até julho de 2020 não regulava o conjunto de serviços compreendido nessa definição legal, mas como aptidão enquanto organização burocrática que apresenta prática, procedimento e condições de capacitar os reguladores infranacionais e orientá-los a respeito desses temas. Entre eles estão: padrões de qualidade e eficiência na prestação, na manutenção e na operação dos sistemas de saneamento básico; regulação tarifária dos serviços, com vistas a promover a prestação adequada, o uso racional dos recursos naturais, o equilíbrio econômico-financeiro e a universalização do acesso ao saneamento básico; padronização dos instrumentos contratuais a serem firmados entre o titular do serviço e a firma; critérios para a contabilidade regulatória; redução progressiva e controle da perda de água etc.

Mais do que influenciar as regras regulatórias sobre a prestação local dos serviços de saneamento, o novo marco também se preocupou com o processo normativo que originariam essas normas de referências no âmbito da ANA. Por isso, estabeleceu não apenas os temas a serem objeto de normatização, mas também disciplinou a forma como seu processo normativo se dará. Assim, a Lei 14.026/2020 determinou que a ANA, ao elaborar uma norma de referência para o setor, deverá (i) avaliar as melhores práticas regulatórias existentes, (ii) colher informações das entidades encarregadas da regulação e da fiscalização e as entidades representativas dos municípios, o que pode ocorrer por exemplo nas consultas e audiências públicas já obrigatórias legalmente pela Lei 13.848/2019 (art. 4º e ss.), (iii) realizar análise de impacto regulatório, também já prevista na referida Lei 13.848/2019 (art. 4º e ss.), e (iv) sinalizou a possibilidade de constituição de grupos ou comissões de trabalho com a participação das entidades reguladoras e fiscalizadoras e das entidades representativas dos municípios para auxiliar na elaboração das normas de referência.

A avaliação de impacto regulatório ("AIR") apresenta peculiaridades frente ao fato de que a norma a ser produzida é uma norma de referência.[8] Etapas e aspectos muitas vezes negligenciados pelas agências reguladoras federais que já

---

8. A primeira norma de referência, cujo processo normativo já se encontrava bastante evoluído quando da finalização deste artigo, versa sobre a forma de precificação dos serviços de resíduos sólidos urbanos. No âmbito de discussão, trouxe uma preocupação com a identificação dos custos para os serviços de resíduos sólidos urbanos. O relatório de AIR está disponível em https://participacao-social. ana.gov. br/api/files/RELAToRIO_DE_ANaLISE_DE_IMPACTO_REGULAToRIO_N%C2%BA_1-2021_- -GT_SANEAMENTO-1615933777596.pdf. Acesso em: 06 jun. 2021.

realizam esse tipo de análise devem ser tidos em grande conta pela ANA, desde o início do processo normativo. O primeiro aspecto é que a AIR seja considerada como um fio condutor do processo decisório da agência de maneira que, desde a definição do problema regulatório que se pretende solucionar, não haja decisões regulatórias predefinidas pelos reguladores federais ou entendimentos a serem justificados e simplesmente impostos aos reguladores locais ou regionais. Esse aspecto é relevante para que seja eficaz todos os mecanismos de participação social previsto no novo marco do saneamento básico para o processo normativo das normas de referência.

O segundo aspecto a ser considerado na AIR das normas de referência decorre do primeiro. A compulsória participação das entidades reguladoras e fiscalizadores e das entidades representativas dos municípios para auxiliar na elaboração das normas de referência não pode restringir essa participação à mera realização de consulta e audiências. Além de as participações se darem tardiamente e com pouca chance de efetivamente alterar entendimentos e posicionamentos refletidos em uma minuta de norma submetida ao escrutínio público, o poder de voz dessas entidades acabam por serem igualados à voz dos demais agentes do mercado, o que tampouco é desejável. Como agentes reguladores que aplicarão as normas de referência em seus contratos de concessão, é fundamental que sua participação se dê desde o nascimento do processo regulatório com a coleta de informações, confirmação das etapas anteriores e, principalmente, construção de uma opção regulatória que seja compatível com sua realidade.

Além disso, a atividade da ANA não deve parar após a edição de uma norma de referência. A avaliação do impacto regulatório *ex post* e o monitoramento do cumprimento das normas de referência deverá ser contínuo de maneira que seja possível identificar pontos de aprimoramento do processo, realizar ajustes nas normas, e levantar informações para sua posterior revisão a partir de critérios objetivos (quantitativos ou qualitativos).

No desempenho dessa competência normativa, a ANA também deverá se a preocupar em zelar pela uniformidade regulatória do setor e pela segurança jurídica na prestação dos serviços, respeitadas as especificidades locais e regionais. A padronização da prestação, de uma perspectiva econômica permite a redução de custos de transação entre os agentes envolvidos e com isso maior eficiência alocativa e, se bem equacionada pela ANA, poderá se refletir na universalização dos serviços e na manutenção dos níveis de serviços desejados durante a vigente dos contratos.

A competência para editar normas de referência não faz da ANA um agente regulador setorial tal como conhecemos, uma vez que as normas prescindem de *enforcement* por ausência de competência legal para impor normas aos agentes econômicos. Tampouco a ANA poderá fiscalizar a prestação dos serviços pelos agentes econômicos, público ou privado, pelo mesmo motivo anterior. Além da edição das normas de referência, a ela caberia apenas, se aceita pelas partes, arbitrar as relações entre os titulares dos serviços, agentes econômicos e reguladores. Trata-se de agente regulador balizador do setor, que foi chamado a atuar em socorro aos vícios verificados na prática. Assim, a regulação econômica dos contratos de concessão continua a cargo do titular do serviço e, quando existente, do regulador local ou regional, com a definição de estrutura tarifária, nível de prestação dos serviços, mecanismos de manutenção do equilíbrio econômico-financeiro, regras de amortização dos bens reversíveis, condições de disputa e todos os demais elementos relevantes para a precificação pelo agente econômico. O que muda é a presença da ANA que editará balizas sobre diversos aspectos econômico, jurídico e técnico para a prestação dos serviços de saneamento básico, as quais poderão ser adotadas por aqueles titulares dos serviços que desejarem. A atuação da ANA em saneamento básico é aposta para o atingimento dos objetivos do novo marco do saneamento básico.

O principal objetivo do novo marco de saneamento é a universalização dos serviços até 2033. Eventual análise da avaliação da qualidade regulatória, sobretudo quando feita a partir de uma perspectiva econômica, deve considerar a universalização dos serviços como um dos principais (senão, o principal) fator de análise. A universalização atende, a um só tempo, a eficiência (redução de custo de transação entre agentes envolvidos) e equidade (extensão do serviço de qualidade a toda a população).

4. CONCLUSÕES: AVALIAÇÃO DA QUALIDADE REGULATÓRIA SOB A PERSPECTIVA ECONÔMICA

Voltamos ao início da nossa discussão: a regulação pode ser explicada pelo interesse em se garantir a maximização de bem-estar na sociedade. Então, se isso for verdade, ou se é almejado que isso seja verdade, é preciso avaliar o bem-estar efetivamente alcançado e derivado pelas políticas regulatórias.

A maneira econômica de se medir a adequação ou não de medidas, sobretudo públicas, é pela mensuração dos benefícios alcançados pelas políticas, e compará-las com os benefícios incorridos, a conhecida análise de benefícios e custos. Mais recentemente, outras metodologias também têm sido desenvolvidas para avaliar a qualidade regulatória, tais como a análise de impacto regulatório, a análise de impacto legislativo, as políticas baseadas em evidências e afins. Aos políticos e reguladores é mister conhecer bem essas metodologias e aplicá-las o mais frequentemente possível, pois é imprescindível medir objetivamente os resultados das intervenções regulatórias de maneira empírica e objetiva.

Compreender bem os impactos da política regulatória permite identificar ganhadores e perdedores, o grau de seus ganhos e suas perdas, e se efetivamente a intervenção escolhida é defensável ou não. Lembrando que muitas vezes, a não intervenção pode ser a melhor medida pública possível, dado que o objetivo nem sempre é de substituir uma situação de falha de mercado com uma ação regulatória estatal: os teóricos da economia política lembram que algumas vezes a "falha do governo" pode ser maior que a falha de mercado que se quer corrigir. Também não é garantido que sempre a intervenção regulatória aumentará a eficiência, se comparada a uma situação de não intervenção.

Terminamos este capítulo com mais uma passagem de ensina- mentos de Viscusi et al (2018):

> [No estudo da regulação], nosso objetivo é maximizar os benefícios líquidos dessas regulações para a sociedade. Tal preocupação requer que acessemos tanto os benefícios quanto os custos dessas políticas regulatórias e tentemos maximizar sua diferença. Se todos os grupos na sociedade são tratados simetricamente, então esse cálculo de benefício-custo representa uma maximização direta da eficiência econômica. Alternativamente, poderemos escolher ponderar diferentemente os benefícios das pessoas em desvantagem [social] ou fazer outros tipos de distinções, em tal caso devemos incorporar preocupações mais amplas que somente a eficiência (p.10, tradução livre).

REFERÊNCIAS

AZEVEDO, Paulo F. Materiais da disciplina "Regulação e Defesa de Concorrência" do programa de Mestrado Profissional em Economia do Insper. 2020. *Não publicado.*

DJANKOV, Simeon; LA PORTA, Rafael; LOPEZ-DE-SILANES, Florencio and SHLEIFER, Andrew. The regulation of entry. *The Quarterly Journal of economics, 117*(1), 1-37. 2002.

FARINA, Elizabeth M. M. Q.; AZEVEDO, Paulo F. de; PICCHETTI, Paulo (1997). A reestruturação dos setores de infraestrutura e a definição dos marcos regulatórios: princípios gerais, características e problemas. In: REZENDE, Fernando e PAULA, Tomás B. (Org.). *Infraestrutura*: perspectiva de reorganização: regulação. Brasília: IPEA.

FARRELL, Joseph and KATZ, Michael L. The Economics of Welfare Standards in Antitrust". UC Berkeley: Competition Policy Center. 2006. Retrieved from: https://escholarship.org/uc/item/1tw2d426. Acesso em: 20 jan. 2021.

GIAMBIAGI, Fabio; ALÉM, Ana C. e Garson, Sol. *Finanças Públicas.* Elsevier Brasil. 2016.

LEVY, Brian; SPILLER, Pablo T. The institutional foundations of regulatory commitment: a comparative analysis of telecommunications regulation. *The Journal of Law, Economics, and Organization*, v. 10, n. 2, p. 201-246. 1994.

OLSON, Mancur. *Logic of collective action*: Public goods and the theory of groups (Harvard economic studies. Harvard University Press. 1965. v. 124

PITTMAN, Russell. Consumer surplus as the appropriate standard for antitrust enforcement. *EAG Discussion Paper.* 2007. Disponível em: https://www.econstor.eu/handle/10419/202359. Acesso em: 29 maio 2021).

STIGLER, George. The economic theory of regulation. *Bell Journal of Economics*, v. 2, n. 1, p. 3-21. 1971.

TRATA BRASIL. Perdas de Água 2020 (SNIS 2018): desafios para disponibilidade hídrica e avanço da eficiência do saneamento básico. 2020. Disponível em: http://tratabrasil.org.br/images/estudos/Relat%C3%B3rio_ Final_-_Estudo_de_Perdas_2020_-_JUNHO_2020.pdf. Acesso em: 03 jun. 2021.

TRATA BRASIL. Panorama da participação privada no saneamento. Disponível em: http://www.tratabrasil.org.br/uploads/Estudo-PANORAMA-SETOR-PRIVADO-NO-SANEAMENTO-2019.pdf. 2019. Acesso em: 03 jun. 2021.

VISCUSI, W. Kip; HARRINGTON JR, Joseph E.; SAPPINGTON, David E.M. *Economics of regulation and antitrust*. Cambridge, MA: MIT Press. 2018.

WORLD HEALTH ORGANIZATION. *Preventing diarrhoea through better water, sanitation and hygiene: exposures and impacts in low-and middle-income countries*. World Health Organization. 2014. Disponível em: https://www.who.int/water_sanitation_health/diseases-risks/gbd_poor_water/en/. Acesso em: 03 jun. 2021).

A ORDEM ECONÔMICA
E A REGULAÇÃO DO MERCADO

Luciano Benetti Timm

Doutor e Mestre em Direito pela UFRGS. Pesquisador de Pós-Doutorado na Universidade de Berkeley, Califórnia. Ex-Presidente da Associação Brasileira de Direito e Economia. Professor de Direito e Economia da FGVSP e da UNISINOS. Ex-Secretário Nacional do Consumidor (Senacon).

Maria Carolina França

Especialista em Direito Internacional (LL.M.) pela University College London. Graduada em Direito pela Escola de Direito de Brasília. Graduada em Economia pela Universidade de Brasília. Sócia do CMT Advogados.

Patrícia Medeiros

Mestranda em Direito, Justiça e Impactos na Economia pelo CEDES. Pós-Graduada em Análise Econômica do Direito pela FDUL. LL.M pela FGV. Pós-graduação em Ética Empresarial pela USP. Advogada. Executiva na SRB.

Sumário: Introdução – 1. Ordem econômica e livre-iniciativa – 2. Regulação econômica na LLE: autorregulação, corregulação e regulação estatal; 2.1 Regulação; 2.2 Autorregulação; 2.3 Corregulação – 3. Análise de impacto regulatório e abuso do poder regulatório – 4. Incidência da LLE em outros campos do direito: o caso do "tripe regulatório" da concorrência, consumidor e dados; 4.1 Concorrência; 4.2 Consumidor; 4.3 Tratamento de dados e livre-iniciativa – 5. Conclusão – Referências.

INTRODUÇÃO

O objetivo deste artigo é tecer considerações acerca da livre-iniciativa e seu caráter de direito fundamental no ordenamento jurídico brasileiro, bem como abordar os diferentes mecanismos de regulação do mercado e os seus desdobramentos (ordem econômica). A Lei de Liberdade Econômica (Lei 13.874/2019 – LLE) representa a primeira tentativa recente de se promover a livre-iniciativa, por meio de uma declaração de direitos fundamentais de cunho econômico;[1] sabidamente, são as liberdades econômicas que garantem a inovação, a qual,

---

1. A bem da verdade, do ponto de vista histórico, pode-se atribuir ao primeiro governo republicano, durante a gestão de Ruy Barbosa, as primeiras iniciativas de promoção de liberdade econômica relacionadas à constituição de garantias e abertura de empresas sem autorização estatal CALDEIRA, Jorge. *História da Riqueza do Brasil*. São Paulo: Mameluco edições, 2017.

por sua vez, está relacionada ao desenvolvimento econômico.[2] Entre outras coisas, a LLE estabelece limites à regulação estatal por meio da adoção de Análise de Impacto Regulatório (AIR) e do controle do abuso regulatório, de forma a afastar falhas de governo.[3] A interferência do Estado na economia – Regulação Econômica –, justifica-se quando permite que os agentes de mercado usufruam do princípio da liberdade econômica de forma plena quando corrige falhas de mercado. No entanto, dado que a regulação econômica é capaz de gerar diversos incentivos e desincentivos aos agentes públicos e privados de captura e *rent seeking* (dentre outras falhas de governo), deve-se avaliar os seus impactos e conter os seus abusos para que eventuais limitações de atuação no mercado, na realidade, não aumentem os custos de transação, a concentração econômica, criem barreiras à entrada e, portanto, prejudiquem a livre-iniciativa. Trata-se de uma lei que trouxe repercussão a outras leis que tratam da ordem econômica, a saber aquelas que compõe o chamado "tripé regulatório" da economia digital: consumidor, concorrência e dados. Todos esses pontos serão abordados nesse artigo.

1. ORDEM ECONÔMICA E LIVRE-INICIATIVA

Inicialmente, evidencia-se que a livre-iniciativa é um direito fundamental porque está umbilicalmente ligado ao direito de liberdade em sentido lato (e mais especificamente às liberdades econômicas).

Ele representa o valor e o princípio preponderantes na ordem constitucional, pois representa a essência de uma economia de mercado, cuja eficácia é por ele garantido. Exemplificando: se a liberdade política garante o direito de votar e de ser votado, a liberdade econômica garante a entrada e saída do espaço público do mercado.

A livre-iniciativa assegura aos agentes econômicos, *a priori*, liberdade de atuação no mercado, podendo comprar e vender bens e serviços sem interferências do Poder Público. Mas, afinal, o que significa mercado? E, mais, qual é a sua vinculação com a ordem econômica constitucionalmente garantida?

Nas palavras de Coase, o mercado "é a instituição que existe para facilitar a troca de bens e serviços, isto é, existe para que se reduzam os custos de se efetivarem

---

2. ACEMOGLU, D; ROBINSON, JA. *Por que nações fracassam*: as origens do poder, da prosperidade e da pobreza. Rio de Janeiro: Elsevier, 2012; NÓBREGA, Maílson Ferreira da. *O Futuro Chegou*: instituições e desenvolvimento no Brasil. São Paulo: Globo, 2005.

3. BALDWIN, Robert; CAVE, Martin; LODGE, Martin. *Understanding regulation*: theory strategy and practice. 2. ed. Oxford: Oxford University, 2011.

operações de trocas"[4] Em realidade, ao servir como espaço público de trocas, ele garante um referencial de comportamento para os agentes econômicos (aqueles que participam do jogo de forças da oferta e da procura), cujo resultado é uma situação de equilíbrio (positivo ou negativo). Se, enquanto fato, o mercado não existisse, como explicar que, em seguida a uma super safra de soja (e portanto de uma grande oferta no mercado), o seu preço tenda a baixar?

Percebe-se, portanto, que o mercado não está separado da sociedade; ao contrário, é parte dela integrante. Nesse sentido, como qualquer fato social, ele pode ser regulado por normas jurídicas (com maior ou menor eficácia social e econômica).

Assim, não se pode dizer que mercado seja algo artificialmente garantido pelo ordenamento legal como querem alguns, que atacam a característica espontânea das forças do mercado. O que se pode afirmar é quanto mais desenvolvidas as instituições, mais propício é o ambiente para seu natural desenvolvimento.[5]

Portanto, é essencial que seja compreendido que ordem econômica não é oposta ao conceito de ordem social. Ao contrário, os conceitos se complementam, posto que há economia de mercado em pleno exercício. O mercado e a sociedade são fenômenos práticos que se interrelacionam a todo momento. A sociedade perece sem o mercado e o mercado está fadado ao fim sem a sociedade.

Em consonância ao conceito e à concretização do mercado no ambiente social, liberdade econômica, ou livre-iniciativa, significa a liberdade de atuar e de participar do mercado – produzindo, vendendo ou adquirindo bens e serviços ou mesmo alienando sua força de trabalho. Dito de outro modo, é um princípio que estabelece, *a priori*, uma liberdade econômica, que antecede a sua regulação pelo Estado. Assim, a liberdade econômica é inerente a um sistema capitalista. Isso porque, se a economia é planificada e se o Estado detém os meios de produção, fixando preços no mercado, não há espaço para este princípio. Por isso, é que ela representa a essência do capitalismo e é a condição de realização material de outros princípios previstos no artigo 170 da Constituição Federal.

---

4. Cf. COASE, Ronald. *The firm, the market and the law*. Chicago, University of Chicago Press, 1988, p. 07.

5. Nesse sentido, ver NORTH, Douglas. *Institutions, Institutional Change and Economic Performance*. Cambrigde, Cambridge University Press, 1990. Ver ainda WILLIAMSON, Oliver. Por que Direito, Economia e Organizações?. In: ZYLBERSTAJN e SZTAJN (Org.). *Direito e Economia*. São Paulo: Campus, 2005, p. 16 e ss. WILLIAMSON, Oliver. *The economic institutions of Capitalism*. Nova Iorque, Free Press, 1985, p. 15 e ss. Mais radical ainda é a posição de GRANOVETTER, Mark. Economic action and social structure: the problem of social embeddedness. *American Journal of Sociology*. v. 91, n. 03, p. 481. 1985. Interessante, mas não no mesmo sentido, a abordagem de MALLOY, Robin Paul. "Law in a Market Context". Cambridge, Cambridge University Press, 2004.

Por ser uma extensão da liberdade humana, a livre-iniciativa é um direito fundamental. Em realidade, em uma economia de mercado, não há como existir dignidade humana sem liberdade econômica. Se num regime democrático, a liberdade se manifesta na participação do cidadão pelo voto, no sistema capitalista é o seu acesso ao mercado que lhe garantirá dignidade e outros direitos fundamentais, como, por exemplo, o trabalho e a sua liberdade de escolha. Demonstra-se que a liberdade econômica é uma expressão da liberdade individual, garantindo a eficácia do funcionamento do mercado, para onde confluem iniciativas de desenvolvimento econômico-financeiro do indivíduo e, consequentemente, da sociedade.

É nesse caráter de direito fundamental que o constituinte fez constar do texto da Constituição Federal a livre-iniciativa. Em realidade, o direito fundamental à livre-iniciativa é tão importante na ordem jurídica brasileira que foi escrita em três momentos da Constituição de 1988. Veja-se o teor dos arts. 1º, inciso IV e 5º, inciso XIII, em conjunto com o parágrafo único do art. 170, *in verbis*:

Art. 1º A República Federativa do Brasil, formada pela união indissolúvel dos Estados e Municípios e do Distrito Federal, constitui-se em Estado Democrático de Direito e tem como fundamentos:

(...)

IV – Os valores sociais do trabalho e da livre-iniciativa

(...)

Art. 5º.

XIII – É livre o exercício de qualquer trabalho, ofício ou profissão, atendidas as qualificações profissionais que a lei estabelecer.

(...)

Art. 170. A ordem econômica, fundada na valorização do trabalho humano e na livre-iniciativa, tem por fim assegurar a todos existência digna, conforme os ditames da justiça social, observados os seguintes princípios: (...)

Parágrafo único. É assegurado a todos o livre exercício de qualquer atividade econômica, independentemente de autorização dos órgãos públicos, salvo nos casos previstos em lei.

Percebe-se, pois, que a livre-iniciativa, assim descrita, é um direito fundamental contra o Estado, um verdadeiro direito de abstenção contra o Poder Público. Como qualquer direito ou mesmo princípio, a livre-iniciativa não é um princípio absoluto e encontra limitações em outros direitos e princípios – por exemplo, o interesse público em áreas estratégicas como saúde coletiva, meio ambiente etc. No Brasil, não há tradição de enaltecimento desse direito fundamental entre os juristas e, muito menos, em regulamentação infraconstitucional. Por tudo isso, deve-se reconhecer o acerto da LLE que deve ser muito bem-vinda pela comunidade jurídica e empresarial.

Evidentemente, ela não resolverá todos os problemas de nosso mercado, mas ela sinaliza o vetor correto, invertendo décadas de silêncio (não) eloquente sobre regulação econômica e gera impactos relevantes ao reconhecer falhas de governo e, não apenas, falhas de mercado, como se verá abaixo.

2. REGULAÇÃO ECONÔMICA NA LLE: AUTORREGULAÇÃO, CORREGULAÇÃO E REGULAÇÃO ESTATAL

A regulação econômica, como tema intrinsecamente vinculado ao posicionamento de interferência – ou não interferência – do Estado na economia é um dos principais fatores de incentivo ou de desincentivo empresarial. A LLE disciplina a regulação econômica no Brasil, juntamente com a Lei das Agências, estabelecendo parâmetros e limites para essa atividade do Estado. Vejamos, em termos regulatórios, o que está por detrás da normatividade da LLE como pressuposto à sua compreensão.

Em teoria, diversas técnicas regulatórias podem ser adotadas pelo legislador, destacando-se as mais recentes de autorregulação e de corregulação, além da conhecida regulação estatal; todas elas são admitidas e disciplinadas na LLE. Entre outros dispositivos legais, o artigo 2º, inciso III da Lei de Liberdade Econômica aponta como um dos seus princípios norteadores, "a intervenção subsidiária e excepcional do Estado sobre o exercício de atividades econômicas", conforme tratado a seguir.

2.1 Regulação

A regulação econômica configura uma forma de regramento externo à atividade econômica das empresas, caracterizando uma intervenção nas relações estabelecidas por contratos em ambientes de mercado. Tradicionalmente, a regulação foi atividade típica do Estado e, as agências reguladoras, o seu exemplo mais evidente. De acordo com Márcio Iorio Aranha:

> A regulação, em síntese, é a presença de regras e atuação administrativa (law and government) de caráter conjuntural apoiadas sobre o pressuposto de diuturna reconfiguração das normas de conduta e dos atos administrativos pertinentes para a finalidade de redirecionamento constante do comportamento das atividades submetidas a escrutínio (...).[6]

A teoria da regulação baseada no "interesse público", em geral, entende que os mercados falham e que os governos seriam capazes de corrigir essas falhas por

---

6. ARANHA, Marcio Iorio. *Manual de Direito Regulatório*: Fundamentos de Direito Regulatório. 5. ed. Londres: Laccademia Publishing, 2019, p. 243.

meio da regulação.[7] Dessa forma, a regulação ocorre diante das falhas de mercado, sendo o abuso de poder de mercado e assimetria informacional as situações mais corriqueiras e discutidas sobre o tema.

No âmbito regulatório, é primordial partir da premissa de que o Estado deverá regular as disfuncionalidades do mercado. Exemplificando: a regulação será o maestro a ser colocado em mercados em que competidores – ou a ausência deles – extrapolem suas liberdades econômicas e prejudiquem a liberdade de escolha dos consumidores.

Isso porque, para que a orquestra possa seguir o soneto adequado e os ouvintes possam se deleitar com a melodia, o maestro adequa os instrumentos para que, em conjunto, se complementem. Comparado à orquestra, a regulação é a possibilidade de o Estado trazer diretrizes para que os *players* do mercado, naquele setor, possam usufruir do princípio da liberdade econômica de forma plena.

Contudo, como um instrumento de normatização e, essencialmente, de limitação poderá fomentar a concorrência? Aí está o grande dilema da regulação.

Em sua essência, a regulação se identifica como limitação ao exercício da concorrência no aspecto que Friedman abordava.[8] Mas, para o incentivo a novos *players* e a mitigação dos riscos de monopolização ou cartelização de mercados, a regulação se identifica como a garantidora do direito à liberdade econômica somente quando o mercado exija tal posicionamento estatal em decorrência da presenças de falhas que não permitam aos agentes econômicos competirem livremente e aumentarem o bem estar dos consumidores.

Se por um lado, a regulação indica limitações, por outro, deverá trazer incentivos à concorrência. Isto é, a regulação deverá ser estruturada e pensada de acordo com as peculiaridades econômicas e de produto de cada mercado. Isso implica dizer que, para a adequada abordagem das normas regulatórias, os aspectos econômicos deverão ser as peças principais a serem analisadas. É evidente que o desafio regulatório é enorme e, por isso, novos modelos foram trazidos e elencados acima, refletindo as opções regulatórias possíveis.

Após a década de 1990 e a efetivação de privatizações de empresas estatais, a regulação clássica teve o seu desenvolvimento experimentado no Brasil. Os principais setores em que ela está presente são aqueles envolvidos com a infraestrutura, como transportes intermunicipal e interestadual, saneamento básico, energia elétrica, dentre outros. Além disso, o desafio da regulação ultrapassa a barreira de estrutura de mercado e avança para a necessidade de acompa-

---

7. SHLEIFER, Andrei. 2005. Understanding Regulation. *European Financial Management* 11 (4): 439-451.
8. FRIEDMAN, Milton. *Livre para Escolher*: um depoimento pessoal. Uma reflexão sobre a relação entre liberdade e economia. São Paulo: Editora Record, 2015.

nhamento da nova realidade com a interferência direta de novas tecnologias e plataformas digitais.

A regulação estatal também tem falhas, denominada falhas de governo, sendo a captura a sua forma mais conhecida.[9] Esse reconhecimento aparece subjacentemente na LLE. Diante da ineficiência da regulação estatal, foram criadas novas formas de regulação, dentre elas a corregulação ou regulação regulada (ou supervisionada) e autorregulação são as espécies mais conhecidas, como se verá a seguir. Nesses casos, "o particular é um ator do ambiente regulador, partilhando com o Estado a responsabilidade pelo alcance do interesse público. O cidadão do Estado Regulador é uma engrenagem essencial e uma força motriz necessária à implementação do interesse público, mediante coparticipação na prestação de atividades socialmente relevantes".[10]

2.2   Autorregulação

A autorregulação é a regulação feita por um grupo de atores ou de agentes econômicos para controlar o comportamento de seus membros em ambientes de mercado. Esses atores podem ser, por exemplo, órgãos profissionais, associações comerciais, grupos de interesse público, parceiros de negócios, consumidores ou mesmo corporações.

Para o aprofundamento no tema, partimos ensinamentos fundamentalmente de Robert Bladwin, Martin Cave and Martin Lodge, em *Understanding Regulation: Theory, Strategy, and Practice*, destacamos aqui algumas características da autorregulação.[11]

Há três importantes variáveis para a autorregulação: (i) natureza estritamente privada ou então mista com interesses governamentais (por exemplo, em resposta a uma política pública que delega atribuições a entidades privadas), (ii) o papel exercido pelos autorreguladores, e (iii) a força vinculante das regras autorreguladoras.

Quanto à sua natureza, a autorregulação pode ser puramente privada quando, por exemplo, uma associação almeja alcançar objetivos privados de seus membros.[12] Ou seja, os autores são os próprios destinatários da regulação.

---

9. STIGLER, George J. The Theory of Economic Regulation. *The Bell Journal of Economics and Management Science*, v. 2, n. 1, p. 3-21. 1971.

10. ARANHA, Marcio Iorio. *Manual de Direito Regulatório*: Fundamentos de Direito Regulatório. 5. ed. Londres: Laccademia Publishing, 2019, p. 31.

11. BALDWIN, Robert; CAVE, Martin and LODGE, Martin. *Understanding Regulation*: Theory, Strategy, and Practice. 2. ed. Oxford, 2011, p. 45-57.

12. Ibidem.

Além disso, a autorregulação pode decorrer de uma imposição governamental, quando, por exemplo, o governo estabelece regras para o processo de autorregulação, fiscalização de agências governamentais, procedimentos para o *enforcement* público de regras de autorregulação, ou mecanismos de participação ou *accountability*.[13] Nesse caso, a ausência autorregulação pode levar à atuação repressiva do governo ou mesmo à regulação estatal nos moldes originais.

No Brasil, algumas agências reguladoras se valem desse procedimento, havendo experiências já promovidas pelo BACEN,[14] pela Anatel[15] e pela própria Senacon.[16]

No que se refere ao papel exercido pelos autorreguladores, destaca-se a elaboração de regras de autorregulação, a sua aplicação e o monitoramento de todo o processo. No Brasil, o exemplo mais antigo e conhecido de autorregulação é o CONAR.[17]

Quando se tratar de uma autorregulação criada pelo governo, poderá uma agência pública aplicá-la e monitorá-la – ainda que alguns preferiram denominar esse processo de autorregulação regulada.[18]

Finalmente, no que tange à força vinculante das regras autorreguladoras, destaca-se que a autorregulação pode tanto operar de uma maneira informal, não vinculante e voluntária, quanto envolver regras vinculantes, passíveis de aplicação pelo poder judiciário,[19] quando recebidas pela legislação (por exemplo, o artigo 113 do Código Civil recepciona os usos e costumes comerciais e frequentemente o Poder Judiciário aplica as regras dos INCOTERMS da Câmara de Comércio

---

13. Ibidem.

14. Autorregulação da Portabilidade de Operações de Crédito Realizadas por Pessoas Naturais "permite ao consumidor a possibilidade de transferir sua operação de crédito para uma outra instituição que venha a ofertar uma condição mais atrativa, reduzindo o custo de sua dívida". Disponível em: http://portal.autorregulacaobancaria.com.br/pagina/52/34/pt-br/apresentacao-portabilidade-credito.

15. Sistema de Autorregulação das Telecomunicações (START) é uma "iniciativa das principais prestadoras com o objetivo de apresentar códigos de conduta para a melhoria das relações de consumo". Disponível em: https://www.gov.br/anatel/pt-br/assuntos/noticias/anatel-ouvira-sociedade-na-revi- sao-do-regulamento-de-direitos-do-consumidor-de-telecomunicacoes.

16. Sistema de Autorregulação de Operações de Empréstimo Pessoal e Cartão de Crédito com Pagamento Mediante Consignação (Autorregulação do Crédito Consignado) é uma iniciativa que possui adesão voluntária dos bancos e "é acompanhada de compromissos voltados ao aperfeiçoamento da oferta do produto". Disponível em: https://www.justica.gov.br/news/collectivenitf-content-1569348749.39.

17. Conselho Nacional de Autorregulação Publicitária (CONAR) é uma organização não governamental, constituída por publicitários e outros profissionais, criado a partir de ameaças à censura prévia à propaganda, nos anos 70, optou pela autorregulamentação, sintetizada no Código Brasileiro de Autorregulamentação Publicitária, "que teria a função de zelar pela liberdade de expressão comercial e defender os interesses das partes envolvidas no mercado publicitário". Disponível em: http://www.conar.org.br/.

18. BALDWIN, Robert, Cave, Martin and Lodge, Martin. *Understanding Regulation*: Theory, Strategy, and Practice. 2. ed. Oxford, 2011, p. 137-146.

19. Ibidem.

Internacional como regras do comércio internacional, ainda que rigorosamente falando se trate de *soft law*).

A expertise das entidades autorreguladoras e a eficiência – em termos de custo-benefício – dessa forma de regulação são as principais vantagens de se autorregular, posto que essas entidades "normalmente possuem mais expertise relevante e conhecimento técnico que o regulador independente",[20] e conhecem o que será considerado razoável em termos de obrigações regulatórias pelas partes reguladas.

O conhecimento específico e intrínseco ao setor de mercado permite que autorreguladores façam demandas aceitáveis aos agentes econômicos afetados, o que produz maiores níveis de *compliance* voluntário, em comparação às regras regulatórias externas à entidade.

De acordo com a Organização para a Cooperação e Desenvolvimento Econômico (OCDE), na autorregulação, empresas e/ou grupos de profissionais do mesmo setor, de forma voluntária, elegem boas práticas de mercado, a partir de regras e princípios vivenciados e praticados de forma uníssona e integrada.[21]

Ademais, a autorregulação tem o potencial de produzir controles eficientes. Com efeito, autorreguladores tem menor assimetria informal em relação ao mercado, possuindo, em decorrência disso, baixos custos em adquirir a informação necessária para formular e estabelecer parâmetros, diante do contato constante e de fácil acesso com seus membros. Portanto, eles têm baixos custos de monitoramento e *enforcement* e podem gerar mudanças sem causar grandes impactos negativos.[22]

Por outro lado, as desvantagens quanto à autorregulação referem-se a: (i) *mandates,* (ii) *accountability*, e (iii) *fairness of procedure*. No que se tange à primeira desvantagem, cumpre ressaltar que, além das dificuldades de se determinar o conteúdo da autorregulação e os seus objetivos, geralmente, são estabelecidos por instituições sem legitimidade democrática para tanto, por exemplo, membros de associações privadas. Isso se torna ainda mais problemático quando a autorregulação afeta partes alheias à entidade ou questiona-se sobre o interesse público supostamente tutelado pela autorregulação.

Já a segunda desvantagem, *accountability,* refere-se à ausência de consenso sobre a responsabilidade dos órgãos de autorregulação perante o poder judiciário, por exemplo. A desvantagem *fairness of procedure*, por sua vez, faz referência

---

20. Ibidem, tradução livre.
21. Organização para a Cooperação e Desenvolvimento Econômico – OCDE. In- dustry Self-Regulation: role and use in supporting consumer interests. Relatório DSTI/CP(2014)4/ FINAL. 23 mar. 2015, p. 5. Disponível em: https://www.oecd.org/officialdocuments/publicdisplaydo-cumentpdf/?cote=DSTI/CP(2014)4/FINAL&docLanguage=En. Acesso em: 26 out. 2021.
22. Ibidem.

à injustiça daqueles que não são membros da entidade autorreguladora serem afetados por decisões regulatórias em que possuíram pouco ou nenhum acesso.[23]

Já há no Brasil Projetos de Lei sobre a autorregulação, tentando endereçar essas alegadas desvantagens,[24]-[25] mas, aparentemente, a despeito do propósito meritório, é muito cedo para uma intervenção legislativa nesse processo que está recém começando no Brasil.

Diante das vantagens e desvantagens apresentadas, deve-se sopesá-las para averiguar se as vantagens são superiores às desvantagens, ou seja, se expertise e eficiência são superiores às preocupações (*mandates, accountability, and fariness of procedures*). Contudo, imaginamos que a área de tecnologia e de dados é particularmente propícia para tanto, frente ao maior conhecimento das próprias empresas dos limites de sua atuação, o que exatamente elas fazem e pela própria estruturação recente da ANPD.

Certamente, a autorregulação é, tecnicamente, superior à ausência de regulação quando há grandes players no mercado, como no caso das *big techs*. Assim, conclui-se que a autorregulação é uma excelente ferramenta e, quando combinada com a tradicional regulação, poderá gerar maior concorrência e, consequentemente, aumento do bem-estar aos consumidores, tratando de uma prática regulatória reconhecida pela LLE e até pressuposta pela LLE.

2.3 Corregulação

Em mais uma das opções de técnica regulatória, há a corregulação, em que há repartição de deveres entre o setor privado e o setor público. Isto é, as empresas, com o objetivo de evitar uma regulação tradicional e unilateral por parte do Estado, concordam limitar suas práticas de mercado para que, em conjunto, definam boas práticas próprias. Mas qual é a distinção entre tal perspectiva e da autorregulação?

Na corregulação, o Estado autoriza, expressamente, a criação de normas próprias por parte do setor produtivo, além de exigir que as boas práticas de mercado sejam monitoradas e exigidas por parte das empresas, criando uma

---

23. Ibidem.
24. Projeto de Lei 6212, de 2019 que altera a Lei 13.709, de 14 de agosto de 2018 (Lei Geral de Proteção de Dados), para dispor sobre a corregulação. De acordo com o PL de autoria do Senador Antonio Anastasia, "a corregulação pode suplantar os problemas e insuficiências da autorregulação pura, tais como o déficit de legitimidade democrática, a baixa coibição de externalidades negativas e, especialmente, a baixa coercitividade". Disponível em: https://legis.senado.leg.br/sdleg-getter/do-cumento?dm=8049526&ts=1576151977899&disposition=inline.
25. Projeto de Lei 2630, de 2020 (Lei das Fake News), de iniciativa do Senador Alessandro Vieira, dispõe, em seu art. 30, sobre a autorregulação regulada.

fiscalização informal entre os *players* envolvidos ou eventualmente até formal por meio do regulador.

Assim, ao Estado caberá acompanhar e fiscalizar os movimentos do mercado, atuando em momentos de abuso.[26]

Em iniciativa recente, exemplificativamente, a Secretaria Nacional do Consumidor (SENACON) adotou o Guia de Corregulação ao Mercado de Crédito Consignado, utilizando-se de tal abordagem.[27] Indiscutivelmente, a autorregulação e a corregulação oferecem técnicas regulatórias vantajosas ao mercado e, principalmente, aos consumidores. Isso porque proporciona maior adaptabilidade, menores custos administrativos e de *enforcement*, e, principalmente, fomentam mecanismos de resolução de conflitos de forma prática e rápida com o usuário.

3. ANÁLISE DE IMPACTO REGULATÓRIO E ABUSO DO PODER REGULATÓRIO

No plano específico da regulação econômica e da intervenção do estado na economia, a LLE estabelece limites tanto pela adoção de Análise de Impacto Regulatório (AIR) como pelo controle do abuso regulatório pelo FIARC/SEAE do Ministério da Economia. E, assim o fazendo, também estabelece alguns deveres positivos ao Estado (inclusive o Ministério Público e o Judiciário) para defesa da livre-iniciativa.

A observação que deu ensejo a essa mudança legislativa presente na LLE é a de que o Estado também pode ser agente produtor de falhas de mercado, principalmente em sua atuação como regulador da economia – quando são identificadas as chamadas "falhas de governo". Tal mudança legislativa pretende, de forma consequencialista, estabelecer parâmetros objetivos e criteriosos ao regulador, na medida em que este se vê obrigado a fundamentar e legitimar suas decisões com base em estudos pragmáticos e empíricos das consequências da regulação que se pretende realizar.

Outro ponto importante da LLE é se prestar a revisar os excessos de estoque regulatório – isto é, de leis, decretos e demais atos normativos que tragam regras de mercado – que atrapalham a concorrência e o exercício da livre-iniciativa.

Em decorrência da LLE, o Ministério da Economia deu um grande passo a partir da Instrução Normativa 97 SEAE, de 02 de outubro de 2020, cujo teor representa um marco importante para o Direito da Liberdade Econômica.

---

26. ORGANIZAÇÃO PARA A COOPERAÇÃO E DESENVOLVIMENTO ECONÔMICO [OCDE]. Alternatives to Traditional Regulation. OECD Report. 2006, p. 6. Disponível em: https://www.oecd.org/ gov/regulatory-policy/42245468.pdf. Acesso em: 25 out. 2021.

27. Disponível em: https://www.defesadoconsumidor.gov.br/images/2020/Guia---Corregulao-Crdito--Consignado-compactado---final_compressed-1.pdf.

A IN é responsável por criar o programa Frente Intensiva de Avaliação Regulatória e Concorrencial (FIARC). Ela não define o que seja o abuso regulatório, mas, de acordo com posicionamentos exarados por representantes da pasta, abuso de poder regulatório conceitua-se da seguinte maneira: custos da regulação superiores aos benefícios aos *players* de mercado envolvidos no setor.[28]

No mesmo sentido, Mariana Oliveira de Melo Cavalcanti ressalta que, apesar de se tratar de um conceito jurídico indeterminado, o abuso regulatório está relacionado a atos que promovam distorções à concorrência e à liberdade do mercado, acentuando o risco de captura das agências e aumentando os custos de transação.[29]

Em seu artigo 1º, a IN SEAE 97 expõe o rol de competências da Secretaria de Advocacia da Concorrência e Competitividade, como, por exemplo: a revisão de leis, regulamentos e outros atos normativos da administração federal, estadual e municipal (inciso I), acompanhamento de funcionamento dos mercados (inciso II), proposição de medidas para melhoria regulatória e do ambiente de negócios (inciso III), análise de impacto regulatório de políticas públicas (inciso IV), dentre outras.

Já no Capítulo II e seguintes da IN SEAE 97, são abordados importantes conceitos extraídos da Lei de Liberdade Econômica (art. 4º), como, por exemplo, o abuso regulatório e concorrencial, as reservas de mercado (art. 4º, inciso I), os enunciados anticoncorrenciais (art. 4º, inciso II), a especificação técnica não necessária ao fim almejado (art. 4º, inciso III), dentre outros.

Assim, o FIARC funciona como um canal de entrada para que agentes regulados, nos mais diversos setores econômicos, possam apresentar requerimentos à SEAE a respeito de normas regulatórias específicas que entendam serem prejudiciais à concorrência. Esses requerimentos então passam por uma análise preliminar de admissibilidade, para então serem abertos a uma discussão mais ampla e transparente com os interessados, inclusive por meio de audiências públicas. Ao final, é produzido um parecer pela SEAE que, nos casos em que a análise concluir pela existência de impacto negativo sério à concorrência, com desrespeito a preceitos legais, informará a Advocacia Geral da União (AGU) para avaliar a pertinência de alguma medida contra a ilegalidade verificada.

---

28. Evento promovido pela Fundação Getúlio Vargas (FGV), que contou com a participação de Andrey Freitas. Disponível em: https://www.youtube.com/watch?v=BOhjNrjxDQE.

29. CAVALCANTI, Mariana Oliveira de Melo. In: DOMINGUES, Juliana Oliveira; SANTACRUZ, A; GABAN, E. M. (Coord.). *Declaração de Direitos de Liberdade Econômica* – Comentários À Lei 13.874/2019. Salvador: JusPodivm, 2020. p 266.

Segundo comunicado do Ministério da Economia,[30] a SEAE aprovou três novas denúncias de possíveis abusos regulatórios na última reunião da FIARC, ocorrido no último dia 12 de maio. O Instituto Brasileiro de Petróleo (IBP), questiona a Portaria CMEN 279/97, por entender que o estabelecimento de uma cota anual para importação de hidróxido de lítio restringe, de forma injustificada, as importações desse insumo para produção de graxas lubrificantes, gerando barreiras de entrada para novos ofertantes e, como consequência, criando reserva de mercado.

Outro requerimento também aprovado foi o da empresa Contabilizei Contabilidade LTDA, que denunciou dispositivos da Norma Brasileira de Contabilidade (NBC PG 01/2019) relacionados ao uso de publicidade. Por último, a Associação de Usuários dos Portos da Bahia (Usuport) apresentou requerimento para apurar uma possível afronta da Resolução Normativa 34/2019, da Agência Nacional de Transportes Aquaviários (Antaq), à Lei de Liberdade Econômica. Nesse aspecto, a Usuport alega que a norma em questão, ao autorizar que operadores portuários cobrem de seus concorrentes no mercado de armazenagem alfandegada as Instalações Portuárias Alfandegadas – taxa de segregação de contêineres de importação destinados a outras áreas alfandegadas, gera prejuízos à concorrência e aumenta os custos de transação sem demonstrar benefícios.

É inequívoco avanço significativo na conceituação e, principalmente, na possibilidade de repressão do abuso de poder regulatório estatal. Importante ressaltar, ainda, que repressão ao abuso regulatório implica em fomento à concorrência e à liberdade econômica.

Em consequência, se observa é que o programa FIARC já está dando sinais interessantes de aceitação do mercado, e, apesar de os processos estarem em fases iniciais, o programa apresenta uma perspectiva positiva de servir como uma ferramenta valiosa contra o abuso regulatório estatal.

Há de se observar que a regulação econômica não representa um exercício meramente arbitrário do Estado a serviços da ideologia política dos governantes (ainda que legitimamente eleitos), mas, ao contrário, respeita objetivos político-jurídico constitucionais predeterminados, iluminando noções racionais de economia – denominada como economia da regulação – e os limites impostos pela Lei, em especial à Lei de Liberdade Econômica.

Nessa perspectiva, o respeito aos ditames constitucionais de promoção da livre-iniciativa, consolidam-se, na prática de mercado, como direito fundamental.

---

30. Disponível em: https://www.gov.br/economia/pt-br/assuntos/noticias/2021/maio/ministerio-da-economia-reconhece-denuncias-de-abuso-regulatorio.

4. INCIDÊNCIA DA LLE EM OUTROS CAMPOS DO DIREITO: O CASO DO "TRIPE REGULATÓRIO" DA CONCORRÊNCIA, CONSUMIDOR E DADOS

Por ser um tema que impacta relações de mercado, a Lei de Liberdade Econômica tem os seus efeitos sentidos, principalmente, nos temas de concorrêcia, de relações de consumo e, com os avanços tecnológicos, de dados e pode ser aplicada conjuntamente a outros subsistemas legais como direito do consumidor, da concorrência e de dados. Portanto, abordaremos os efeitos da LLE sobre o "tripé regulatório" da economia baseada em dados nos tópicos abaixo.

4.1 Concorrência

Conforme discutido acima, a LLE procura promover um ambiente de mercado saudável para a atuação dos agentes econômicos, a partir da livre-iniciativa. Esse objetivo abarca, entre outras coisas, a preservação da concorrência, sem que o Estado abuse de suas prerrogativas para, por exemplo, beneficiar determinado grupo econômico, em detrimento dos demais. Ao evitar o abuso do poder regulatório do Estado, a Lei de Liberdade Econômica visa a garantir a concorrência no mercado e, consequentemente, o bem-estar dos consumidores. Dessa forma, paralelamente à atuação do Conselho Administrativo de Defesa Econômica (Cade), a Secretaria de Advocacia da Concorrência e Competitividade pode se manifestar acerca de atos normativos capazes de prejudicar a concorrência, reduzindo barreiras à entrada chamadas "legais ou regulatórias".[31]

No que se refere à atuação do CADE, propriamente dita, e o seu impacto na economia, destaca-se a análise dos efeitos, efetivos ou potenciais, realizada em atos de concentração ou condutas unilaterais. Nesses casos, a Autarquia faz uma ponderação dos efeitos negativos à concorrência e positivos – eficiências – que eventuais atos de concentração e condutas unilaterais podem ocasionar sobre determinados mercados.

A análise de mercados digitais, contudo, tem apresentados alguns desafios, tendo em vista a sua dinâmica, podendo o cenário se alterar rapidamente. Em casos envolvendo mercados digitais é possível a atuação intempestiva da autoridade antitruste, podendo gerar efeitos significativos no crescimento orgânico dos *players* no mercado, ao reforçar posição dominante de *player* já existente e elevar "os níveis de concentração e barreiras à entrada".[32] Nesse sentido, o debate

---

31. "Barriers to entry that exist when na incumbent firm is legally protected against competition" (Besanko e Braeutigam 2005, p. 436), In: NETO e MACEDO. O Abuso de Poder Regulatório: uma evolução da advocacia da concorrência no Brasil. *Revista de Defesa da Concorrência*. v. 9, n. 2, 2021.
32. Nota Técnica 4/2021/CGAA1/SG1/SG/CADE (Inquérito Administrativo 08700.004588/2020-47).

quanto à intervenção do CADE nos mercados digitais se remete, essencialmente, à LLE e a discussão dos efeitos dessa intervenção em termos de falsos positivos e falsos negativos em termos probatórios que possam contribuir ou prejudicar a livre concorrência. Vale dizer, a LLE traz uma camada adicional de proteção à livre-iniciativa, devendo ser observada pelo próprio CADE.

Além disso, como ponto de atenção da intersecção entre LLE e concorrência, evidencia-se que decisões administrativas do CADE em que ocorra a conversão de um processo de rito sumário para rito ordinário de um processo administrativo de Ato de Concentração (AC) poderá indicar a intervenção – ainda que indireta – no mercado, prejudicando a livre-iniciativa de um agente econômico, o que normalmente é feito pelo CADE afastando-se quaisquer ponderações de efeitos e/ou consequências imediatas. Isso porque enquanto não aprovada eventual AC, os agentes econômicos não podem concretizar o negócio, sob pena de "gun jumping". Apesar desses desafios pontuais, a essência da LLE no que se refere à análise dos impactos da intervenção do CADE na economia já faz parte da rotina da autoridade antitruste quando avalia eficiências de um AC, quando aplica o princípio da "regra razão" em processos sancionadores de condutas, entre outras práticas.

4.2 Consumidor

Se, no direito concorrencial, a lógica subjacente a limites a regulação estatal presentes da LLE está presente na atuação do CADE, no direito do consumidor o caminho é mais árduo e a curva de aprendizado maior pois há ainda uma visão bastante paternalista e intervencionista entre a maioria dos consumeristas e do próprio consumidor brasileiro.

Compreendendo o aumento da variedade de produtos, a disseminação de informações de mercado e a necessidade de obtenção de lucro, as empresas proporcionam melhores condições de consumo, garantindo benefícios aos consumidores. De forma prática, benefícios aos consumidores significam melhores preços e melhores produtos ofertados no mercado. Mas como a LLE auxilia diretamente nisso? O artigo 3º elenca os pilares elementares da LLE, incluindo em seu inciso III, a livre definição, em mercados não regulados, de preços de produtos e de serviços, a partir de alterações de oferta e de demanda. Em síntese: o controle de preços praticado pela intervenção estatal é claramente vedado pela LLE.

Estruturalmente, os preços são construídos pela soma entre custos de matéria-prima e de mão de obra; (ii) custos vinculados à logística; (iii) preço de mercado; e, ainda, em caso de mercados regulados, (iv) custos de regulação estatal.

Em caso de controle de preços, o Estado adota parâmetros mínimos e parâmetros máximos para que determinados produtos e serviços sejam vendidos e circulem no mercado. Dessa forma, a estrutura de construção dos preços adotada pela equação entre custos variáveis de acordo com o produto é ignorada, sendo substituída pela intervenção de valores específicos ao agente privado. Assim, é claro que os lucros – objetivo da atividade empresarial – são drasticamente minimizados em prol de definições estatais quanto às variáveis de mercado de oferta e de demanda. E, afinal, como isso prejudica o consumidor?

A partir de uma imposição de preços, o eixo estrutural do mercado, composto por oferta e demanda, é alterado, gerando escassez de produtos e/ou serviços. A LLE, portanto, elege as decisões voluntárias de compras dos consumidores, a partir das demandas de mercado, como grande definidor da estrutura de custos e de preços dos produtos e serviços ofertados no mercado. Quanto mais procura pelos consumidores, mais fornecedores e vendedores gerando ofertas com inovação e qualidade.

O controle de preços inverte a lógica de mercado, exigindo produção a preços impostos ao agente de mercado, impondo valores máximos que, em muitos casos, não geram qualquer margem de lucro. A consequência disso é a escassez de produtos e serviços, posto que o consumo aumentará e as demandas não terão ofertas suficientes par atendimento dos consumidores. Os preços de mercado estiumulam consumidores e vendedores a partir das condições de oferta e de demanda. Dessa forma, o controle de preços é um instrumento claramente afastado com a aplicação da LLE para o mercado consumerista.

Por outro lado, a LLE, em seu artigo 5º, elenca a necessidade de Análise de Impacto Regulatório (AIR) para toda e qualquer regulação estatal. Isso significa que, para a imposição de custos de regulação – um dos fatores indicados como premissas da estruturação de preços de produtos e serviços –, órgãos e entidades da Administração Pública federal, incluindo a Secretária Nacional do Consumidor (SENACON), deverão realizar análise de impacto, que conterá informações e dados sobre os possíveis efeitos do ato normativo para verificar a razoabilidade do seu impacto econômico. É arguível que outros órgãos de defesa do consumidor também necessitem dessa AIR quando intervém no mercado. Ao consumidor, a AIR viabiliza transparência quanto aos preços adotados pelo mercado, afastando regulações excessiva custosas e desnecessárias que gerem aumento de preços sem justifica técnica-regulatória cabível.

4.3   Tratamento de dados e livre-iniciativa

Atualmente, a economia baseada em dados deve ser compreendida, tanto como fenômeno econômico, quanto jurídico. Isso porque as novas tecnologias, a cada dia com mais intensidade, interferem e participam de nosso cotidiano. Essa nova face do capitalismo, que é um capitalismo de "ideias" e não mais de "concreto"

(COOTER, 2008), acaba distribuindo, quem sabe, menos empregos diretos do que uma fábrica tradicional. No entanto, parece um processo inexorável, tanto que para este caminho parecem rumar EUA, China, Índia e, quem sabe, Brasil.

E o que é preciso para que um país gere inovações se não quiser ficar preso a um capitalismo ultrapassado? Segundo um *paper* seminal de COOTER (2008), a inovação requer a união de financiamento e de ideias (*seed money, Angel investors* etc). No modelo norte-americano, quem tem ideias são agentes privados em busca de retorno financeiro. Ao Estado, cumpre fazer menos, e fazendo menos, ele faz mais. Com esta metáfora, o Cooter refere-se à teoria de que diante da incapacidade de agentes governamentais preverem o futuro, devem eles deixar de lado uma política industrial e se concentrar no que melhor pode fazer: educação e infraestrutura. A situação é diferente na Ásia, onde o Estado toma a si o papel de direcionar investimentos (lembrando que a Ásia ainda não é a fronteira da inovação tecnológica).

Diante desta realidade, a Lei Federal 13.709/2018 – Lei Geral de Proteção de Dados (LGPD) – se posiciona como um desafio regulatório para a Administração Pública, possibilitando disseminação e fiscalização, e para o setor privado, garantindo que as suas práticas estejam em conformidade com as exigências legislativas. Os mercados digitais e o impacto da tecnologia nos setores produtivos são desafios enfrentados mundialmente em termos de necessidade – ou seria desnecessidade? – de regulação. A pandemia da COVID-19, em movimento de adequação às medidas sanitárias, acelerou a digitalização de serviços e de produtos, trazendo o tema para a primeira discussão entre líderes globais.

Contudo, especificamente quanto à relação existente entre tratamento de dados e livre-iniciativa, percebe-se que, se inexistisse a liberdade econômica, grande parte dos avanços tecnológicos seriam impossíveis. Vinculados à regulação tradicional, os mecanismos de tecnologia se tornariam impraticáveis quanto à inovação e à disrupção intrinsicamente vinculados ao seu valor. A LLE e a LGPD tratam da regulação, em sentido amplo, aos agentes econômicos de forma a calibrar a intesidade regulatória de acordo com as atividades empresariais – e, consequentemente, de tratamento de dados pessoais – exploradas.

Dessa forma, é claramente identificado e estruturado um dos princípios elencados pelo artigo 2º da LLE: a intervenção subsidiária e excepcional do Estado sobre o exercício de atividades econômicas. Com o reconhecimento da subsidiariedade da regulação, tanto pela LGPD, quanto pela LLE, o nível de competitividade dos agentes econômicos brasileiros, quanto ao tratamento de dados pessoais, é potencializado e estrategicamente valorizado para melhor posicionamento no mercado internacional.

Portanto, a partir desta premissa, a estrutura exigida pela LGPD é implementada de forma menos custosa ao agente econômico, diminuindo custos e facilitando o atendimento da demanda.Percebe-se, assim, que a LGPD, bem mais moderna que o CDC, por exemplo, já traz a principiologia ou pelo menos o espírito da LLE no que tange ao controle aos excessos regulatórios do estado e de respeito à livre-iniciativa como cerne da inovação tecnológica.

5. CONCLUSÃO

A livre-iniciativa é um direito fundamental vinculado ao direito de liberdade, mais especificamente às liberdades econômicas, e representa a essência de uma economia de mercado. A livre-iniciativa assegura aos agentes de mercado liberdade de atuação no mercado, a princípio, sem interferências do Poder Público. A interferência do Estado na economia – Regulação Econômica –, entretanto, pode ocorrer, por exemplo, quando o Poder Público almeja preservar a concorrência, garantir a liberdade de escolha consumidores ou proteger a privacidade dos cidadãos no que se refere aos dados pessoais. O chamado "tripé regulatório" da economia digital, que engloba o direito antitruste, o direito do consumidor e a proteção de dados de pessoais, impacta de forma significativa as relações de mercado, sendo um dos principais fatores de incentivo aos agentes de mercado. Nesse contexto, apesar da regulação indicar limitações, ela garante o direito à liberdade econômica, por exemplo, ao gerar incentivos à entrada de novos players no mercado ou mitigar os riscos de cartelização. Em suma, a partir da regulação, o Estado pode estabelecer diretrizes para que os *players* do mercado, naquele setor específico, usufruam do princípio da liberdade econômica de forma plena. Contudo, a atividade regulatória pode também se afastar do nível ótimo, apresentando falhas de governo. Portanto, a recente Lei de Liberdade Econômica tem papel primordial na garantia da livre-iniciativa, entre outras coisas, ao estabelecer limites à regulação estatal por meio da adoção de Análise de Impacto Regulatório (AIR) e o controle do abuso regulatório pelo FIARC/SEAE do Ministério da Economia.

REFERÊNCIAS

ARANHA, Marcio Iorio. *Manual de Direito Regulatório*: Fundamentos de Direito Regulatório. 5. ed. Londres: Laccademia Publishing, 2019.

BALDWIN, Robert, CAVE, Martin and LODGE, Martin. *Understanding Regulation: Theory, Strategy, and Practice*. 2. Oxford, 2011.

BINENBOJM, Gustavo. *Poder de Política, Ordenação, Regulação*: Transformações político-jurídicas, econômicas e institucionais do Direito Administrativo Ordenador. 3. ed. Editora Fórum: 2020.

CAVALCANTI, Mariana Oliveira de Melo. In: DOMINGUES, Juliana Oliveira; SANTACRUZ, A; GABAN, E. M. (Coord). *Declaração de Direitos de Liberdade Econômica* – Comentários À Lei 13.874/2019 (2020). Salvador: JusPodivm, 2020.

COASE, Ronald. *The firm, the market and the law*. Chicago: University of Chicago Press, 1988.

FORGIONI, Paula. *Os Fundamentos do Antitruste*. São Paulo: Ed. RT, 2016.

FRIEDMAN, Milton. *Livre para Escolher*: um depoimento pessoal. Uma reflexão sobre a relação entre liberdade e economia. São Paulo: Editora Record, 2015.

GRANOVETTER, Mark. Economic action and social structure: the problem of social embeddedness. *American Journal of Sociology*. v. 91, n. 03, p. 481. 1985.

MALLOY, Robin Paul. *Law in a Market Context*. Cambridge: Cambridge University Press, 2004.

MATTOS, Paulo. *Regulação econômica e democracia*: o debate norte-americano – NDD/CEBRAP. São Paulo: Editora 34, 2004.

NETO, Dario e MACEDO, Alexandre Cordeiro. O Abuso de Poder Regulatório: uma evolução da advocacia da concorrência no Brasil. *Revista de Defesa da Concorrência*. v. 9. n. 2. 2021.

NOBRE JÚNIOR, Edilson Pereira. Intervenção estatal sobre o domínio econômico – livre-iniciativa e proporcionalidade. *Revista de Direito Administrativo*. Rio de Janeiro: Renovar, v. 224, p. 285-300, ABR/JUN/2001.

NORTH, Douglas. *Institutions, Institutional Change and Economic Performance*. Cambrigde: Cambridge University Press, 1990.

ORGANIZAÇÃO PARA A COOPERAÇÃO E DESENVOLVIMENTO ECONÔMICO [OCDE]. Alternatives to Traditional Regulation. OECD Report. 2006, p. 6. Disponível em: https://www.oecd.org/gov/regulatory-policy/42245468.pdf. Acesso em: 25 out. 2021.

ORGANIZAÇÃO PARA A COOPERAÇÃO E DESENVOLVIMENTO ECONÔMICO – OCDE. Industry Self-Regulation: role and use in supporting consumer interests. Relatório DSTI/CP(2014)4/FINAL. 23 mar. 2015, p. 5. Disponível em: https://www.oecd.org/officialdocuments/publicdisplaydocumentpdf/?cote=DSTI/CP(2014)4/FINAL&docLangua-ge=En. Acesso em: 26 out. 2021.

PINHO, Diva Benevides; VASCONCELLOS, Marco Antonio (Org.). *Manual de Economia*. 3. ed. São Paulo: Saraiva. 1998.

SHLEIFER, Andrei. 2005. Understanding Regulation. *European Financial Management* 11 (4): 439-451.

SHUARTZ, Luiz Fernando. Dogmática Jurídica e a Lei 8.884/94. *Revis ta de Direito Mercantil*. v. 107, p. 70-98. ago. 2003.

STIGLER, George J. The Theory of Economic Regulation. *The Bell Journal of Economics and Management Science*, v. 2, n. 1, p. 3-21. 1971.

WILLIAMSON, Oliver. Por que Direito, Economia e Organizações? In: ZYLBERSTAJN e SZTAJN (Org.). *Direito e Economia*. São Paulo: Campus, 2005.

WILLIAMSON, Oliver. *The economic institutions of Capitalism*. Nova Iorque, Free Press, 1985.

ANÁLISE DE IMPACTO REGULATÓRIO E ASPECTOS CONCORRENCIAIS: OS RECENTES ESFORÇOS PARA INCORPORAR AS MELHORES PRÁTICAS DA OCDE NO BRASIL

Marcelo Cesar Guimarães

Mestre em Direito pela Universidade Federal de Pernambuco, com estágio de pesquisa na Universidade do Quebec em Montreal. Doutorando em Direito pela Universidade de Brasília. Especialista da Organização para a Cooperação e Desenvolvimento Econômico (OCDE).

Paulo Burnier da Silveira

Doutor em Direito pela Universidade Paris. Professor na Universidade de Brasília e ex-Conselheiro do Conselho Administrativo de Defesa Econômica (CADE). Especialista Sênior da Organização para a Cooperação e Desenvolvimento Econômico (OCDE).

Sumário: Introdução – 1. Diretrizes da organização para a cooperação e desenvolvimento econômico (OCDE) – 2. AIR e avaliação concorrencial na Lei das Agências Reguladoras e na Lei de Liberdade Econômica – 3. AIR e avaliação concorrencial no Decreto 10.411/2020 – 4. Conclusão – Referências.

INTRODUÇÃO

A concorrência é um instrumento essencial para o desenvolvimento da economia, com efeitos positivos para os consumidores e agentes econômicos. Um ambiente competitivo acarreta menores preços e um incremento de qualidade dos produtos e serviços ofertados no mercado, bem como estimula a inovação de novos produtos e serviços. Além disso, há evidências empíricas de que a concorrência é responsável por um aumento da produtividade.[1]

---

1. COMPETITION & MARKETS AUTHORITY (CMA). *Productivity and Competition* – A summary of the evidence. Julho de 2015. Disponível em: https://assets.publishing.service.gov.uk/government/uploads/system/uploads/attachment_data/file/909846/Productivity_and_competition_report.pdf. Acesso em: 11 abr. 2021. O referido relatório indica haver dois grandes grupos de evidências nesse sentido. Em primeiro lugar, estudos que utilizam dados de nível micro para examinar a relação entre concorrência e produtividade, indicando que mercados com maiores níveis de concorrência tendem a exibir maiores níveis de produtividade. Em segundo lugar, pesquisas que examinam as mudanças nos níveis de concorrência em um determinado mercado ao longo do tempo, seja acompanhando movimentos desregulatórios ou outros fatores exógenos que levaram a uma modificação no nível de concorrência.

A seu turno, a intervenção estatal para regular a estrutura de mercados ou o comportamento de empresas pode estar assentada em razões econômicas legítimas, como a prevenção de falhas de mercado, a supervisão de recursos e bens públicos, a limitação de poder de mercado e a redução de ineficiências que decorram da assimetria de informações. Ademais, a regulação também auxilia as autoridades a implementar políticas públicas para além da promoção de crescimento econômico, mormente em áreas sensíveis como saúde, segurança, meio ambiente e defesa do consumidor.[2]

Por outro lado, a intervenção estatal nos mercados pode acarretar restrições à concorrência, mesmo em casos nos quais as políticas públicas envolvidas não se refiram diretamente à regulação econômica e não objetivem atingir a concorrência.

Logo, observa-se que a concorrência e a regulação não são mutuamente excludentes.[3] É preciso, assim, garantir um equilíbrio entre ambas, assegurando-se que o nível de regulação seja proporcional aos objetivos almejados e não imponha restrições competitivas desnecessárias.

Nesse sentido, no processo de elaboração e revisão regulatórias, torna-se relevante efetuar-se uma avaliação cuidadosa, considerando os custos e benefícios incidentes sob o ângulo concorrencial, a fim de se obter uma regulação moderna, eficiente e pró-competitiva. Tal exame tem sido frequentemente – ainda que não unicamente – materializado no bojo de Análises de Impacto Regulatório (AIR).

Sob esse prisma, o presente artigo objetiva avaliar a aderência do Brasil às melhores práticas internacionalmente reconhecidas em matéria de Avaliação Concorrencial. Para tanto, serão inicialmente apresentadas as diretrizes da Organização para a Cooperação e Desenvolvimento Econômico (OCDE) sobre o tema. Na sequência, será examinado se recentes normativos brasileiros que introduziram obrigações aos elaboradores de políticas públicas, com fins de trazer mais eficiência regulatória ao ambiente normativo pátrio, almejaram aspectos concorrenciais.

---

2. Organisation for Economic Cooperation and Development (OECD). *Competition Assessment Toolkit*: v. 2. Guidance. Version 4.0. 2019. Disponível em: www.oecd.org/ competition/toolkit. Acesso em: 11 abr. 2021. p. 7; COMPETITION & MARKETS AUTHORITY (CMA). *Regulation and Competition* – A Review of the Evidence. Janeiro de 2020. Disponível em: https://assets.publishing.service.gov. uk/government/uploads/system/uploads/attachment_data/ file/857024/Regulation_and_Competition_report_-_web_version.pdf. Acesso em: 11 abr. 2021. p. 2.

3. COMPETITION & MARKETS AUTHORITY (CMA). *Regulation and Competition* – A Review of the Evidence. p. 3.

1. DIRETRIZES DA ORGANIZAÇÃO PARA A COOPERAÇÃO E DESENVOLVIMENTO ECONÔMICO (OCDE)

A OCDE tem promovido, há mais de quatro décadas, a necessidade de avaliação dos normativos sob o viés concorrencial. Em 1979, o Conselho da OCDE adotou a Recomendação sobre Política Concorrencial e Setores Isentos ou Regulados,[4] propondo que seus aderentes examinassem periodicamente a necessidade particular para certas provisões e isenções do direito da concorrência. Ademais, quando factível, dever-se-ia buscar uma maior conformidade à concorrência e ao *enforcement* da legislação contra práticas comerciais restritivas.

Em 2007, foi editado o Guia de Avaliação de Concorrência (*Competition Assessment Toolkit*),[5] com uma metodologia para a identificação de restrições competitivas desnecessárias e para a estruturação de alternativas capazes de reduzir ou eliminar o potencial efeito anticompetitivo e de permitir atingir os objetivos visados pela política pública em questão.

A metodologia criada pela OCDE destina-se sobretudo para os governos examinarem novas leis e regulamentações ou revisarem normativos já vigentes. O Guia pode ser usado de forma descentralizada nos governos, em âmbito nacional e subnacional. Ademais, a metodologia pode ser empregada por qualquer agente governamental, inclusive aqueles sem qualquer especialização em economia ou em defesa da concorrência. O objetivo é que todos aqueles que formulam políticas públicas levem em consideração possíveis restrições concorrenciais, de modo que a regulação decorrente seja o mais convergente possível com a competitividade.

De início, devem-se identificar as políticas a serem avaliadas. Na sequência, aplica-se um questionário (*Competition Checklist*) para detectar possíveis dispositivos que têm o potencial de restringir indevidamente a concorrência. Em suma, há um potencial efeito anticompetitivo quando um dispositivo normativo restringe o estabelecimento ou expansão de empresas; afeta ações que as empresas adotam para competir com as demais; reduz os incentivos das empresas em competir; e/ou limita as escolhas e informações disponíveis aos consumidores.

---

4. ORGANISATION for Economic Cooperation and Development (OECD). *Recommendation of the Council on Competition Policy and Exempted or Regulated Sectors*. 24 set. 1979. Disponível em: https://legalinstruments.oecd.org/en/instruments/OECD-LEGAL-0181. Acesso em: 29 abr. 2021.

5. Organisation for Economic Cooperation And Development (OECD). *Competition Assessment Toolkit*: v. 1. Principles. Version 4.0. 2019; Organisation for Economic Cooperation and Development (OECD). *Competition Assessment Toolkit*: v. 2. Guidance. Version 4.0. 2019; Organisation for Economic Cooperation and Development (OECD). *Competition Assessment Toolkit*: v. 3. Operational Manual. Version 4.0. 2019. Todos disponíveis em: www.oecd.org/competition/toolkit. Acesso em: 19 set. 2020. Trata-se da 4ª versão do Guia, atualizado em 2019 à luz das modificações acarretadas pelo processo de digitalização (sobre o processo de atualização, vide Organisation for Economic Cooperation and Development (OECD). *Options for Updating Competition Assessment Toolkit in Light of Digitalisation* – Note by the Secretariat. 2018. Disponível em: http://www.oecd.org/officialdocuments/public-dis-playdocumentpdf/?cote=DAF/COMP/WP2(2018)2&docLanguage=En. Acesso em: 19 set. 2020).

Caso seja identificada uma potencial restrição à concorrência, deve-se seguir na avaliação, aprofundando-se se há uma real e significante limitação concorrencial. Em caso afirmativo, é preciso buscar opções hábeis a atingir o objetivo almejado pela política pública, estimando-se os efeitos de cada alternativa à concorrência. Deve-se, então, comparar as opções e selecionar aquela que acarrete o maior benefício, recomendando ao formulador da política a sua adoção. Após a implementação da alternativa indicada, é recomendado que haja uma nova avaliação posterior, para examinar se os efeitos previstos foram de fato produzidos. Em 2009, o Conselho da OCDE adotou a Recomendação em Matéria de Avaliação de Concorrência,[6] ratificando a relevância de se empreender revisões dos normativos sob o prisma concorrencial e convocando seus aderentes a adotarem mecanismos institucionais para levar a cabo tais avaliações. Em 2019, houve a adoção de nova Recomendação em Matéria de Avaliação de Concorrência, com a fusão das supracitadas Recomendações de 1979 e 2009.[7]

A Avaliação Concorrencial a que se refere a OCDE engloba tanto um processo a ser integrado na elaboração das políticas públicas, como a um método substantivo de identificação, exame e reforma dos normativos que restringem indevidamente a concorrência.[8]

Nesse sentido, no que se refere a seu âmbito material, a Avaliação Concorrencial integra o núcleo essencial da advocacia da concorrência junto ao governo, um dos pilares da maioria dos regimes antitruste. Já em relação a seu aspecto processual, a prática de Avaliação Concorrencial está intimamente relacionada à crescente prevalência da institucionalização de Análises de Impacto Regulatório (AIR) de projetos legislativos e outras ações governamentais.[9]

A Análise de Impacto Regulatório é um processo sistemático de identificação e quantificação dos benefícios e custos que devem decorrer de opções regulatórias e não regulatórias, a fim de subsidiar os tomadores de decisão. Trata-se, pois, de uma ferramenta para aperfeiçoar o design regulatório ao fornecer informações aos elaboradores das políticas públicas sobre como regular para alcançar os ob-

---

6. Organisation for Economic Cooperation and Development (OECD). *Recommendation of the Council on Competition Assessment*. 21 out. 2009. Disponível em: https:// legalinstruments.oecd.org/en/instruments/OECD-LEGAL-0376. Acesso em: 29 abr. 2021. O Brasil aderiu à referida Recomendação em 15 de maio de 2017.

7. Organisation for Economic Cooperation and Development (OECD). *Recommendation of the Council on Competition Assessment*. 10 dez. 2019. Disponível em: https:// legalinstruments.oecd.org/en/instruments/OECD-LEGAL-0455. Acesso em: 29 abr. 2021. O Brasil aderiu à Recomendação conjuntamente com os demais membros da OCDE.

8. Organisation for Economic Cooperation and Development (OECD). *Experiences with Competition Assessment* – Report on the Implementation of the 2009 OECD Recommendation. 2014. Disponível em: https://www.oecd.org/daf/competition/Comp-Assessment-ImplementationRe- port2014.pdf. Acesso em: 19 set. 2020. p. 8, 14-15.

9. Idem. p. 10.

jetivos almejados, incluindo alternativas não regulatórias. A utilização de AIR já é bastante consolidada entre os países da OCDE.[10]

A Recomendação do Conselho da OCDE sobre Política Regulatória e Governança,[11] de 2012, propõe que a AIR seja integrada nos estágios iniciais do processo de formulação de novas regulações.[12] Dessa forma, é possível identificar os objetivos da política pública em questão e avaliar a necessidade da regulação e como ela pode ser o mais efetiva e eficiente possível para atingir aqueles fins. Também devem ser considerados outros mecanismos além da regulação e identificados os *trade-offs* das diferentes alternativas para que se possa decidir o melhor caminho. Visa-se, desse modo, a assegurar que a regulação atenda aos objetivos de política pública, ao mesmo tempo que incremente o bem-estar social.

Ademais, a Recomendação de 2012 também sugere a condução sistemática de um programa de revisão do estoque regulatório, contrapondo-o aos objetivos almejados, incluindo custos e benefícios, para assegurar que os normativos se mantenham atualizados, com custos justificados, efetivos e consistentes a atingir os fins pretendidos com a política pública.

Embora as Análises de Impacto Regulatório e as Avaliações Concorrenciais sejam processos distintos, a OCDE tem incentivado a inclusão das últimas nas primeiras. Na visão da Organização, a integração dos processos pode acarretar significativos benefícios públicos a um custo relativamente pequeno, uma vez operada de forma sistemática. É sobretudo ao focar na eficiência dinâmica no mercado que as Avaliações Concorrenciais podem ser um elemento útil para as AIR, permitindo evitar-se regulações que restrinjam de forma indevida a atividade do mercado.[13] Assim, na visão da OCDE, incluir as Avaliações Concorrenciais nas AIR assegura que estas sejam mais efetivas, por fornecer aos elaboradores

---

10. Organisation for Economic Cooperation and Development (OECD). *OECD Regulatory Policy Outlook*. 2018. Disponível em: https://www.oecd-ilibrary.org/governance/oecd-re- gulatory-policy-outlook- -2018_9789264303072-en. Acesso em: 18 abr. 2021.

11. Organisation for Economic Cooperation and Development (OECD). *Recommendation of the Council on Regulatory Policy and Governance*. 21 de março de 2012. Disponível em: https://legalinstruments.oecd. org/en/instruments/OECD-LEGAL-0390. Acesso em: 29 abr. 2021. O Brasil aderiu à Recomendação em 13 de maio de 2020.

12. Com objetivo de fornecer um instrumento prático para uma melhor elaboração e implementa- ção de sistemas e estratégias de AIR, a OCDE desenvolveu um guia com um sumário dos elementos centrais de toda AIR, dentre os quais: definição do problema, objetivo, descrição da proposta regu-latória, identificação de alternativas, análise de benefícios e custos, identificação da solução eleita e definição do monitoramento e avaliação (OECD. *Regulatory Impact Assessment*. OECD Best Practice Principles for Regulatory Policy. 2020. Disponível em: https://www.oecd.org/gov/regulatory-policy/ regulatory- -impact-assessment-7a9638cb-en.htm. Acesso em: 18 abr. 2021).

13. Organisation for Economic Cooperation and Development (OECD). *Regulatory Impact Analysis* – A Tool for Policy Coherence. 2009. Disponível em: https://www.oecd-ilibrary.org/ governance/regula-tory-impact-analysis_9789264067110-en. Acesso em: 11 abr. 2021. p. 122-124.

de políticas públicas *insights* com considerações pró-mercado, na busca de se determinar se os benefícios de dado normativo superam os seus custos.[14]

Outrossim, as Avaliações Concorrenciais podem ajudar a identificar todas as partes prováveis de serem afetadas pela regulação em questão, especialmente aquelas que serão afetadas indiretamente. Isso pode assegurar que a consulta pública de AIR será suficientemente inclusiva e, portanto, mais efetiva.[15]

Até o presente, diversos países vêm adotando processos de Avaliação Concorrencial, sendo uma tendência a sua inclusão em AIR. É o que se verifica, por exemplo, no Reino Unido, Comissão Europeia, Estados Unidos, Coreia, Indonésia, México, China, Japão e Índia.[16] Para tanto, a Recomendação e o Guia da OCDE têm auxiliado bastante no desenvolvimento de tais métodos.

Para além disso, a pedidos de países, a OCDE também tem efetuado estudos independentes de Avaliação Concorrencial em setores específicos,[17] como: Grécia (bebidas, turismo, *e-commerce,* comércio atacadista e varejista, construção, dentre outros); Romênia (construção, transporte de carga e processamento de alimentos); México (medicamentos e carne, e gás); Portugal (transportes e profissões autorreguladas); Tunísia (comércio atacadista e varejista, transporte rodoviário e marítimo de carga, e turismo); Islândia (turismo e construção); países da Associação de Nações do Sudeste Asiático – ASEAN (logística);[18] e Brasil (portos e aviação civil).

2. AIR E AVALIAÇÃO CONCORRENCIAL NA LEI DAS AGÊNCIAS REGULADORAS E NA LEI DE LIBERDADE ECONÔMICA

Nos últimos anos, o Brasil tem buscado introduzir Análises de Impacto Regulatório, merecendo um exame mais profundo sobre como tais procedimentos podem ser integrados por Avaliações Concorrenciais. A implementação de AIR no Brasil vem sendo discutida pelo menos desde os anos 2000. Na década seguinte, várias agências reguladoras introduziram em normativos internos previsões de elaboração de AIR, muito embora sem uniformidade e simetria na adoção e condução do procedimento.[19]

---

14. Organisation for Economic Cooperation and Development (OECD). *Competition Assessment Toolkit*: v. 1. p. 38.

15. Organisation For Economic Cooperation And Development (OECD). *Regulatory Impact Analysis* – A Tool for Policy Coherence. p. 122-124.

16. Organisation For Economic Cooperation And Development (OECD). *Competition Assessment Toolkit*: v. 1. p. 38.

17. Disponíveis em: https://www.oecd.org/competition/assessment-toolkit.htm. Acesso em: 22 dec. 2023.

18. Organização intergovernamental regional composta pelos seguintes países: Tailândia, Filipinas, Malásia, Singapura, Indonésia, Brunei, Vietnã, Mianmar, Laos e Camboja.

19. Veja-se, nesse sentido: BLANCHET, Luiz Alberto; BUBNIAK, Priscila Lais Ton. Análise de Impacto Regulatório: uma ferramenta e um procedimento para a melhoria da regulação. *Pensar – Revista de Ciências Jurídicas*, v. 22, n. 3, p. 8-9, 2017; ARAGÃO, Alexandre Santos de. Análise de Impacto Re-

Tendo em vista o PL 6.621/2016, sobre a gestão, a organização, o processo decisório e o controle social das agências reguladoras, com a previsão de obrigatoriedade de realização de AIR por tais entes,[20] bem como o Decreto 9.203, de 22 de novembro de 2017, o Governo Federal, por meio do Comitê Interministerial de Governança (CIG), editou em 2018 o documento "Diretrizes Gerais e Guia Orientativo para Elaboração de Análise de Impacto Regulatório".[21] Objetivou-se orientar a elaboração e implementação da AIR no Governo Federal, apresentando um conjunto de padrões mínimos comuns para a aplicação da ferramenta, seguindo as boas práticas da OCDE. O citado guia refere-se apenas *en passant* à Avaliação Concorrencial, ao indicar que um dos efeitos que merecem consideração são os concorrenciais.[22]

Em 2019, o citado PL foi transformado na Lei 13.848, de 25 de junho (Lei das Agências Reguladoras), pela qual a AIR adquire força legal no Brasil. Nos termos do art. 6º da citada lei, a AIR passa a ser obrigatória previamente à adoção e às propostas de alteração de atos normativos de interesse geral dos agentes econômicos, consumidores ou usuários dos serviços prestados. De acordo com tal dispositivo, a AIR deve conter informações e dados sobre os possíveis efeitos do ato normativo, submetendo a regulamento o conteúdo e a metodologia da AIR, bem como os quesitos mínimos a serem objeto de exame e os casos em que será obrigatória ou dispensada. Não há nos dispositivos relativos à AIR qualquer consideração específica a respeito de Avaliação Concorrencial.

Também em 2019, foi editada a Lei 13.874, de 20 de setembro (Lei da Liberdade Econômica), que institui a Declaração de Direitos de Liberdade Econômica. Aqui, a AIR ganha novamente destaque, passando a ser obrigatória não apenas para as agências reguladoras, mas para toda a Administração Pública Federal.[23]

---

gulatório na Lei de Liberdade Econômica. In: SALOMÃO, Luis Felipe; CUEVA, Ricardo Villas Bôas; FRAZÃO, Ana (Org.). *Lei de Liberdade Econômica e seus Impactos no Direito Brasileiro*. São Paulo: Ed. RT, 2020. p. 374.

20. Anteriormente, já se havia buscado tal objetivo, por meio do PL 1.539/2015.

21. GOVERNO FEDERAL. *Diretrizes Gerais e Guia Orientativo para Elaboração de Análise de Impacto Regulatório – AIR*. 2018. Disponível em: https://www.gov.br/casacivil/pt-br/centrais-de-conteudo/downloads/diretrizes-gerais-e-guia-orientativo_final_27-09-2018.pdf/view. Acesso em: 18 abr. 2021. Tal documento foi sucedido por novo guia editado pela Secretaria de Advocacia da Concorrência e Competitividade (SEAE) em 2021 (Secretaria de Advocacia da Concorrência e Competitividade (SEAE). *Guia para Elaboração de Análise de Impacto Regulatório (AIR)*. 2021. Disponível em: https://www.gov.br/economia/pt-br/acesso-a-informacao/reg/noticias/seae-lanca-no-vo-guia-de-analise-de-impacto-regulatorio. Acesso em: 1º maio 2021.

22. GOVERNO FEDERAL. Op. cit., p. 52. O novo guia editado pela SEAE em 2021 também faz referência à análise sobre os impactos sobre a concorrência e a competitividade, indicando-se padrões pró-concorrência que devem orientar o exame.

23. MENEGUIN, Fernando B.; SAAB, Flavio. *Análise de Impacto Regulatório*: Perspectivas a partir da Lei da Liberdade Econômica. Brasília: Núcleo de Estudos e Pesquisas/CONLEG/Senado, mar. 2020 (Texto para Discussão 271). Disponível em: https://www2.senado.leg.br/bdsf/handle/id/570015. Acesso em: 18 abr. 2021. p. 3.

De acordo com o art. 5º da referida lei, as propostas de edição e de alteração de atos normativos de interesse geral de agentes econômicos ou de usuários dos serviços prestados, editadas por órgão ou entidade da Administração Pública Federal, incluindo as autarquias e as fundações públicas, devem ser precedidas da realização de AIR, com informações e dados sobre os possíveis efeitos do ato normativo, para verificar a razoabilidade do seu impacto econômico. Novamente, não houve referência expressa a consideração de efeitos concorrenciais, prevendo-se que regulamento trataria sobre o conteúdo, a metodologia e as hipóteses de realização da AIR.

Há de se destacar, inicialmente, que a AIR preconizada pelas leis supracitadas encontram algumas limitações. Em primeiro lugar, os destinatários da norma (isto é, os autores das propostas de edição e de alteração de atos normativos) são os órgãos e entidades da Administração Pública federal, ficando excluídos os demais poderes e entes federativos. Assim, o preceito não abrange, por exemplo, a atividade legiferante propriamente dita,[24] o que pode limitar os impactos da análise, mormente no que se refere à edição de leis. Com efeito, a Recomendação da OCDE em Matéria de Avaliação de Concorrência dirige-se não apenas a normativos infralegais, mas também a leis, de modo que sua implementação por meio da AIR pode ficar comprometida, em que pese a grande relevância para a produção normativa do Poder Legislativo. Para além disso, como já asseverado, a OCDE incentiva que a Avaliação Concorrencial seja implementada em nível nacional, regional e local, eis que as restrições indevidas à concorrência podem-se originar de políticas governamentais das mais diversas esferas.[25]

Ademais, a obrigação da AIR dá-se apenas para a produção normativa, isto é, uma proposta inaugural de edição de ato normativo (avaliação *ex ante,* sopesando-se os potenciais efeitos futuros da medida que se almeja implementar) ou para uma proposta de alteração de normativo já existente (combinação de avaliação *ex post* e *ex ante,* analisando-se os efeitos já produzidos pelo normativo em vigor em cotejo com a antecipação dos prováveis efeitos do normativo substituto a ser editado).[26]

As leis acima referidas não impõem a obrigatoriedade de realização de AIR revisional, visando apenas à avaliação sobre a necessidade de manutenção ou revogação de normas em vigor. A aludida Recomendação da OCDE, porém, propõe a revisão dos normativos já existentes, de modo que a inclusão de obrigatoriedade de revisão normativa seria benéfica,[27] em maior alinhamento às diretrizes da citada

---

24. BINENBOJM, Gustavo. Art. 5º: Análise de Impacto Regulatório. In MARQUES NETO, Floriano Peixoto; RODRIGUES JR., Otávio Luiz; LEONARDO, Rodrigo Xavier (Org.). *Comentários à Lei da Liberdade Econômica* – Lei 13.874/2019. São Paulo: Ed. RT, 2019. p. 225.

25. Organisation for Economic Cooperation and Development (OECD). *Competition Assessment Toolkit*: v. 1. p. 34.

26. BINENBOJM, Gustavo. Op. cit., p. 224.

27. O anteprojeto que originou a Lei de Liberdade Econômica estabelecia a obrigação a seus destinatários de efetuar avaliações periódicas da eficácia e impacto de todas as medidas regulatórias, no mínimo

organização internacional.[28] Nada impede, entretanto, que avaliações apenas *ex post* sejam levadas a cabo.

Por outro lado, apesar de os dispositivos das duas leis acima indicadas não estabelecerem parâmetros claros para a inclusão de Avaliações Concorrenciais nas AIR, o art. 4º da Lei de Liberdade Econômica pode fornecer algumas luzes nesse sentido, servindo como um guia de conduta aos reguladores. É que nele são previstas hipóteses que podem caracterizar abuso de poder regulatório, envolvendo, em sua quase generalidade, *red flags* indicadas pela OCDE em seu *Competition Checklist* como hábeis a identificar possíveis restrições indevidas à concorrência.[29]

Os incisos I, II, V e VII falam de criação de reserva de mercado que possa favorecer determinado *player* em detrimento dos concorrentes; impedimento da entrada de novos competidores, nacionais ou estrangeiros; aumento dos custos de transação sem a demonstração de benefícios; e introdução de limites à livre formação de sociedades empresariais ou de atividades econômicas.[30]

Por sua vez, os incisos III, IV e VIII referem-se a exigências de especificação técnica que não seja necessária para atingir o fim desejado; impedimento ou retardamento de inovação e adoção de novas tecnologias, processos e modelos de negócios; e restrição do uso e do exercício de publicidade e propaganda sobre um setor econômico.[31]

---

a cada cinco anos (SUNDFELD, Carlos Ari et al. *Para uma Reforma Nacional em favor da Liberdade Econômica e das Finalidades Públicas da Regulação*. Abril/2019. Disponível em: https://direitosp.fgv. br/sites/direitosp.fgv.br/files/arquivos/proposta_de_lei_nacional_de_liberdade_economica_-_sbdp fgv_direito_sp.pdf. Acesso em: 21 abr. 2021). No entanto, a previsão acabou sendo excluída da versão sancionada. Atualmente, tramita no Congresso Nacional o PL 4.888/2019, cujo art. 2º, inciso VII, prevê a obrigatoriedade de se fazer avaliações periódicas da eficácia, do impacto e da atualidade de todas as medidas de ordenação pública e, quando for o caso, sua revisão.

28. Em relação à relevância de análise de impacto regulatório retrospectiva, veja-se: JORDÃO, Eduardo; CUNHA, Luiz Filippe. Revisão do estoque regulatório: a tendência de foco na análise de impacto regulatório retrospectiva. *A&C – Revista de Direito Administrativo & Constitucional*. Belo Horizonte, ano 20, n. 80, p. 227-255. 2020.

29. O presente artigo não objetiva adentrar nas discussões procedimentais da caracterização do abuso de poder regulatório, tampouco em questões sobre a competência para sua avaliação ou as consequências de sua decretação. Visa-se apenas, a partir do dispositivo, a lançar luzes sobre a oportunidade de realização de Avaliações Concorrenciais no bojo das AIR.

30. Tais efeitos são endereçados no item A do *Competition Checklist*: limitação do número ou variedade de empresas, que pode ocorrer por meio da (A1) concessão de direitos exclusivos a uma única empresa de bens ou serviços; (A2) estabelecimento de um regime de licenciamento ou autorização como requisito de atividade; (A3) limitação da capacidade de certas empresas de prestar um bem ou serviço; (A4) aumento significativo dos custos de entrada ou de saída do mercado; e (A5) criação de barreira geográfica que impeça as empresas de oferecer bens, serviços, trabalho ou capital.

31. Nesse sentido, o item B do *Competition Checklist* alude à limitação da capacidade das empresas de competirem entre si, seja por meio de (B1) limitação da capacidade das empresas de definirem preços de bens ou serviços; (B2) limitação da liberdade das empresas na realização de publicidade e *marketing* de bens ou serviços; (B3) fixação de padrões de qualidade que beneficiem apenas algumas empresas ou que excedam o nível que seria escolhido por consumidores bem informados; e (B4) aumento signifi-

Dessa forma, antes de editar algum normativo ou ao revisar normativos já vigentes, o regulador deverá ter em mente que os efeitos anticompetitivos indicados nos incisos do art. 4º são indesejados, merecendo uma atenção especial os casos em que algum deles puder ser produzido. Nesse sentido, ganha relevância a inclusão de Avaliações Concorrenciais no bojo das AIR que deverão preceder tais normativos. É que, ao seguir a metodologia indicada pela OCDE, poder-se-ão evitar os efeitos negativos à concorrência, assegurando um ambiente regulatório mais pró-competitivo.

As diretrizes da OCDE, nesse cenário, podem servir de importante guia para as autoridades,[32] inclusive para afastar interpretações de parcela da doutrina que vê no art. 4º da Lei de Liberdade Econômica um risco para a atividade regulatória.[33] Como anteriormente indicado, a OCDE sugere um método para identificar potenciais efeitos à concorrência, seguido de uma busca de alternativas que permitam alcançar o fim pretendido a um menor custo competitivo. Porém, a própria OCDE reconhece que em algumas situações não haverá alternativa senão a adoção de uma medida regulatória com efeitos anticompetitivos, desde que devidamente justificada à luz do princípio da proporcionalidade.[34]

É importante ressaltar, nesse contexto, que o *caput* do art. 4º menciona que os efeitos previstos em seus incisos não podem ser produzidos "indevidamente", sugerindo que, caso fundamentados, os referidos resultados não configuram abuso de poder regulatório.[35] Novamente, o propósito é se evitar restrições desnecessárias

---

cativo do custo de produção de algumas empresas, particularmente dando um tratamento distinto às empresas incumbentes do tratamento dado às entrantes.

32. Inclusive para a melhor compreensão do alcance de seus incisos, eis que o *Toolkit* da OCDE examina profundamente cada um dos potenciais efeitos anticompetitivos (Organisation for Economic Cooperation and Development (OECD). *Competition Assessment Toolkit*: v. 1. p. 7-22).

33. Nesse sentido, por exemplo, as críticas de que a regulação abusiva seria uma ameaça às capacidades estatais reguladoras brasileiras, visto que praticamente qualquer norma ou ato regulatório poderia ser considerado abusivo e, portanto, ilegal, caso venha a produzir algum dos efeitos listados no art. 4º da Lei de Liberdade Econômica, os quais podem ser necessários e justificáveis para alcançar outros fins (COUTINHO, Diogo R. A Mão Invisível e a Faca no Pescoço: Considerações Críticas sobre o "Abuso de Poder Regulatório" na Lei 13.874/2019. In: SALOMÃO, Luis Felipe; CUEVA, Ricardo Villas Bôas; FRAZÃO, Ana (Org.). Op. cit., p. 169-180; CAMPILONGO, Celso Fernandes. Lei de Liberdade Econômica, Concorrência e Abuso de Poder Regulatório. In: SALOMÃO, Luis Felipe; CUEVA, Ricardo Villas Bôas; FRAZÃO, Ana (Org.). Op. cit., p. 383-394).

34. De acordo com a OCDE, limitações indevidas à concorrência são aquelas impostas para atingir os objetivos de interesse público mais exigentes do que o necessário, tendo em consideração as alternativas viáveis e o seu custo (OECD. *Recommendation of the Council on Competition Assessment*. 2019). Nesse sentido, "se não for possível identificar alternativas, uma rigorosa e disciplinada comparação dos benefícios da proposta deve ser feita. A proposta apenas deve ser adotada caso a comparação demonstre que sua edição vá resultar um benefício líquido, levando-se em conta os custos do impacto anticompetitivo identificado na avaliação" (Organisation for Economic Cooperation and Development (OECD). *Competition Assessment Toolkit*: v. 1. p. 39).

35. Assim também parece entender José Vicente Santos de Mendonça: "o desvio de poder regulatório, na forma como tratado pelo art. 4º da Lei 13.874/19 e trabalhado pela literatura de Direito Administrativo, poderia ser definido como a regulamentação da legislação de direito econômico que, mercê de complementá-la,

à concorrência; porém, caso necessárias, por óbvio que não haverá abuso.[36] E para tanto, as Avaliações Concorrenciais (seja ou não dentro das AIR) são essenciais, eis que consubstanciam mecanismo pelo qual é possível realizar essas considerações.

3. AIR E AVALIAÇÃO CONCORRENCIAL NO DECRETO 10.411/2020

Para regulamentar a Análise de Impacto Regulatório prevista no art. 6º da Lei 13.848/2019 e no art. 5º da Lei 13.874/2019, editou-se o Decreto 10.411, de 30 de junho de 2020. Tal qual os dispositivos legais já avaliados, o Decreto também não traz qualquer menção expressa a exame sob a ótica concorrencial.

A AIR é definida como o procedimento, a partir da definição de problema regulatório, de avaliação prévia à edição dos atos normativos de que trata o Decreto.[37] A AIR deve conter informações e dados sobre os seus prováveis efeitos, com fins de verificar a razoabilidade do impacto e subsidiar a tomada de decisão.

Em primeiro lugar, destaca-se que o Decreto possui diversas hipóteses de exceção e dispensa, muitas sujeitas a requisitos excessivamente amplos e que podem dar margem a controvérsias interpretativas.[38] Vejam-se algumas delas.

Esmiuçando o art. 5º da Lei de Liberdade Econômica, o Decreto indica não se aplicar às propostas de atos normativos a serem submetidos ao Congresso Nacional, em linha com o já aludido anteriormente. Para além disso, o art. 1º, § 3º, do Decreto também exclui de seu âmbito de aplicação as propostas de edição de decreto, importante ato normativo, de competência do chefe do Poder Executivo, para a regulamentação de leis. Ainda que em tese o decreto não possa ir além da lei, o disciplinamento de questões legais pode-se dar, com frequência, por alternativas diversas, com impactos também distintos (inclusive sob o prisma concorrencial). Desse modo, reputa-se frágil a dispensa da obrigatoriedade de realização de AIR para subsidiar a edição ou alteração de decretos, eis que tal avaliação poderia contribuir para a qualidade do corpo regulatório brasileiro.

---

acaba por restringir injustificadamente alguma garantia da liberdade de iniciativa" (MENDONÇA, José Vicente Santos de. Art. 4º: Requisitos para Regulação Pública. In: MARQUES NETO, Floriano Peixoto; RODRIGUES JR., Otávio Luiz; LEONARDO, Rodrigo Xavier (Org.). Op. cit., p. 213).

36. Nesse sentido, nunca é demais relembrar que a concorrência não é um fim em si mesmo, mas um instrumento a serviço da sociedade (TIROLE, Jean. *Économie du bien commun*. Paris: Presses Universitaires de France, 2016. p. 498).

37. Conforme art. 1º, § 2º, do Decreto 10.411/2020 (em linha com o art. 5º da Lei de Liberdade Econômica), o Decreto aplica-se às propostas aos órgãos e às entidades da administração pública federal direta, autárquica e fundacional, quando da proposição de atos normativos de interesse geral de agentes econômicos ou de usuários dos serviços prestados, no âmbito de suas competências.

38. FRAZÃO, Ana. Perspectivas das Análises de Impacto Regulatório – AIRs no Brasil: As exceções e os riscos da desconsideração dos impactos sociais e ambientais – Parte I. *Jota*. 17 fev. 2021. Disponível em: https://www.jota.info/opiniao-e-analise/colunas/constituicao-empresa-e-mercado/perspectivas-das-analises-de-impacto-regulatorio-airs-no-brasil-17022021. Acesso em: 25 abr. 2021.

O Decreto também dispensa a obrigatoriedade de AIR para a edição, alteração ou revogação de atos normativos de efeitos concretos, destinados a disciplinar situação específica, cujos destinatários sejam individualizados (art. 3º, § 2º, inciso II).[39] Porém, o efeito regulatório que a Lei de Liberdade Econômica busca afastar, em seu art. 4º, inciso I (criação de reserva de mercado ao favorecer grupo econômico ou profissional, em prejuízo dos demais concorrentes), pode muitas vezes ser implementado por meio de normativos de efeitos concretos, que favoreçam determinados *players,* em detrimento dos demais. Nesse sentido, dispensar a realização de AIR para tais tipos de normativos pode justamente facilitar a produção do referido efeito anticompetitivo.

A AIR também pode ser dispensada, de acordo com o Decreto, em casos de urgência (art. 4º, inciso I). Não há, porém, qualquer elemento interpretativo que oriente a determinar aquilo que pode ser considerado urgente. Não é impossível imaginar que tal hipótese venha a ser utilizada como tábula rasa para afastar a realização de AIR. Pelo menos, o Decreto determinou que, em tal situação, seja fundamentada a proposta de edição ou de alteração do ato normativo, devendo-se identificar o problema regulatório que se busca solucionar e os objetivos que se pretendem alcançar. Ademais, os atos normativos cuja AIR tenha sido dispensada em razão de urgência necessitam ser objeto de Avaliação de Resultado Regulatório (ARR) no prazo de três anos.

A ARR foi um conceito introduzido pelo Decreto,[40] ensejando a realização de avaliações regulatórias *ex* post.[41] Nos termos do decreto, a ARR refere-se à verificação dos efeitos decorrentes da edição de ato normativo, considerando o alcance dos objetivos originalmente pretendidos e os demais impactos observados sobre o mercado e a sociedade, em decorrência de sua implementação. Nesse mesmo sentido, o Decreto também trouxe o conceito de atualização do estoque regulatório, exame periódico dos atos normativos, com vistas a averiguar a pertinência de sua manutenção ou a necessidade de sua alteração ou revogação.

Cuida-se de alinhamento às diretrizes da OCDE,[42] as quais incentivam a realização de avaliações regulatórias revisionais, para incrementar a eficiência

---

39. Em linha com o previsto no art. 6º da Lei 13.848/2019 e no art. 5º da Lei 13.874/2019, que se referem à realização de AIR em casos de edição e alteração de atos normativos de interesse geral de agentes econômicos ou de usuários dos serviços prestados.

40. Como anteriormente citado, a Lei de Liberdade Econômica não introduziu dispositivo referente à revisão de normativos. Registre-se, porém, que o Decreto efetuou apenas a introdução normativa do instituto, tendo em vista que o documento orientativo sobre a AIR editado pelo Governo Federal em 2018 já aludia a tal instrumento (GOVERNO FEDERAL. Op. cit.).

41. De acordo com o art. 13, § 1º, do Decreto, a ARR pode ter caráter temático ou ser realizada apenas quanto a partes específicas de um ou mais atos normativos. Trata-se de previsão que poderá trazer maior eficiência aos trabalhos realizados.

42. OECD. *Recommendation of the Council on Regulation Policy and Governance.*

e a efetividade da regulação. Outrossim, a OCDE[43] também tem ressaltado que normativos obsoletos, inativos ou redundantes podem consistir em barreiras regulatórias ao criar insegurança jurídica e aumentar custos para os *players* do mercado, notadamente novos entrantes e pequenos competidores. Dessa forma, a atualização do estoque regulatório também é medida importante para trazer mais concorrência ao mercado.

Em relação ao conteúdo da AIR, o Decreto determina que o relatório deverá conter, dentre outros pontos, a exposição dos possíveis impactos das alternativas observadas e a identificação e definição dos efeitos e riscos decorrentes da edição, da alteração ou da revogação do ato normativo. Mesmo sem previsão expressa no Decreto, dentre as possíveis consequências que precisam ser consideradas na AIR estão aquelas à concorrência. Aliás, como já aludido, trata-se de avaliação relevante para se evitar o abuso de poder regulatório.

Para além disso, também devem constar da AIR a definição dos objetivos a serem alcançados, bem como a comparação das alternativas consideradas para a resolução do problema regulatório identificado, elementos essenciais para a Avaliação Concorrencial. Como visto, de acordo com a metodologia proposta pela OCDE, se após a aplicação do *Competition Checklist* for identificada uma potencial restrição à concorrência, faz-se necessário aprofundar a análise. Para tanto, será preciso detectar o objetivo almejado pelo normativo e, a partir daí, vislumbrar alternativas à proposição, comparando-as à luz dos efeitos concorrenciais que cada uma delas produz.

Quanto à metodologia, o Decreto preconiza que, para a aferição da razoabilidade do impacto econômico, a AIR deverá usar uma das opções listadas, que são aquelas mais comumente usadas nos países da OCDE.[44] De fato, a OCDE reconhece que não existe um único modelo a ser aplicado para todas as AIR, de sorte que o método escolhido deve se adequar ao objetivo da análise, bem como ao contexto e capacidade administrativos do agente público que a conduzirá.[45] Nesse sentido, o Decreto dispõe que a escolha da metodologia deverá ser fundamentada, podendo inclusive utilizar-se alguma técnica não listada, desde que seja apresentada justificativa de que é a metodologia mais adequada ao caso concreto.

Por fim, há de se ressaltar que o Decreto estabelece, em seu art. 21, que a inobservância de suas disposições não acarreta a invalidade da norma editada. Ora, se

---

43. Por exemplo: Organisation for Economic Cooperation and Development (OECD). *Competition Assessment Reviews*: Portugal: v. I – Inland and Maritime Transports and Ports. 2018. Disponível em: https://doi.org/10.1787/9789264300026-en. Acesso em: 25 abr. 2021.

44. GOVERNO FEDERAL. Op. cit., p. 54-56; Organisation for Economic Cooperation and Development (OECD). *Regulatory Impact Analysis* – A Tool for Policy Coherence. Capítulo 3.

45. OECD. *Regulatory Impact Assessment*. Capítulo 2.

o descumprimento das regras que orientam a realização da AIR não traz qualquer efeito para o normativo produzido, há de se questionar se o procedimento é realmente obrigatório.[46] Desse modo, tal dispositivo parece enfraquecer substancialmente o sistema de AIR (e, de consequência, de Avaliações Concorrenciais) almejado.

4. CONCLUSÃO

Na esteira das práticas já adotadas em diversos países e recomendadas pela OCDE, o Brasil tem iniciado recentemente um processo de implementação de AIR, dentro das quais devem ser efetuadas Avaliações Concorrenciais. Com efeito, a Lei das Agências Reguladoras, a Lei de Liberdade Econômica e o Decreto 10.411/2020 representam um grande avanço para a aderência do Brasil àquelas práticas já comuns em outras jurisdições, o que muito poderá contribuir para a produção de uma regulação mais racional e eficiente no País.

Porém, em que pese se trate de um passo promissor, há de se reconhecer, em primeiro lugar, que os referidos normativos apresentam limitações, como a obrigatoriedade da AIR apenas para os órgãos e entidades da Administração Pública federal, excluindo-se os demais poderes e entes federativos. Ademais, há uma série de exceções e dispensas, o que restringe ainda mais a utilização do ferramental da AIR.

Para além das limitações normativas, há de se observar de que forma os elaboradores de políticas públicas brasileiros implementarão as AIR e Avaliações Concorrenciais. Não basta que se cumpra um dado procedimento; é preciso que haja a substancial e efetiva análise, evitando-se que aqueles instrumentos se tornem apenas mais um procedimento da burocracia inerente à elaboração ou revisão de normativos.

Em suma, o Brasil tem avançado para se adequar aos padrões indicados pela OCDE em matéria de AIR e Avaliação Concorrencial. É preciso, porém, ir além, de modo a concretizar, de fato, essa cultura de melhoria regulatória entre os elaboradores de políticas públicas. Só assim será possível cumprir formal e substancialmente as diretrizes da OCDE, com fins de se produzir uma legislação que alinhe efetivamente regulação e livre concorrência.

---

46. Nesse sentido, aduz-se que "além de tornar a obrigatoriedade da AIR excepcional, permite-se que mesmo aí a exigência legal seja solenemente desconsiderada sem qualquer consequência jurídica, o que configura evidente afronta ao comando legislativo" (BINENBOJM, Gustavo. O regulamento da Análise de Impacto Regulatório. *Jota*. 5 jan. 2021. Disponível em: https://www.jota.info/opiniao-e-a-nalise/colunas/publicistas/o-regulamento-da-analise-de-impacto-regulatorio-05012021. Acesso em: 26 abr. 2021.

REFERÊNCIAS

ARAGÃO, Alexandre Santos de. Análise de Impacto Regulatório na Lei de Liberdade Econômica. In SALOMÃO, Luis Felipe; CUEVA, Ricardo Villas Bôas; FRAZÃO, Ana (Org.). *Lei de Liberdade Econômica e seus Impactos no Direito Brasileiro*. São Paulo: Ed. RT, 2020.

BINENBOJM, Gustavo. Art. 5º: Análise de Impacto Regulatório. In MARQUES NETO, Floriano Peixoto; RODRIGUES JR., Otávio Luiz; LEONARDO, Rodrigo Xavier (Org.). *Comentários à Lei da Liberdade Econômica – Lei 13.874/2019*. São Paulo: Ed. RT, 2019.

BINENBOJM, Gustavo. O regulamento da Análise de Impacto Regulatório. *Jota*. 5 jan. 2021. Disponível em: https://www.jota.info/opiniao-e-analise/ colunas/publicistas/o-regulamento-da-analise-de-impacto-regulatorio-05012021. Acesso em: 26 abr. 2021.

BLANCHET, Luiz Alberto; BUBNIAK, Priscila Lais Ton. Análise de Impacto Regulatório: uma ferramenta e um procedimento para a melhoria da regulação. *Pensar – Revista de Ciências Jurídicas*, v. 22, n. 3, p. 1-15. 2017.

CAMPILONGO, Celso Fernandes. Lei de Liberdade Econômica, Concorrência e Abuso de Poder Regulatório. In SALOMÃO, Luis Felipe; CUEVA, Ricardo Villas Bôas; FRAZÃO, Ana (Org.). *Lei de Liberdade Econômica e seus Impactos no Direito Brasileiro*. São Paulo: Ed. RT, 2020.

COMPETITION & MARKETS AUTHORITY (CMA). *Productivity and Competition – A summary of the evidence*. Julho de 2015. Disponível em: https://assets.publishing.service.gov.uk/government/uploads/system/uploads/attachment_data/file/909846/Productivity_and_competition_report.pdf. Acesso em: 11 abr. 2021.

COMPETITION & MARKETS AUTHORITY (CMA). *Regulation and Competition – A Review of the Evidence*. Janeiro de 2020. Disponível em: https://assets.publishing.service.gov.uk/government/uploads/system/uploads/attachment_data/file/857024/Regula-tion_and_Competition_report_-_web_version.pdf. Acesso em: 11 abr. 2021.

COUTINHO, Diogo R. A Mão Invisível e a Faca no Pescoço: Considerações Críticas sobre o "Abuso de Poder Regulatório" na Lei 13.874/2019. In: SALOMÃO, Luis Felipe; CUEVA, Ricardo Villas Bôas; FRAZÃO, Ana (Org.). *Lei de Liberdade Econômica e seus Impactos no Direito Brasileiro*. São Paulo: Ed. RT, 2020.

FRAZÃO, Ana. Perspectivas das Análises de Impacto Regulatório – AIRs no Brasil: As exceções e os riscos da desconsideração dos impactos sociais e ambientais – Parte I. *Jota*. 17 fev. 2021. Disponível em: https:// www.jota.info/opiniao-e-analise/colunas/constituicao-empresa-e-mercado/perspectivas-das-analises-de-impacto-regulatorio-airs-no-brasil-17022021. Acesso em: 25 abr. 2021.

GOVERNO FEDERAL. *Diretrizes Gerais e Guia Orientativo para Elaboração de Análise de Impacto Regulatório – AIR*. 2018. Disponível em: https://www.gov.br/casacivil/pt-br/centrais-de-conteudo/downloads/ diretrizes-gerais-e-guia-orientativo_final_27-09-2018.pdf/view. Acesso em: 18 abr. 2021.

JORDÃO, Eduardo; CUNHA, Luiz Filippe. Revisão do estoque regulató rio: a tendência de foco na análise de impacto regulatório retrospectiva. *A&C – Revista de Direito Administrativo & Constitucional*. Belo Horizonte, ano 20, n. 80, p. 227-255. 2020.

MENDONÇA, José Vicente Santos de. Art. 4º: Requisitos para Regulação Pública. In: MARQUES NETO, Floriano Peixoto; RODRIGUES JR., Otávio Luiz; LEONARDO, Rodrigo Xavier (Org.). *Comentários à Lei da Liberdade Econômica – Lei 13.874/2019*. São Paulo: Ed. RT, 2019.

MENEGUIN, Fernando B.; SAAB, Flavio. *Análise de Impacto Regulatório*: Perspectivas a partir da Lei da Liberdade Econômica. Brasília: Núcleo de Estudos e Pesquisas/CONLEG/Senado, mar.

2020 (Texto para Discussão 271). Disponível em: https://www2.senado.leg.br/bdsf/handle/id/570015. Acesso em: 18 abr. 2021.

ORGANISATION FOR ECONOMIC COOPERATION AND DEVELOPMENT (OECD). *Competition Assessment Reviews: Portugal*: v. I – Inland and Maritime Transports and Ports. 2018. Disponível em: https:// doi.org/10.1787/9789264300026-en. Acesso em: 25 abr. 2021.

ORGANISATION FOR ECONOMIC COOPERATION AND DEVELOPMENT (OECD). *Competition Assessment Toolkit: Volume 1. Principles.* Version 4.0. 2019. Disponível em: https://www.oecd.org/daf/competition/46193173. pdf. Acesso em: 11 abr. 2021.

ORGANISATION FOR ECONOMIC COOPERATION AND DEVELOPMENT (OECD). *Competition Assessment Toolkit: Volume 2. Guidance.* Version 4.0. 2019. Disponível em: https://www.oecd.org/daf/competition/45544507. pdf. Acesso em: 11 abr. 2021.

ORGANISATION FOR ECONOMIC COOPERATION AND DEVELOPMENT (OECD). *Competition Assessment Toolkit*: v. 3. Operational Manual. Version 4.0. 2019. Disponível em: https://www.oecd.org/daf/competition/COMP_Toolkit_Vol.3_ENG_2019.pdf. Acesso em: 11 abr. 2021.

ORGANISATION FOR ECONOMIC COOPERATION AND DEVELOPMENT (OECD). *Experiences with Competition Assessment* – Report on the Implementation of the 2009 OECD Recommendation. 2014. Disponível em: https://www.oecd.org/daf/competition/Comp-Assessment-ImplementationReport2014.pdf. Acesso em: 19 set. 2020.

ORGANISATION FOR ECONOMIC COOPERATION AND DEVELOPMENT (OECD). *OECD Regulatory Policy Outlook*. 2018. Disponível em: https://www.oecd-ilibrary.org/governance/oecd-regulatory-policy-outlook-2018_9789264303072-en. Acesso em: 18 abr. 2021.

ORGANISATION FOR ECONOMIC COOPERATION AND DEVELOPMENT (OECD). *Options for Updating Competition Assessment Toolkit in Light of Digitalisation* – Note by the Secretariat. 2018. Disponível em: http:// www.oecd.org/officialdocuments/publicdisplaydocumentpdf/?cote=-DAF/COMP/WP2(2018)2&docLanguage=En. Acesso em: 19 set. 2020.

ORGANISATION FOR ECONOMIC COOPERATION AND DEVELOPMENT (OECD). *Recommendation of the Council on Competition Assessment*. 21 out. 2009. Disponível em: https://legalinstruments.oecd.org/en/instruments/OECD-LEGAL-0376. Acesso em: 29 abr. 2021.

ORGANISATION FOR ECONOMIC COOPERATION AND DEVELOPMENT (OECD). *Recommendation of the Council on Competition Assessment*. 10 dez. 2019. Disponível em: https://legalinstruments.oecd.org/en/instruments/OECD-LEGAL-0455. Acesso em: 29 abr. 2021.

ORGANISATION FOR ECONOMIC COOPERATION AND DEVELOPMENT (OECD). *Recommendation of the Council on Competition Policy and Exempted or Regulated Sectors*. 24 set. 1979. Disponível em: https://legalinstruments.oecd.org/en/instruments/OECD-LEGAL-0181. Acesso em: 29 abr. 2021.

ORGANISATION FOR ECONOMIC COOPERATION AND DEVELOPMENT (OECD). *Recommendation of the Council on Regulatory Policy and Governance*. 21 de março de 2012. Disponível em: https://legalinstruments. oecd.org/en/instruments/OECD-LEGAL-0390. Acesso em: 29 abr. 2021.

ORGANISATION FOR ECONOMIC COOPERATION AND DEVELOPMENT (OECD). *Regulatory Impact Analysis – A Tool for Policy Coherence*. 2009. Disponível em: https://www.oecd-ilibrary. org/governance/regulatory-impact-analysis_9789264067110-en. Acesso em: 11 abr. 2021.

ORGANISATION FOR ECONOMIC COOPERATION AND DEVELOPMENT (OECD). *Regulatory Impact Assessment*. OECD Best Practice Principles for Regulatory Policy. 2020. Disponível em:

https://www.oecd.org/gov/ regulatory-policy/regulatory-impact-assessment-7a9638cb-en. htm. Acesso em: 18 abr. 2021.

SECRETARIA DE ADVOCACIA DA CONCORRÊNCIA E COMPETITIVIDADE (SEAE). *Guia para Elaboração de Análise de Impacto Regulatório (AIR)*. 2021. Disponível em: https://www. gov.br/economia/pt-br/acesso-a-informacao/reg/noticias/seae-lanca-novo-guia-de-analise-de-im- pacto-regulatorio. Acesso em: 1º maio 2021.

SUNDFELD, Carlos Ari et al. *Para uma Reforma Nacional em favor da Liberdade Econômica e das Finalidades Públicas da Regulação*. Abril/2019. Disponível em: https://direitosp.fgv.br/sites/ direitosp.fgv.br/files/arquivos/proposta_de_lei_nacional_de_liberdade_economica_-_sbdp fgv_ direito_sp.pdf. Acesso em: 21 abr. 2021.

TIROLE, Jean. *Économie du bien commun*. Paris: Presses Universitaires de France, 2016.

DIREITO ADMINISTRATIVO E REGULAÇÃO

Marcio Iorio Aranha

Professor de Direito Constitucional e Administrativo da Faculdade de Direito da UnB.

Sumário: Introdução – 1. O papel da regulação na redefinição do propósito das instituições de direito administrativo – 2. A legitimidade da atuação regulatória – 3. A constitucionalização do direito administrativo orientado a resultados e o princípio da instrumentalidade das técnicas regulatórias – 4. Conclusão – Referências.

INTRODUÇÃO

A atualização das normas à conjuntura consiste na função estatal mais proeminente da atividade administrativa, qual seja a função de administração das leis. Ela, em última análise, encarna a ordem funcional dirigida à esfera administrativa de atualização normativa à realidade. A principal razão de ser do direito administrativo é, portanto, a de modernizar o ordenamento jurídico.

Embora essa finalidade de complementar a legislação, atualizando-a, seja própria à clássica concepção francesa de atividade administrativa, ela não se reflete, com a velocidade esperada, no ramo de conhecimento disciplinar de direito administrativo. Países de tradição jurídica mediterrânea assentes sobre o pedestal da priorização da forma sobre o conteúdo, do processo sobre o resultado, do controle pontual, automático e irrefletido sobre o planejamento conjuntural e dinâmico, da crença na suficiência e atemporalidade da lei, não por acaso, chegaram tarde na revolução administrativa representada pelo Estado Administrativo[1] e, por seu consecutário, o Estado Regulador.

A regulação, enquanto *equilíbrio dinâmico*[2] aplicado à intervenção estatal na economia, à conformação do mercado, ou à proteção de direitos fundamentais,[3]

---

1. GULICK, Luther; LYNDALL, Urwick (Coord.). *Papers on the Science of Administration*. New York: Institute of Public Administration, 1937; WALDO, Dwight. *The Administrative State*: A Study of the Political Theory of American Public Administration. New Brunswick (USA): Transaction Publishers, 2007.

2. DALLARI, Sueli. *Direito Sanitário*. p. 57-58. In: ARANHA, M. I. (Org.). *Direito Sanitário e Saúde Pública*. Brasília: Ministério da Saúde, 2003, v. I, p. 39-64.

3. "A regulação, em síntese, é a presença de regras e atuação administrativa (*law and government*) de caráter conjuntural apoiadas sobre o pressuposto de diuturna reconfiguração das normas de conduta e dos atos administrativos pertinentes para a finalidade de redirecionamento constante do comportamento das atividades submetidas a escrutínio, tendo-se por norte orientador parâmetros regulatórios definidos

é uma candidata natural a galvanizar a crise de identidade de um direito administrativo ainda preso a institutos jurídicos petrificados em fórmulas abstratas desconectadas do contexto setorial a que se destinam.

Quem desejar aplicar, por exemplo, o instituto da concessão como um monolito abstrato nos diversos setores regulados, no Brasil, será obrigado a ceder ao fato de que os marcos reguladores setoriais redefinem o instituto segundo as peculiaridades do objeto regulado,[4] deixando-o quase irreconhecível quando comparado com a previsão da Lei Geral de Concessões e Permissões (Lei 8.987/95), bem como constatará que a mera previsão legal de aplicação do instituto não significa que ele efetivamente será utilizado como técnica regulatória preferida pela autoridade reguladora, como ocorreu com o contrato de concessão previsto na Lei Geral de Telecomunicações (Lei 9.472/97), restrito aos serviços de telecomunicações *stricto sensu* decorrentes dos leilões de privatização do Sistema Telebrás e com os dias contados, haja vista a autorização advinda da Lei 13.879/2019, de mais de vinte anos mais tarde, facultando a conversão dos únicos contratos de concessão ainda vigentes no setor regulado pela Anatel para autorizações de serviços em regime privado.

Nessa linha de dinamização do conteúdo normativo pela atividade administrativa em meio à principiologia do Estado Regulador, a regulação opera um efeito criativo ainda pouco estudado sobre os tradicionais institutos jurídico-administrativos, dando-lhes novo propósito e, por que não, redefinindo-os segundo renovadas funções.

Pode-se, mesmo, dizer que a regulação é um componente civilizador dos institutos jurídicos incapazes, por si sós, de corresponderem à evolução exigida pelas transformações diuturnas dos setores regulados, evitando-se, assim, que o direito seja capturado por normas desatualizadas.

1. O PAPEL DA REGULAÇÃO NA REDEFINIÇÃO DO PROPÓSITO DAS INSTITUIÇÕES DE DIREITO ADMINISTRATIVO

As instituições de direito regulatório são instrumentais na compreensão desse efeito criativo que a regulação opera em vetustas instituições de direito público e privado ao reclassificá-las com novas finalidades decorrentes da integração entre meios – instituições jurídicas – e fins – os propósitos inscritos nas políticas públicas.

---

a partir dos enunciados de atos normativos e administrativos de garantia dos direitos fundamentais" (ARANHA, Marcio Iorio. *Manual de Direito Regulatório*: Fundamentos de Direito Regulatório. 5. ed. Londres: Laccademia Publishing, 2019, p. 243).

4. A compreensão do instituto como uma miríade de regimes jurídicos de concessão é abordada na tese de cátedra de direito administrativo da USP, transformada em livro de AZEVEDO, Floriano Marques de. *Concessões*. Belo Horizonte: Fórum, 2015.

As teorias jurídicas da regulação promovem precisamente essa integração entre instituições jurídicas e finalidades regulatórias segundo priorização de modelos regulatórios aptos a responderem aos incentivos próprios a cada mecanismo regulatório. Por isso, a relação entre o moderno direito administrativo e a regulação perpassa a influência que a teoria regulatória opera no significado das instituições jurídicas.

Quando se fala em uma teoria de regulação exclusivamente apoiada em sanções, trata-se de algo distinto de técnicas ou instrumentos de comando e controle, e não se confunde com a forma/modo/modalidade de regulação extrínseca por comando e controle, nem mesmo com a estratégia regulatória de matiz ordenadora, embora todos esses conceitos partilhem de um denominador comum. Por exemplo, uma teoria responsiva da regulação renderá homenagem a técnicas de comando e controle, recomendando o agravamento das sanções, mas se oporá frontalmente a uma teoria de comando e controle.

As técnicas de regulação[5] diferem da teoria regulatória, pois esta implica ordená-las funcionalmente. Coisa inteiramente distinta é a estratégia regulatória, que pode fazer uso de diversos modelos ou teorias. Para fins de maior clareza do discurso, os termos teoria/modelo regulatório, técnica/instrumento regulatório, estratégia/modelagem regulatória, forma/modo/modalidade regulatória e mecanismos regulatórios detêm significados próprios e relevantes para a compreensão do universo regulatório.

Instrumentos ou técnicas regulatórias são meios de que o Estado lança mão com a finalidade de influenciar o comportamento social para alcance dos objetivos inscritos em políticas públicas. Tais meios, sob o enfoque jurídico, configuram-se em instituições de direito público e institutos de direito privado, enquanto cristalizações de cultura jurídica estabilizadas no ordenamento jurídico e na prática institucional de um país. Uma concessão, por exemplo, é uma técnica contratual e estatutária de prestação de serviços públicos, enquanto a sanção é uma técnica ordenadora aflitiva ou premial voltada à mudança do comportamento do atingido por receio de sua aplicação ou à dissuasão de novos comportamentos pelo seu efeito demonstrativo.

Estratégias regulatórias dão um passo além, pois gravadas pela característica funcional de integração de instrumentos/técnicas regulatórias para influenciar o comportamento social. Enquanto os instrumentos/técnicas regulatórios podem ser concebidos como despidos de direção sistêmica, as estratégias regulatórias representam um esforço de modelagem, mediante integração de instrumentos e

---

5. MORGAN, Bronwen; YEUNG, Karen. *An Introduction to Law and Regulation*. Cambridge: Cambridge University Press, 2007, p. 313-322.

técnicas em uma apresentação inovadora. A combinação de técnicas regulatórias em determinado setor regulado revela a capacidade inovadora do regulador em fazer uso dos efeitos jurídicos das instituições de direito público e privado segundo a finalidade inscrita nos marcos reguladores e/ou na orientação predominante de atuação reguladora fixada em normatização secundária.

Exemplo de estratégia regulatória responsiva de metagestão de riscos é dada por Braithwaite em uma pirâmide de constrangimento com respostas regulatórias distribuídas da base da pirâmide ao seu ápice à medida que as empresas são classificadas como de baixo, médio, médio-alto, ou alto risco de transferência de lucros para o exterior.[6]

Não se desconhece, aqui, que parte da literatura regulatória trata de estratégias regulatórias como sinônimo de técnicas regulatórias, mas mesmo essa literatura faz uso do termo estratégias regulatórias no plural para representar um conjunto de diferentes técnicas capazes de alcançar um resultado regulatório ótimo.[7]

Para além do fato de que estratégias regulatórias representam combinações de técnicas regulatórias, o Estado somente aplica estratégia regulatória quando agrega inteligência de integração inovadora à sua atuação regular, à semelhança do que fazem empresas integradoras como a Embraer e a Apple, fugindo da prática ultrapassada de atuação pontual de uso de instrumentos regulatórios em apresentação não sistêmica, esperando-se que tais instrumentos solucionem problemas para os quais eles não foram desenhados.

Quando o Estado faz uso do contrato de concessão como instrumento/técnica regente do comportamento do concessionário, do espaço de atuação do regulador, seja ele poder concedente ou não, e dos direitos e deveres dos usuários, adota-se uma técnica de regulação juridicamente bem definida, geral e passível de administração conjuntural, mas despida de inteligência de integração de instrumentos regulatórios, aprisionando-se o Estado, o regulado e os potenciais afetados às consequências jurídicas previamente limitadas pela característica estatutária e contratual da concessão.

Quando, entretanto, a concessão não é utilizada como meio com pretensão de satisfação plena do processo regulador, mas como ingrediente de uma receita regulatória que integre outros meios de regulação, passa-se a visualizar algo mais complexo e multifacetado, que é a estratégia de modelagem regulatória. Essa estratégia pode fazer uso ou não de concessões, que terão sido ressignificadas para o exercício de uma função condizente com a posição que ocupam na estratégia

---

6. BRAITHWAITE, John. Meta Risk Management and Responsive Regulation for Tax System Integrity. *Law & Policy*, v. 25, n. 1, p. 1-16, Jan. 2003.
7. BRAITHWAITE, John. Enforced Self-Regulation: A New Strategy for Corporate Crime Control. *Michigan Law Review*, v. 80, n. 7, p. 1467. Jun. 1982.

regulatória, seja uma função central de guia contratual-estatutário de previsibilidade das consequências das condutas na vida do regime jurídico instituído pelo contrato de concessão, seja uma função periférica de disciplina de situações jurídicas específicas e marginais infensas, *e.g.*, às técnicas de incentivo adotadas pela estratégia regulatória.

À exceção de teorias regulatórias de matiz institucionalista, a doutrina regulatória falará do uso de instrumentos/técnicas de forma assistemática, resumindo-se a mencionar a combinação de instrumentos/ técnicas regulatórias sob o codinome de *regulatory toolbox approach* (abordagem regulatória de caixa de ferramentas), como espécies de abordagens regulatórias apoiadas em conjuntos preordenados de instrumentos disponíveis.[8] Assim, na literatura regulatória, o que se está aqui chamando de estratégia regulatória costuma ser referido como abordagem regulatória apoiada em conjunto predefinido de instrumentos ou técnicas.

Coisa distinta é a forma, modo ou modalidade regulatória. A forma/modo/modalidade regulatória envolve, necessariamente, a compreensão do funcionamento do mecanismo ou engrenagem regulatória, o que leva a uma opção sobre a natureza do sistema controlado. Se o mecanismo/engrenagem pressuposta de funcionamento de um motor tem natureza de combustão, sabe-se que ele reagirá à injeção de combustível com determinada octanagem, somente funcionará se de fato houver uma fagulha que provoque a combustão, entrará em funcionamento se for proporcional a relação entre a energia armazenada, energia gerada e potência utilizada, terá futuro se a dinâmica das engrenagens estiver bem lubrificada, enfim, se um conjunto de fatores ínsitos ao modo de ser daquele motor forem contemplados. A técnica de alimentação de um motor a combustão naturalmente difere da técnica de alimentação de um motor elétrico. Por analogia, cada instrumento/técnica detém DNA próprio predominante, servindo melhor ou pior, ou mesmo sendo contraproducente para certo mecanismo de funcionamento da regulação em que for utilizado. A utilidade e os benefícios próprios a cada técnica regulatória – institutos jurídicos – depende da conjuntura regulatória e, em última análise, da estratégia regulatória e pressupostos adotados pela teoria regulatória a ser aplicada.

O mecanismo de funcionamento de uma engrenagem específica posiciona os instrumentos, os ressignifica, lhes atribui propósito ou os nulifica. Técnicas regulatórias somente terão significado pleno quando correlacionadas às funções abertas por engrenagens regulatórias. O modo de influenciar o comportamento social define o *status* de uso e efeitos dos instrumentos/técnicas regulatórios disponíveis no ordenamento jurídico.

---

8. MORGAN, Bronwen; YEUNG, Karen. *An Introduction to Law and Regulation*. Cambridge: Cambridge University Press, 2007, p. 9.

Tais distinções são úteis não somente para compreensão da relação entre direito administrativo e regulação, como também para compreensão das teorias regulatórias. Por exemplo, a teoria da regulação inteligente (*smart regulation*) trabalhará precisamente com a adequação ou inadequação de instrumentos regulatórios entre si, propondo uma tabela de instrumentos que se reforçam e outros que se anulam para que o regulador tenha ao alcance de suas mãos recomendações teóricas de um rol de instrumentos que devem ser utilizados em conjunto ou evitados em determinado caso. Por outro lado, uma teoria de regulação responsiva de persuasão e punição proporá modalidades regulatórias partindo do pressuposto de que os regulados agem segundo incentivos de convencimento (persuasão) e punição (dissuasão) integrados em um desenho institucional que os reforce e os nutra constantemente. Enfim, toda teoria regulatória pressuporá um mecanismo/engrenagem de funcionamento do regulado, recomendará estratégias integradoras de técnicas regulatórias mais ou menos elaboradas e lançará mão das formas regulatórias que considere mais apropriadas.

Quando se pressupõe um significado único de um instituto/instituição jurídica – instrumento/técnica regulatória de caráter jurídico –, declara-se, em alto e bom tom, a ignorância quanto às repercussões oriundas das modalidades regulatórias e se invisibiliza essa dimensão também jurídica de organização da atividade administrativa de regular.

Não há entendimento uniforme sobre o tema, mas são formas/ modalidades regulatórias reconhecidas, em geral, pela doutrina, às vezes, confundindo-as com os próprios instrumentos/técnicas regulatórios ou mesmo entendendo-as como categorias mais amplas agregadoras de instrumentos/técnicas segundo a modalidade de controle que encarnam:[9] a) comando; b) competição; c) consenso; d) comunicação; e) arquitetura. Outra divisão mais intuitiva e usual de formas de regular é a que se assenta na distinção entre formas de autorregulação, metarregulação e heterorregulação, ou ainda, em modalidades específicas de regular baseadas em risco (*risk-based regulation*), gestão (*management-based regulation*), performance (*performance-based regulation*), redes (*governança nodal*), transparência e accountability (tripartismo regulatório), corregulação (*e.g. enforced self-regulation*), mecanismos de mercado (*market-based regulation*), desregulação (voluntarismo regulatório), autorregulação, ou ordenação estatal (comando e controle).

A forma regulatória de comando e controle, por exemplo, usualmente referida como *CAC regulation*, ao partir do princípio de que o mecanismo de conformação intencional de conduta de terceiros opera por intermédio da coerção extrínseca

---

9. MORGAN, Bronwen; YEUNG, Karen. *An Introduction to Law and Regulation.* Cambridge: Cambridge University Press, 2007, p. 79-113.

estatal, define a regulação como aquela implementada "pelo Estado por meio de regras jurídicas apoiadas em sanções frequentemente penais",[10] e assume um conjunto de pressupostos sobre como a engrenagem regulatória funciona, tais como o de que o Estado deteria a capacidade de comandar e controlar, a exclusividade de fazê-lo, que os comandos e controles seriam efetivos, que o mecanismo regulatório seria informado pelo caráter unilateral da regulação, pela existência de uma relação linear entre causa – comando e controle – e efeito – conformidade à norma –, por informação suficiente detida pelo Estado sobre as razões que informam o comportamento dos regulados.

Serão precisamente tais pressupostos os evidenciados por teorias regulatórias descentralizadas, ou para algumas traduções, descentradas, que apontarão falhas de informação e conhecimento, falhas de implementação e falhas de motivação para avançarem outras formas regulatórias que não padeçam da crença no mecanismo centralizado no Estado e unilateral de regular.

A opção pela forma de regular também é uma opção pelo significado da regulação. Dos três conceitos de regulação apresentados por Baldwin, Cave e Lodge,[11] a regulação por comando e controle somente diz respeito aos dois primeiros, que se apoiam nas ideias de regulação como conjuntos específicos de comandos normativos ou como influência deliberada do Estado sobre o comportamento social.

A forma de regular de comando e controle implica a adoção do conceito de regulação como promulgação de regras pelo governo acompanhadas de instrumentos de monitoramento e constrangimento normativo ou como qualquer forma de intervenção na atividade econômica. Essa forma de regulação estadocêntrica não conversa, todavia, com um terceiro conceito de regulação descentralizada, assim entendido como quaisquer mecanismos de controle social ou formas de influência que afetem o comportamento social. A coincidência usual na literatura regulatória entre a regulação entendida como normas administrativas impositivas[12] – primeiro conceito de regulação acima exposto – e a forma regulatória de comando e controle explica a dificuldade que o jurista tem de compreender outras formas de regulação como igualmente legítimas. No entanto, o significado da regulação como normatização administrativa ou como influência deliberada do Estado sobre o comportamento social não esgotam as hipóteses de influência em regimes apoiados em comando, explicitamente lembrados pela literatura re-

---

10. BLACK, Julia. Critical Reflections on Regulation. *Australian Journal of Legal Philosophy*, v. 27, p. 2, 2002.
11. BALDWIN, Robert; CAVE, Martin; LODGE, Martin. (Org.). *The Oxford Handbook of Regulation*. Oxford: Oxford University Press, 2010, p. 3.
12. DUDLEY, Susan E.; BRITO, Jerry. *Regulation*: A Primer. 2. ed. Arlington: Mercatus Center / The George Washington University Regulatory Studies Center, 2012.

gulatória,[13] tais como incentivos econômicos, contratuais, estatutários, fomento, outorgas, gestão da informação ou quaisquer outras técnicas juridicamente possíveis e, quando mais eficientes, juridicamente priorizáveis frente à tradicional e já desgastada técnica associada ao mecanismo de comando e controle, quando utilizada sem uma articulação estratégica de teorias mais elaboradas.

As teorias da regulação mais avançadas lidarão precisamente com o ajuste fino entre técnicas/estratégias regulatórias e modalidades/ mecanismos regulatório, como ocorre com a regulação inteligente, que basicamente propõe sequências de técnicas regulatórias que se reforçam ou se nulificam de acordo com um mecanismo regulatório de arquitetura responsiva.

Finalmente, no esquema de termos regulatórios, a teoria ou modelo regulatório é uma formulação coerente de técnicas, estratégias e modalidades regulatórias propostas com o intuito de repercutirem sobre a engrenagem regulatória pressuposta do espaço regulado. A teoria/modelo regulatório pressupõe, portanto, determinado mecanismo de funcionamento da engrenagem regulatória, leva em conta as possibilidades disponíveis de instrumentos/técnicas regulatórias e, se for uma teoria mais atualizada com os tempos de hoje, incorporará espaço às estratégias regulatórias de integração inovadora.

A definição acima de teoria regulatória pode ainda ser incrementada com a consciência de que uma teoria jurídica da regulação nasce em berço esplêndido previamente munido de instituições jurídicas das quais poucas foram talhadas para o fim específico de regular. Uma teoria jurídica da regulação beberá de teorias jurídicas tradicionais de base sobre o funcionamento da engrenagem jurídica e as enriquecerá com aspectos de identidade do mundo regulatório. Ao se compreender uma teoria regulatória, ela será tanto mais produtiva, quanto mais informar o comportamento dos atores da regulação com previsibilidade, visão de conjunto e ajuste dinâmico de técnicas regulatórias.

Tais distinções terminológicas não servem somente ao deleite teórico – aliás, uma contradição em termos –, mas têm efeitos concretos importantes. A partir dessa diferenciação, é possível compreender que os instrumentos/técnicas regulatórios devem ser aquilatados segundo sua pertinência ao mecanismo regulatório, bem como podem ser híbridos, ao se apoiarem em mais de um mecanismo para regular o comportamento social. Em outras palavras, os instrumentos/técnicas regulatórias não são guloseimas espalhadas em uma prateleira à disposição do regulador para seu deleite segundo o desejo do dia, mas componentes apropriados ou não ao mecanismo regulatório que se crê apto à solução de um problema regu-

---

13. BALDWIN, Robert; CAVE, Martin; LODGE, Martin. *Understanding Regulation*: Theory, Strategy, and Practice. 2. ed. Oxford: Oxford University Press, 2012, p. 3.

latório. Em outras palavras, a técnica jurídico-regulatória, *e.g.*, da sanção, detém função regulatória quando inserida no contexto regulatório, que a redireciona para outro fim que não o tradicional fim arrecadatório.[14]

O esforço de modelagem regulatória é, por natureza, complexo. A modelagem regulatória tem por enfoque moldar o comportamento social regulado, podendo fazer uso de técnicas/instrumentos regulatórios informados por mecanismos de arquitetura regulatória, comandos, persuasão, abstenção, intervenção direta, contratos, prestação, fomento, fiscalização, todos eles com inteligência de incentivos, ou não.

Ao atuar como integrador de técnicas regulatórias, o regulador perfaz, *mutatis mutandis*, o papel de uma empresa integradora de novas tecnologias. Embora, em regra, não crie novas técnicas, cria processos inovadores que repercutem decisivamente no sucesso do empreendimento público. Nesse sentido, uma proposta de modelagem regulatória produto de uma estratégia regulatória é funcional prescritiva – normativa –, pois vai além da caracterização do processo regulatório para se concentrar na melhor integração de técnicas rumo à conformação eficiente de condutas. Se, para regular, o regulador se satisfizesse em preservar as características básicas da regulação, estaria desenhando o mecanismo regulado sem agregar inovação. É precisamente o aspecto da procura por respostas inovadoras para os problemas regulatórios que ocupa atenção diferenciada na literatura mais atualizada de regulação.[15]

O regulador pode agir, ou não, de forma estratégica. Se não o faz, aposta na perfeição das soluções do passado e na imutabilidade do sistema regulado. Se, no entanto, fizer bom uso da experiência empírica documentada na teoria regulatória e do conhecimento sedimentado em juízos comparados, aplicará, em um primeiro momento, técnicas regulatórias importadas de outros setores ou de outros países; em um segundo momento, fará uso de mecanismos regulatórios e consequentes técnicas a eles pertinentes; e, em um terceiro momento, de estratégias inovadoras que integram as técnicas e as posicionam segundo a melhor relação possível frente aos mecanismos regulatórios. Tais estratégias assim o serão não por nascerem de boas intenções ou intuições, mas da compreensão de fundo de que o regulador ideal é um integrador de técnicas regulatórias, fazendo uso do conhecimento sobre modelos teóricos e sua experiência, e avançando como um

---

14. Nesse sentido: TCU, Acórdão 2121/2017, Plenário, Rel. Min. Bruno Dantas, julg. 27.09.2017; TCU, Acórdão 729/2020, Plenário, Rel. Min. Aroldo Cedraz, julg. 01.04.2020; TCU, Acórdão 84/2014, Plenário, Rel. Min. Raimundo Carreiro, julg. 22.01.2014; TCU, Acórdão 925/2097, Plenário, Rel. Min. Benjamin Zymler, julg. 23.05.2007; TCU, Acórdão 643/2005, Plenário, Rel. Min. Lincoln Magalhães da Rocha, julg. 25.05.2005.

15. BLACK, Julia; LODGE, Martin; THATCHER, Mark. (Ed.). *Regulatory Innovation*: A Comparative Analysis. Cheltenham, UK: Edward Elgar, 2005.

integrador criativo em constante inovação pensada em batimento com as técnicas, os modelos e a experiência conjuntural.

Quando Hood, Rothstein e Baldwin[16] descrevem a anatomia dos regimes regulatórios frente a parâmetros de risco, irão utilizar três categorias de controle usuais em estudos de sociologia do direito e estudos políticos. Um sistema regulador teria, por características básicas, a partir de uma definição cibernética, a tríade de configuração esperada do sistema ou expectativas desejadas (*standard-setting*), monitoramento (*information-gathering*) e adaptação dinâmica (*behaviour-modification*). Um processo regulador normativo aplicado às ciências sociais, entretanto, vai muito além dessa configuração para trabalhar com um sistema regulador com regras e existência separadas do regulado, estando, ambos, em posição jurídica distinta. Por isso, não basta, para identidade de uma teoria jurídica da regulação, que ela descreva a tríade de características cibernéticas da regulação, mas que prescreva, em propostas de modelagem regulatória, as técnicas e os mecanismos a serem integrados em um esforço criativo que ultrapasse a identidade da regulação para qualificá-la por formas de apresentação inovadoras que irão agregar valor(es) antes não vislumbrado(s), mas, a partir de agora, caracterizado(s) por função de eficiência e por método próprio.

É importante que se compreenda que, embora seja possível concordar com a definição de regulação por seus componentes básicos, será o aspecto teleológico que lhe dará real caráter – finalidade de regular – e serão os pressupostos que informam a regulação que lhe darão *locus* institucional. É neste último aspecto que se situa a opção por uma regulação por incentivos intrínsecos, decorrente da desestabilização de verdades dogmáticas sobre a regulação centralizada na figura estatal em direção ao que a doutrina passou a chamar de regulação descentralizada ou descentrada,[17] tornando mais complexo, mas, ao mesmo tempo, mais produtivo, o ato de regular.

O ato de regular, entretanto, não se rende a preconceitos de que técnicas e mecanismos somente seriam úteis quando aplicados segundo os valores que os justificaram. Há um preconceito, na própria literatura recente de regulação, de que a opção por uma forma/modo/modalidade regulatória – seja o controle, competição, comunicação, consenso, arquitetura, autorregulação, metarregulação, heterorregulação, regulação baseada em risco, em evidências, em gestão, em performance – implicaria, necessariamente, a adoção de determinados valores.[18]

---

16. HOOD, Christopher; ROTHSTEIN, Henry; BALDWIN, Robert. *The Government of Risk*: Understanding Risk Regulation Regimes. Oxford: Oxford University Press, 2001, p. 20-27.

17. BLACK, Julia. Critical Reflections on Regulation. *Australian Journal of Legal Philosophy*, v. 27, p. 1-35, 2002.

18. MORGAN, Bronwen; YEUNG, Karen. *An Introduction to Law and Regulation*. Cambridge: Cambridge University Press, 2007, p. 79 e ss.

Essa literatura dirá que cada modalidade regulatória carregaria consigo uma aceitação implícita de legitimidade quanto ao fator ou aspecto regulado que poderia ser preterido. Por exemplo, ela dirá que a modalidade regulatória apoiada em competição comunicaria aceitação estatal de comportamentos desviantes, desde que a repercussão concorrencial fosse alcançada. A crítica corrente é no sentido de que somente uma atuação punitiva sobre condutas desviantes revelaria uma opção por inaceitabilidade da conduta e de que modalidades regulatórias que privilegiassem a autonomia do regulado legitimariam comportamentos desviantes nos espaços não controlados sob fundamento de melhoria geral da prestação dos serviços. Trata-se, entretanto, de percepção que restringe o horizonte de opções regulatórias, pois pressupõe que somente a proibição direta de determinada atividade a preveniria e, ainda, que a proibição direta e sancionada seria o método mais eficaz e eficiente para alcançar o benefício esperado na proteção dos valores diretivos inscritos na política pública.

O problema dessa percepção intuitiva de que modalidades regulatórias carregariam consigo opções predefinidas de valorização de opções políticas está no fato de que ela pressupõe que a opção por uma determinada modalidade significaria, necessariamente, valorizar somente o aspecto de comportamento atacado pela correspondente técnica regulatória, quando, na verdade, ao se optar por uma estratégia regulatória inovadora, o regulador é chamado a voltar sua atenção para comportamentos passíveis de gerar incentivos de boas práticas em seara distinta daquela diretamente atingida pela norma. Essa deficiência de percepção doutrinária das formas de regulação como dependentes de opções de valoração política é evidente quando se lança mão de casos.

Quando o regulador resolve, por exemplo, adotar técnica de incentivos intrínsecos sobre a estrutura societária do regulado, ao não adotar técnicas de vedação direta de conduta que dispare uma sanção estatal, não por isso, opta por aceitar o resultado que pretende suprimir. Pelo contrário, uma técnica de internalização societária de consequências indesejadas ao regulado por aferição de resultados indesejados pelo regulador pode fazer repercutir sobre o comportamento desviante efeitos ainda mais devastadores para a vida da empresa e, em especial, para quem é o diretor de plantão. É inquestionável que tais efeitos perniciosos sentidos ainda mais fortemente em casos de consequências societárias internalizadas por determinação regulatória, ou seja, por técnica de regulação intrínseca, revela, claramente, uma opção pela inaceitabilidade da prática que dispare o efeito societário prejudicial.

O contrassenso intestino da literatura regulatória de vincular técnicas e mecanismos regulatórios a valores predeterminados gera padrões contraproducentes para a atuação do regulador. Parte-se de um preconceito intuitivo do passado e despido de comprovação empírica, para julgar propostas presentes e aferidas empiricamente. Não por acaso, as iniciativas de nova modelagem regulatória vêm manietadas por técnicas contraditórias. Se o regulador, ao adotar nova modalidade regulatória, não compreende que ela é inerentemente híbrida e que pode ser funcionalmente orientada a fins não intuitivos, acreditará que ela estará em contradição com os objetivos centrais de sua existência quando, na verdade, a adoção de técnica acusada de ser mais liberal, dando-se autonomia ao regulado para a prática de atos indesejados, pode ser dosada para extrair um resultado de conformidade regulatória muito superior ao esperado de uma modalidade regulatória de controle ostensivo, pretensamente mais obediente à intransigência com o ilícito.

A defesa de que o ilícito somente pode ser combatido por meio de medidas exparsas sancionatórias, no mais das vezes, camufla a realidade de promiscuidade entre o lícito e o ilícito, atribuindo-se maior valor ao momento necessário sim da punição, mas insuficiente para obtenção do bem efetivamente desejado de bom comportamento do regulado; a conformidade como miragem.

Talvez o maior desafio do presente esteja em alterar a compreensão intuitiva, mas empiricamente falsa, de que a punição representa o ápice de manifestação de preocupação da autoridade com o problema regulado para se revelar com a feição que ela realmente tem: a última etapa de um longo e malogrado processo regulatório que efetivamente não atingiu o resultado desejado, ou seja, a conformidade à norma. Analogamente à afirmação de Miguel Reale[19] de que o direito que vai aos tribunais é o direito doente, a regulação que chega à sanção é uma estratégia regulatória fracassada, que reconhece o insucesso em conformar condutas.

Outro aspecto relevante à compreensão da relação entre as instituições de direito administrativo e a regulação é o de que as categorias usualmente utilizadas pela literatura regulatória para descrição de gêneros de teorias regulatórias, à exceção da institucionalista – ou seja, teorias de interesse público e teorias de interesse privado –, têm obscurecido a visualização do aspecto jurídico do fenômeno regulatório.

Costuma-se falar em razões de existência política, econômica e sociológica da regulação, mas não em razões de existência jurídica. Mesmo abordagens principiológicas apoiadas no ordenamento jurídico têm sido confundidas com opções políticas por valores justificadores da regulação, como ocorre, por exemplo, com a usual classificação das propostas de Cass Sunstein, de 1990, e de Tony Prosser, de 1986, como espécies do gênero teorias da regulação de interesse público,[20] sob

---

19. REALE, Miguel. *O Direito como Experiência*. São Paulo: Saraiva, 1968.
20. MORGAN, Bronwen; YEUNG, Karen. *An Introduction to Law and Regulation*. Cambridge: Cambridge University Press, 2007, p. 27-42.

o argumento de que o papel do direito na regulação se resumiria a fornecer um quadro geral com a única finalidade de coordenação e tradução da decisão política bem intencionada em ordens normativas, muito ao gosto de uma visão processual do direito, que tem espaço, por exemplo, em uma teoria jurídico-processual administrativa da regulação, como a de Croley que, por sua vez, é usualmente classificada como teoria da regulação de interesse privado, haja vista tratar do diálogo dos interesses privados no espaço processual administrativo estatal, mesmo quando não há dúvida, para a ciência jurídica, de que o processo administrativo de que trata Croley[21] é indubitavelmente uma instituição de direito público tratada pela teoria do direito público, cujo arauto mais visível é o interesse público.

Ocorre, entretanto, que o significado de interesse público para as teorias da regulação apoiadas em razões econômicas, políticas ou sociológicas, de cunho subjetivo, é essencialmente distinto do interesse público para a teoria jurídica de direito público, de caráter objetivo e ordenamental.

Há uma razão de ser da regulação para além de teorias econômicas e políticas, que colmata uma falta reconhecida pela literatura regulatória de justificação jurídica da regulação. Uma teoria jurídica da regulação somente se sustenta se estiver apoiada em uma justificativa jurídica e isso explica o tradicional desconforto do jurista em lidar com novas estratégias regulatórias, quando ele tem sido apresentado a teorias da regulação sem fundamentação jurídica. Para que não se pareça estar tomando as dores de outros, o próprio Prosser dirá, mais de vinte anos depois do seu escrito que o inseriu na categoria de teorias regulatórias de interesse público sob o olhar político e econômico, que, embora a regulação econômica tenha dominado a literatura regulatória até o presente, outras formas de regulação estão apoiadas em uma racionalidade distinta de promoção e proteção de direitos.[22]

Esse encaixe forçado de teorias jurídicas em moldes criados a partir de juízos econômicos e políticos fecha os olhos ao movimento constitucionalista do século XX, como se ele não tivesse afirmado o conteúdo objetivo dos direitos fundamentais e sua precedência ao discurso político constituído; ele obscurece a compreensão já sedimentada no constitucionalismo moderno de que, senão em sua manifestação de poder constituinte originário, precário e de exceção, a decisão política é subordinada ao estatuto jurídico fundamental, em vez de sua origem. A justificativa jurídica da regulação é a proteção de direitos. As implicações políticas, econômicas ou sociológicas serão, decerto, relevantes, mas em um

---

21. CROLEY, Steven P. Theories of Regulation: Incorporating the Administrative Process. *Columbia Law Review*, v. 98, n. 1, p. 1-168, Jan. 1998.
22. OLIVER, Dawn; PROSSER, Tony; RAWLINGS, Richard (Ed.). *The Regulatory State*: Constitutional Implications. Oxford: Oxford University Press, 2010, p. 312.

segundo nível de análise sobre as técnicas e mecanismos regulatórios apropriados à solução de determinado problema. A ponderação dos efeitos de uma estratégia regulatória frente às suas consequências sobre direitos, repercussões econômicas e políticas públicas ocorrem após solucionado o pressuposto de uma teoria jurídica da regulação, que é a justificativa do ato de regular como sediada na proteção de direitos fundamentais.

Morgan e Yeung[23] admitem que a explicação do porquê da regulação, como parte integrante de uma teoria da regulação, tem sido arvorada em ciência política, economia e sociologia. É precisamente por isso que a tradicional divisão das teorias da regulação em três vertentes – interesse público, interesse privado e institucionalistas – aproveita pouco ao direito, pois tal divisão lida com razões de existência da regulação de fundo econômico, político ou sociológico, carecendo de fundamento jurídico que, por sua tradição constitucionalista, é objetivo e assentado no ordenamento jurídico, conectando-se ao processo decisório como instituição de direito público funcionalmente subordinada aos princípios jurídico-constitucionais.

Justificativas econômicas, políticas e sociológicas concentrarão suas atenções sobre as forças motivadoras da tomada de decisão e a relação entre os interesses individuais e a manifestação coletiva. Para uma análise jurídica, entretanto, parte-se do pressuposto de que tais forças são domadas por princípios jurídicos que regem uma teoria jurídica da regulação. Assim, falar-se em uma teoria da regulação do interesse público, pressupondo-se que os elaboradores das leis e da regulamentação teriam uma intenção benevolente é indiferente à análise jurídica, que se concentra na pertinência objetiva da decisão frente ao contexto de princípios e regras jurídicas, anteriores e superiores aos órgãos decisórios.

Isso, por si só, já evidencia o desajuste e inadequação em se tentar aplicar a razão de ser de teorias econômicas e políticas de regulação a uma teoria jurídica. Estar-se-ia criando um Frankenstein teórico, utilizando-se da razão de ser da regulação de uma ciência e camuflando-a com argumentos jurídicos. Não se quer dizer com isso que estudos de posicionamento do direito no esquema de teorias regulatórias econômicas e políticas não sejam úteis ou precisos em seus pressupostos, pois expressamente se preocupam em evidenciar o papel do direito em teorias de interesse público ou privado.[24]

Para o direito, entretanto, o regulado e o regulador não agem com o *desejo* de atingirem objetivos públicos ou privados; eles agem *em sintonia ou não com*

---

23. MORGAN, Bronwen; YEUNG, Karen. *An Introduction to Law and Regulation*. Cambridge: Cambridge University Press, 2007, p. 16.

24. MORGAN, Bronwen; YEUNG, Karen. *An Introduction to Law and Regulation*. Cambridge: Cambridge University Press, 2007, p. 41; 51.

a orientação normativa objetiva e são algozes ou vítimas dos constrangimentos normativos voltados à promoção de princípios jurídicos para teorias jurídicas de oposição entre o público e o privado, ou são partícipes na consecução da eficiência regulatória para teorias jurídicas inspiradas no Estado Regulador, como é o caso da teoria responsiva da regulação, que se propõe a superar o antagonismo entre discursos de desregulação e de intensificação regulatória para abraçar a nova realidade de fluxo institucional ou regulatório.[25]

Outro ponto de esclarecimento da relação entre direito administrativa e regulação encontra-se na tendência em se confundirem percepções jurídicas sobre a manifestação do direito como coerção extrínseca ou intrínseca com a discussão sobre opções regulatórias *endógenas* ou *exógenas* da análise econômica. Abordagens regulatórias econômicas identificadas como regulação baseada em desempenho (*performance-based regulation – PBR*) surgiram como uma alternativa à abordagem tradicional de regulação de utilidades públicas baseada em custo do serviço (*cost-of-service regulation – COSR*). A regulação por desempenho se diferenciava da apoiada em custo pelo fato de introduzir um preço de referência exógeno ou preço-teto, reservando-se espaço à criatividade empresarial em encontrar formas para economia de custos, premiando-as por sua eficiência.

Como se pode ver, a regulação baseada em desempenho não surgiu em antagonismo à regulação de comando e controle, mas deu os primeiros passos rumo a uma maior liberdade de atuação e escolhas empresariais pautadas por metas. Outras formas mais recentes de regulação baseada em desempenho passaram a identificá-la com um tipo regulatório de mecanismos dirigidos de incentivo ao desempenho (*targeted performance incentive mechanisms – PIMS*), que seguem a lógica de repercussões normativas premiais ou aflitivas decorrentes de critérios de desempenho[26] muito ao gosto da racionalidade finalística do Estado de Bem-estar Social.[27]

Nessa linha, o principal autor de uma das teorias mais festejadas de regulação – a regulação inteligente, ou *smart regulation* – expressamente classificará a regulação baseada em padrões tecnológicos, a regulação baseada em padrões de performance e a regulação baseada em padrões de processos como tipos de regulação de comando e controle[28] quando do estudo do mix de instrumentos regulatórios. A regulação baseada em performance é tida, nessa linha de pensa-

---

25. AYRES, Ian; BRAITHWAITE, John. *Responsive Regulation*: Transcending the Deregulation Debate. Oxford: Oxford University Press, 1992, p .15.
26. AAS, Dan. *Performance Based Regulation*: Theory and Applications in California. Berkeley, 2016, p. 2-10.
27. LOPES, Othon de Azevedo. *Fundamentos da Regulação*. Rio de Janeiro: Processo, 2018.
28. GUNNINGHAM, Neil; GRABOSKY, Peter. *Smart Regulation*: Designing Environmental Policy. Oxford: Clarendon Press, 1998, p. 424.

mento, como um tipo de padrão de comando e controle com um *modus operandi* distinto dos demais, mas ainda inscrito no espaço do dirigismo, com o diferencial de que, ao contrário dos padrões tecnológicos e processuais, evita prescrições específicas, mas não deixa de ser um tipo de regulação prescritiva de resultados.

Quando, por sua vez, estudos econômicos diferenciam regulação por preço-teto, ou regulação *price cap* (RPC), como uma alternativa à regulação baseada em custos, ou regulação por custo do serviço ou taxa de retorno (RCS), eles o fazem com o propósito de reforçar a meta exógena em detrimento à técnica mais invasiva da regulação por custo do serviço. Para uma análise jurídica, entretanto, tais tipos regulatórios apresentam-se como instrumentos regulatórios tipificados como atos administrativos ordenadores condicionantes de direitos, que podem ser utilizados no modelo regulatório de comando e controle, ou reaproveitados, em um esforço de definição de novo propósito a ditos instrumentos, em modelos regulatórios propriamente apoiados na lógica do incentivo do Estado Regulador, ou seja, na racionalidade reflexiva de estímulos indiretos.

2. A LEGITIMIDADE DA ATUAÇÃO REGULATÓRIA

Para se justificar redefinição de funções das tradicionais instituições de direito administrativo, não se pode deixar de endereçar o problema da legitimidade de modelos regulatórios imbricados no paradigma do Estado Regulador de reserva da técnica a instâncias de administração das leis. Esse é um problema que atinge o universo de manifestações regulatórias desgarradas da ilusão de uma Administração meramente executiva, implementadora de prescrições legais oniscientes e universais. Em suma, a legitimidade importa para qualquer manifestação regulatória, seja ela apoiada em modelagem de coerção extrínseca ou intrínseca, seja qual for o mix de instituições de direito administrativo definido segundo a estratégia regulatória.

A questão da legitimidade é, entretanto, revisitada quando da sugestão de adoção de modelos regulatórios apoiados em incentivos intrínsecos, que pressupõem atribuição de papel regulador ao próprio regulado e maior abertura do regulador ao diálogo e à cooperação com os atores envolvidos, sejam regulados, consumidores ou terceiros. A literatura que se debruça com mais afinco sobre o aspecto da legitimidade regulatória preocupa-se com o fenômeno mais amplo da regulação policêntrica, ou, em termos jurídicos, dos regimes regulatórios policêntricos,[29] muitas vezes indevidamente reduzidos aos conceitos de autorregulação, autoconstrangimento, autogovernança e auto-organização.[30]

---

29. BLACK, Julia. Constructing and Contesting Legitimacy and Accountability in Polycentric Regulatory Regimes. *Regulation & Governance*, v. 2, p. 137-164, 2008.

30. PLAGGENHOEF, Wijnand van. *Integration and Self Regulation of Quality Management in Dutch Agri-Food Supply Chains*. Wageningen, The Netherlands: Wageningen Academic Publishers, 2007, p. 84.

Os problemas de legitimidade elencados em tais regimes regulatórios policêntricos são de maior monta que os enfrentados pelo tipo regulatório apoiado em incentivos intrínsecos dependentes de regulação estatal. Essa diferença entre níveis de déficit de legitimidade – entre uma regulação pura para além do Estado e uma regulação resultado da composição estratégica de atuação estatal e incentivos intrínsecos – é reconhecida pela literatura de regulação descentralizada,[31] mas isso não desautoriza lançar-se mão das soluções apontadas por pesquisas sobre experiências de regulação policêntrica,[32] cujo ápice estará situado na discussão sobre governança democrática no âmbito da regulação supragovernamental,[33] nos chamados *non-state regulators*, ou NSRs,[34] em um direito administrativo oriundo de regulação global,[35] na padronização de códigos de conduta voluntários,[36] ou mesmo na autorregulação empresarial.[37]

3. A CONSTITUCIONALIZAÇÃO DO DIREITO ADMINISTRATIVO ORIENTADO A RESULTADOS E O PRINCÍPIO DA INSTRUMENTALIDADE DAS TÉCNICAS REGULATÓRIAS

A escrita deste capítulo teve a fortuna de coincidir com a promulgação da Emenda Constitucional 109, de 15 de março de 2021, que acrescentou novo § 16 ao art. 37 da Constituição Federal, introduzindo, no rol de princípios constitucionais da administração pública brasileira, a determinação de que os órgãos e entidades da administração pública realizem avaliação das políticas públicas, inclusive com divulgação do objeto a ser avaliado e dos resultados alcançados.

---

31. BLACK, Julia. *Legitimacy and the Competition for Regulatory Share. Law, Society, Economy Working Papers*, v. 14, p. 1-25, 2009.
32. Cf. HARLOW, Carol; RAWLINGS, Richard. Promoting Accountability in Multilevel Governance: A Network Approach. *European Law Journal*, v. 13, n. 4, p. 542-562, July 2007; COHEN, Joshua; SABEL, Charles F. Global Democracy? *International Law and Politics*, v. 37, p. 763-797, 2005; SCOTT, Colin. Accountability in the Regulatory State. *Journal of Law and Society*, v. 27, n. 1, p. 38-60, 2000.
33. Cf. MEIDINGER, Errol. Competitive Supra-Governmental Regulation: How Could It Be Democratic? *Chicago Journal of International Law*, v. 8, n. 2, p. 513-534, 2008; PAUWELYN, Joost; WESSEL, Ramses A.; WOUTERS, Jan. (Ed.). *Informal International Lawmaking*. Oxford: Oxford University Press, 2012.
34. Cf. BLACK, Julia. Legitimacy and the Competition for Regulatory Share. *Law, Society, Economy Working Papers*, v. 14, p. 1-25, 2009.
35. Cf. CASSESE, Sabino. Administrative Law without the State? The Challenge of Global Regulation. *International Law and Politics*, v. 37, p. 663-694, 2005; KINGSBURY, Benedict; KRISCH, Nico; STEWART, Richard B. The Emergence of Global Administrative Law. *Law and Contemporary Problems*, v. 68, p. 15-61, Summer/Autumn 2005.
36. Cf. CLAPP, Jennifer. The Privatization of Global Environmental Governance: ISO 14000 and the Developing World. *Global Governance*, v. 4, p. 295-316, 1998; SETHI, S. Prakash. (Ed.). *Globalization and Self-Regulation*: The Crucial Role that Corporate Codes of Conduct Play in Global Business. New York: Palgrave MacMillan, 2011.
37. Cf. BROWN, Dana; WOODS, Ngaire. (Ed.). *Making Global Self-Regulation Effective in Developing Countries*. Oxford: Oxford University Press, 2007; PARKER, Christine. *The Open Corporation*: Effective Self-Regulation and Democracy. Cambridge: Cambridge University Press, 2002.

Esse novo mandamento do poder constituinte derivado eleva à categoria constitucional a orientação básica regulatória de atuação administrativa estatal pautada por finalidades materiais de execução de políticas públicas, gravando as normas infraconstitucionais com o efeito plasmador da *instrumentalidade das técnicas regulatórias* utilizadas, inclusive, por óbvio, a técnica sancionadora, para determinar à administração pública, em geral, e ao regulador, em especial, o dever constitucional de orientação de sua conduta por avaliação conjuntural dos instrumentos utilizados.

Não mais é facultado ao administrador supor a adequação dos efeitos de técnicas administrativas inscritas nas leis. A administração obtusa tornou-se flagrantemente inconstitucional; encontra-se, agora, escancarada a ordem constitucional de que a administração pública avalie sua atuação e, portanto, a aplicação automática e irrefletida de institutos jurídicos ou pretensas ordens legais ou regulamentares desprovidas de finalidades materiais.

Os constructos de direito administrativo já deviam antes ser reo rientados à sua função regulatória, mas com a EC 109/2021, o atuação da administração pública em evidenciar o propósito regulatória das instituições de direito administrativo, *e.g.*, dos contratos de concessão, das autorizações de uso de bens públicos, das sanções administrativas tornou-se um dever expresso constitucional gravado pela exigência adicional de avaliação dos resultados. A nova norma constitucional determina a avaliação dos resultados e, por decorrência, ordena à administração pública que especifique quais são eles, ou seja, quais são os objetivos regulatórios que devem ser avaliados para que se comprove a utilização devida das instituições de direito administrativo. Uma sanção administrativa que não resulte em efetiva conformidade regulatória à política pública correspondente deve ser, portanto, substituída fundamentadamente por outras providências administrativas ou estratégias regulatórias que resultem em melhor índice de conformidade ou expectativa de um ambiente de contínua melhoria da prática regulatória; a aplicação de uma sanção desconectada do resultado esperado não é mais constitucional.

Assim, não se trata mais de uma opção do legislador ou do regulador infralegal aplicar modelagem regulatória pautada pela aferição diuturna da eficácia das medidas de conformidade de condutas reguladas, mas um dever constitucional de que se opte por técnicas regulatórias capazes de efetivamente atrair o regulado para uma conduta regular de conformidade, como resultado maior de qualquer atuação regulatória. Mesmo que as leis ou normas infralegais prevejam a aplicação de determinada sanção, se ela não corresponder, de fato, aos resultados regulatórios esperados que, por óbvio, não podem ser o de arrecadação de uma multa, o agente público que a aplica deve sustar o processo sancionatório ou anular a sanção em prol de medida de conformidade adequada.

4. CONCLUSÃO

O recado final deste capítulo é de que não há pecado original em nenhuma teoria da regulação: elas serão o que fizermos delas. Serão tais teorias que viabilizarão ou impedirão a instituição reguladora de se apresentar como estratégica em combinar instituições de direito administrativo para fins inovadores. A regulação manietada por submissão incondicional e cega à forma se apresentará como aplicação irrefletida e automática de instituições de direito administrativo com finalidades escritas nas estrelas obedientes a uma função estática predefinida em abstrato em leis ou em suas interpretações descompromissadas com os princípios informadores da atuação regulatória, quais sejam, os princípios da dignidade da pessoa humana, da eficiência[38] e da responsividade. Tais princípios informam uma atuação administrativa cooperativa, com papel ativo outorgado ao regulado, apoiada em resultados – assim exigido pelo art. 37, § 16, da Constituição Federal – e aberta à melhoria conjuntural. Eles evidenciam a necessidade de adaptação de vetustas funções administrativas definidas em leis abstratas a funções regulatórias alinhadas à eficiência, ao espaço de adesão voluntária à norma, ao desenho regulatório de regimes jurídicos de incentivo ao comportamento virtuoso do regulado.

As instituições de direito público e privado e, em especial, as de direito administrativo ganharam um novo propósito ao serem tocadas pela regulação. A regulação expande o universo de finalidades das instituições de direito administrativo, quebrando os grilhões que o prendiam a formulações abstratas descompromissadas com o contexto e resultado de sua aplicação.

REFERÊNCIAS

AAS, Dan. *Performance Based Regulation*: Theory and Applications in California. Berkeley, 2016.

ARANHA, Marcio Iorio. *Manual de Direito Regulatório*: Fundamentos de Direito Regulatório. 5. ed. Londres: Laccademia Publishing, 2019.

AYRES, Ian; BRAITHWAITE, John. *Responsive Regulation*: Transcending the Deregulation Debate. Oxford: Oxford University Press, 1992.

AZEVEDO, Floriano Marques de. *Concessões*. Belo Horizonte: Fórum, 2015.

BALDWIN, Robert; CAVE, Martin; LODGE, Martin (Org.). *The Oxford Handbook of Regulation*. Oxford: Oxford University Press, 2010.

BALDWIN, Robert; CAVE, Martin; LODGE, Martin. *Understanding Regulation*: Theory, Strategy, and Practice. 2. ed. Oxford: Oxford University Press, 2012.

BLACK, Julia. Constructing and Contesting Legitimacy and Accountability in Polycentric Regulatory Regimes. *Regulation & Governance*, v. 2, p. 137-164, 2008.

---

38. Lopes evidencia como a dignidade da pessoa humana e a eficiência moldam a apresentação do Estado Regulador: LOPES, Othon de Azevedo. *Fundamentos da Regulação*. Rio de Janeiro: Processo, 2018.

BLACK, Julia. Critical Reflections on Regulation. *Australian Journal of Legal Philosophy*, v. 27, p. 1-35, 2002.

BLACK, Julia. Legitimacy and the Competition for Regulatory Share. *Law, Society, Economy Working Papers*, v. 14, p. 1-25, 2009.

BLACK, Julia; LODGE, Martin; THATCHER, Mark. (Ed.). *Regulatory Innovation*: A Comparative Analysis. Cheltenham, UK: Edward Elgar, 2005.

BRAITHWAITE, John. Enforced Self-Regulation: A New Strategy for Corporate Crime Control. *Michigan Law Review*, v. 80, n. 7, p. 1466-1507, Jun. 1982.

BRAITHWAITE, John. Meta Risk Management and Responsive Regulation for Tax System Integrity. *Law & Policy*, v. 25, n. 1, p. 1-16, Jan. 2003.

BROWN, Dana; WOODS, Ngaire. (Ed.). *Making Global Self-Regulation Effective in Developing Countries*. Oxford: Oxford University Press, 2007.

CASSESE, Sabino. Administrative Law without the State? The Challenge of Global Regulation. *International Law and Politics*, v. 37, p. 663-694, 2005.

COHEN, Joshua; SABEL, Charles F. Global Democracy? *International Law and Politics*, v. 37, p. 763-797, 2005.

CROLEY, Steven P. Theories of Regulation: Incorporating the Administrative Process. *Columbia Law Review*, v. 98, n. 1, p. 1-168, Jan. 1998.

DALLARI, Sueli. *Direito Sanitário*. In: ARANHA, M. I. (Org.). *Direito Sanitário e Saúde Pública*. Brasília: Ministério da Saúde, 2003. v. I.

DUDLEY, Susan E.; BRITO, Jerry. *Regulation*: A Primer. 2. ed. Arlington: Mercatus Center / The George Washington University Regulatory Studies Center, 2012.

GULICK, Luther; LYNDALL, Urwick (Coord.). *Papers on the Science of Administration*. New York: Institute of Public Administration, 1937.

GUNNINGHAM, Neil; GRABOSKY, Peter. *Smart Regulation*: Designing Environmental Policy. Oxford: Clarendon Press, 1998.

HARLOW, Carol; RAWLINGS, Richard. Promoting Accountability in Multilevel Governance: A Network Approach. *European Law Journal*, v. 13, n. 4, p. 542-562, July 2007.

HOOD, Christopher; ROTHSTEIN, Henry; BALDWIN, Robert. *The Government of Risk*: Understanding Risk Regulation Regimes. Oxford: Oxford University Press, 2001.

KINGSBURY, Benedict; KRISCH, Nico; STEWART, Richard B. The Emergence of Global Administrative Law. *Law and Contemporary Problems*, v. 68, p. 15-61, Summer/Autumn 2005.

LOPES, Othon de Azevedo. *Fundamentos da Regulação*. Rio de Janeiro: Processo, 2018.

MEIDINGER, Errol. Competitive Supra-Governmental Regulation: How Could It Be Democratic? *Chicago Journal of International Law*, v. 8, n. 2, p. 513-534, 2008.

MORGAN, Bronwen; YEUNG, Karen. *An Introduction to Law and Regulation*. Cambridge: Cambridge University Press, 2007, p. 313-322.

OLIVER, Dawn; PROSSER, Tony; RAWLINGS, Richard (Ed.). *The Regulatory State*: Constitutional Implications. Oxford: Oxford University Press, 2010.

PARKER, Christine. *The Open Corporation*: Effective Self-Regulation and Democracy. Cambridge: Cambridge University Press, 2002.

PAUWELYN, Joost; WESSEL, Ramses A.; WOUTERS, Jan. (Ed.). *Informal International Lawmaking*. Oxford: Oxford University Press, 2012.

PLAGGENHOEF, Wijnand van. *Integration and Self Regulation of Quality Management in Dutch Agri-Food Supply Chains*. Wageningen, The Netherlands: Wageningen Academic Publishers, 2007.

REALE, Miguel. *O Direito como Experiência*. São Paulo: Saraiva, 1968.

SCOTT, Colin. Accountability in the Regulatory State. *Journal of Law and Society*, v. 27, n. 1, p. 38-60, 2000.

SETHI, S. Prakash. (Ed.). *Globalization and Self-Regulation*: The Crucial Role that Corporate Codes of Conduct Play in Global Business. New York: Palgrave MacMillan, 2011.

WALDO, Dwight. *The Administrative State*: A Study of the Political Theory of American Public Administration. New Brunswick (USA): Transaction Publishers, 2007.

OS DESAFIOS REGULATÓRIOS PARA UMA ECONOMIA DE MERCADO

Luciano Benetti Timm

Doutor e Mestre em Direito pela UFRGS. LLM em Warwick. Pesquisador de Pós Doc da UC Califórnia. Professor da FGVSP. Sócio fundador do CMT Advogados.

Raphael Boechat Alves Machado

Doutor e Mestre em Direito Privado pela Puc-Minas. Professor na pós-graduação *lato senso* da PUC-MG. Advogado, Sócio no CMT Advogados.

Sumário: Introdução – 1. Regulação – a teoria das escolhas públicas e o ambiente regulatório – 2. A assimetria de informação e a seleção adversa – 3. Regulação e sistema bancário – 4. Considerações finais – Referências.

INTRODUÇÃO

A Constituição assegura o livre direito de os agentes adentrarem ao domínio econômico, para exercer a atividade comercial que bem entenderem, sendo que a economia de mercado pode atuar como vetor comportamental na autonomia da tomada e impulsionar a livre concorrência.

Assim, a disposição do consumidor em pagar determinado preço por um produto atuará como um verdadeiro termômetro nas escolhas exercidas pelo fornecedor, ajustando-se, a partir daí, oferta e demanda.

Naturalmente, este conceito funciona como teoria e impõe, por isto, um modelo a ser defendido, o que não afasta reconhecer a existência das chamadas falhas de mercado, situação em que os preços e as quantidades não são ajustados livremente por este encontro de oferta e demanda, mas partir de um dado poderio que fornecedores e/ou consumidores podem ter, e então dele abusar.

A economia planificada, lado outro, freia esse processo de natural ajuste de mercado que ocorre na concorrência perfeita, uma vez que está garantida a autoridade central, planificador, o poder de determinar o volume e as quantidades a serem produzidas.

Os ganhos sociais da defesa da economia de mercado são inegáveis, fato este defendido e previsto na Constituição da República, haja vista que o modelo capitalista está implícito na eleição de direitos como a propriedade privada e a livre concorrência.

Num cenário em constante evolução tecnológica e econômica, um novo desafio para a autoridade regulatória surge, o de garantir um ambiente regulatório que promova o futuro e reduza as barreiras aos entrantes.

A atividade disruptiva, por romper com o *status quo*, traz inquietude e abala as estruturas existentes no mercado, desacomodando os agentes econômicos já preestabelecidos e o padrão comportamental até então vigente.

Da mesma forma, o ingresso de uma nova tecnologia no mercado assegura aos consumidores a obtenção de melhores produtos e serviços, estimulando a competitividade e a eficiência, alterando, por isto, o padrão de qualidade existente.

O estímulo e a proteção a concorrência podem ser considerados como vetores para a obtenção de inegáveis ganhos para a coletividade, haja vista que o desassossego e a inquietude do ambiente desestimulam a acomodação e, principalmente, o parasitismo no mercado.

Logo, o papel do regulador e as escolhas públicas assumem protagonismo como meio capaz e seguro de garantir aos agentes econômicos um ambiente regulatório seguro e capaz de preservar o *status* inovador.

Muitos são os gargalos para uma política regulatória eficiente, podendo-se destacar na assimetria de informação entre regulado e regulador como uma hipótese de uma política regulatória ineficiente e desestimulante.

Visando então superar este dilema, algumas práticas ganham destaque, como o *sandbox* regulatório ou ambiente regulatório experimental, recentemente positivado pela Lei Complementar 182/2021, o qual inova ao estimular um ambiente de mútua colaboração, podendo o regulador melhor conhecer das práticas desenvolvidas pelo regulado, antes de realizar as escolhas regulatórias.

1. REGULAÇÃO – A TEORIA DAS ESCOLHAS PÚBLICAS E O AMBIENTE REGULATÓRIO

Recentemente, o Tribunal de Contas da União, por meio do processo TC 026.654/2020-2, acórdão 1536/2021, assim julgou:

> ACORDAM os Ministros do Tribunal de Contas da União, reunidos em Sessão do Plenário, ante as razões expostas pelo Relator, em: 9.1 determinar à Casa Civil da Presidência da República, com fundamento no art. 1º, inciso I, alíneas "a" e "d", do Decreto 9.979/2019, que, em articulação com a Secretaria-Geral da Presidência da República, o Ministério da Economia e a Controladoria Geral da União, em até cento e vinte dias, elabore plano de ação, nos termos do §§ 3º e 4º do art. 7º da Resolução-TCU 315/2020, que contemple a indicação das ações a serem tomadas, responsáveis e prazos, para permitir a implementação das recomendações

oriundas do Acórdão 1.263/2019-TCU-Plenário e pendentes de cumprimento, bem como para enfrentar as principais causas responsáveis pela ocorrência dos seguintes achados: e) falta de transparência e controle nos atos públicos de liberação, de alto impacto econômico, administrados pelo governo federal (Achado 4.1); f) estruturas e processos de fiscalização regulatória dos órgãos e entidades do governo federal não aderentes às boas práticas internacionais, impondo ônus excessivo ao setor produtivo (Achado 4.2); g) não observância de prazos normativos de atividades executadas pela administração federal com impacto no setor produtivo, prejudicando o planejamento privado e onerando empresas e consumidores (Achado 4.3); e h) governança de processos com alto impacto econômico que envolvem mais de um órgão ou entidade federais para sua execução apresenta resultados deficientes, com ônus relevantes para os agentes econômicos usuários (Achado 4.4).

O relevante julgado do TCU acaba por positivar e identificar um real estado de coisas inconstitucionais[1] no ambiente regulatório que, por vezes, impõe restrições injustificadas, burocracias excessivas que desestimulam e impossibilitam uma atividade empreendedora.

O ambiente regulatório nacional inspira cuidados e reflexões, sendo que o recente relatório da OMC, *doing business*, assim pontuou o Brasil:

https://portugues.doingbusiness.org/content/dam/doingBusiness/country/b/brazil/BRA-LITE.pdf

---

1. Considera-se o estado de coisas inconstitucional uma situação em que a violação aos direitos constitucionais do cidadão se revela em caráter massivo, generalizado e persistente. Vide ADPF 347.

A regulação[2] econômica insere-se no campo de atuação da chamada discricionariedade administrativa, conteúdo este que concretiza a oportunidade e a conveniência do regulador nas escolhas realizadas, fato este que, inclusive, impossibilita o controle judicial sobre esta atuação.

Sobre o tema, foi o julgado do Superior Tribunal de Justiça, por meio da Min. Laurita Vaz, AgInt no AgInt na suspensão de liminar e de sentença 2.240 – SP (2017/0011208-5)

> Eventual intento político da medida não poderia ensejar a invalidação dos critérios tarifários adotados, tout court. Conforme leciona Richard A. Posner, o Poder Judiciário esbarra na dificuldade de concluir se um ato administrativo cuja motivação alegadamente política seria concretizado, ou não, caso o órgão público tivesse se valido tão somente de metodologia técnica. De qualquer forma, essa discussão seria inócua, pois, segundo a doutrina Chenery – a qual reconheceu o caráter político da atuação da Administração Pública dos Estados Unidos da América –, as cortes judiciais estão impedidas de adotarem fundamentos diversos daqueles que o Poder Executivo abraçaria, notadamente nas questões técnicas e complexas, em que os tribunais não têm a expertise para concluir se os critérios adotados pela Administração são corretos (Economic Analysis of Law. Fifth Edition. New York: Aspen Law and Business, 1996, p. 671).

A garantia desta autonomia e independência da autoridade administrativa para regular e realizar as escolhas públicas foi também objeto de análise pelo Supremo Tribunal Federal, tendo o Min. Luiz Fux assim se manifestado no Ag.REG. no Recurso Extraordinário 1.083.955 Distrito Federal

> Ementa: agravo interno em recurso extraordinário. Direito econômico e administrativo. Concorrência. Prática lesiva tendente a eliminar potencialidade concorrencial de novo varejista.
>
> Análise do mérito do ato administrativo. Impossibilidade. Precedentes. Incursionamento no conjunto fático-probatório dos autos. Incidência da súmula 279 do stf. Agravo interno desprovido.
>
> A capacidade institucional na seara regulatória, a qual atrai controvérsias de natureza acentuadamente complexa, que demandam tratamento especializado e qualificado, revela a reduzida expertise do Judiciário para o controle jurisdicional das escolhas políticas e técnicas subjacentes à regulação econômica, bem como de seus efeitos sistêmicos. 2. O dever de deferência do Judiciário às decisões técnicas adotadas por entidades reguladoras repousa na (i) falta de expertise e capacidade institucional de tribunais para decidir sobre intervenções regulatórias, que envolvem questões policêntricas e prognósticos especializados e

---

2. O verbo "regular" e, especialmente, o substantivo "regulação" denotam a noção de instaurar normas, de fixar a disciplina. Quem regula algo estabelece os parâmetros pelos quais fatos, condutas ou situações deverão ser considerados regulares, legítimos e/ou válidos (e quais serão os desvios inadmitidos). Nesta acepção, "regular" significa "fixar as regras" – que podem instalar inovações ou consolidar costumes, mas em ambos os casos pretendem disciplinar. MOREIRA, Egon Bockmann. Qual é o futuro do direito da regulação no Brasil? In: SUNDFELD, Carlos Ari; ROSILHO, André (Org.). *Direito da regulação e políticas públicas*. São Paulo: Malheiros Editores, 2014, p. 111.

possibilidade de a revisão judicial ensejar efeitos sistêmicos nocivos à coerência e dinâmica regulatória administrativa. 3. A natureza prospectiva e multipolar das questões regulatórias se diferencia das demandas comumente enfrentadas pelo Judiciário, mercê da própria lógica inerente ao processo judicial. (...)

Essa deferência do Poder Judiciário a autonomia regulatória do executivo é salutar, pois garante previsibilidade e segurança jurídica, evitando-se que políticas macroeconômicas sejam subjugadas ou questionadas por interesses individuais.

Contudo, esta indivisibilidade da competência regulatória não pode significar (e não significa) que a Administração Pública possa realizar sua autonomia regulatória num ambiente desconectado da realidade e sem compromisso com resultados.

A implementação de procedimentos estruturados para a tomada de decisão, ainda que em certa medida possam prolongar o processo regulatório, reduzem a possibilidade de as escolhas regulatórias serem meramente escolhas políticas, por vezes capturadas pelo regente de momento e descompromissadas com o ambiente econômico vivido.

Sérgio Guerra[3] pontua:

Se, de um lado, a evolução das escolhas administrativas caminha para uma nova fase, que não nega a necessidade de se ampliar a atuação estatal executiva, e, de outro, sustenta-se haver incompatibilidade entre a fórmula que compõe a discricionariedade administrativa – oportunidade e conveniência – dependente do critério político com as reais necessidades cotidianas da sociedade pluriclasse, pode-se ter, como antídoto contra os riscos do arbítrio/tecnocracia, a reflexivida de: processualização dos processos/procedimentalização. (p. 441, 2021)

A garantia de resultados satisfatórios da regulação decorre da compreensão estrutura do processo de tomada de decisão, fato este que dá transparência e previsibilidade aos regulados, direcionando e condicionando as escolhas públicas para solucionarem, de fato, problemas, características estas também destacadas pela Lei de Liberdade Econômica.[4]

2. A ASSIMETRIA DE INFORMAÇÃO E A SELEÇÃO ADVERSA

George A. Akerlof, laureado com prêmio Nobel de economia em 2001, desenvolveu seminal trabalho em que investiga sobre a assimetria de informação e o processo de tomada de decisão.

---

3. "Discricionariedade, regulação e reflexividade: uma nova teoria sobre as escolhas administrativas".
4. TIMM, Luciano. "O direito fundamental à livre iniciativa". Fonte: https://www.jota.info/ paywall?redirect_to=//www.jota.info/opiniao-e-analise/colunas/coluna-da-abde/o-direito-fundamental-a-livre-iniciativa-ou-a-liberdade-economica-22052019.

Basicamente, Akerlof se debruçou sobre o mercado de carros usados, nomeando como *lemmons* os carros de qualidade duvidosa, algo que poderia ser traduzido como *abacaxi* ou *pepino*. O ponto é, como no mercado de carros usados há inegáveis abacaxis e pepinos, há uma tendência natural de os carros bons não estarem disponíveis neste mercado, isto porque o seu proprietário, por saber seu histórico, não aceita a valorização que é posta pelo mercado de usados.

Um comprador no mercado de usados, em razão da inegável assimetria de informação sobre o passado daquele bem, tende a desvalorizá-lo ao máximo, situação esta que desestimula os proprietários de bons veículos a aceitarem alguma proposta para vendê-los, estimulando, lado outro, que circule no mercado de usados apenas os *lemmons*.[5]

A assimetria de informação então se relaciona como *causa* para o efeito da *seleção adversa* que consiste numa escolha ineficiente pelo decisor, motivada pela incompletude ou deficiência do nível de informação existentes.

Logo, por desconhecer ou conhecer mal o nível de informação existente, o decisor escolhe de maneira prejudicial aos seus próprios interesses.

Ao ser transposta a realidade analisada por Akerlof para o sistema regulatório, em especial ao setor bancário e das *fintechs*, percebe-se que a redução da assimetria de informação milita em favor do sistema bancário, reduzindo-se os riscos da *seleção adversa* e ainda dos problemas morais. É o que também aponta

---

5. A new car may be a good car or a lemon, and of course the same is true of used cars. The individuals in this market buy a new automobile without knowing whether the car they buy will be good or a lemon. But they do know that with probability q it is a good car and with probability (1-q) it is a lemon; by assumption, q is the proportion of good cars produced and (1-q) is the proportion of lemons. After owning a specific car, however, for a length of time, the car owner can form a good idea of the quality of this machine; i.e., the owner assigns a new probability to the event that his car is a lemon. This estimate is more accurate than the original estimate. An asymmetry in available information has developed: for the sellers now have more knowledge about the quality of a car than the buyers. But good cars and bad cars must still sell at the same price since it is impossible for a buyer to tell the difference between a good car and a bad car. It is apparent that a used car cannot have the same valuation as a new car – if it did have the same valuation, it would clearly be advantageous to trade a lemon at the price of new car, and buy another new car, at a higher probability q of being good and a lower probability of being bad. Thus the owner of a good machine must be locked in. Not only is it true that he cannot receive the true value of his car, but he cannot even obtain the expected value of a new car. Gresham's law has made a modified reappearance. For most cars traded will be the "lemons," and good cars may not be traded at all. The "bad" cars tend to drive out the good (in much the same way that bad money drives out the good). But the analogy with Gresham's law is not quite complete: bad cars drive out the good because they sell at the same price as good cars; similarly, bad money drives out good because the exchange rate is even. But the bad cars sell at the same price as good cars since it is impossible for a buyer to tell the difference between a good and a bad car; only the seller knows. In Gresham's law, however, presumably both buyer and seller can tell the difference between good and bad money. So the analogy is instructive, but not complete. AKERLOF, George A. The Market for "Lemons": Quality Uncertainty and the Market Mechanism Author(s): Source: The Quarterly Journal of Economics, v. 84, n. 3 (Aug., 1970), p. 488-500: The MIT Press Stable URL: http://www.jstor.org/stable/1879431. Acesso em: 20 out 2020, 04:20.

Victor Mauro Solomoni dos Reis, em sua dissertação mestrado na FGV – SP, escola de economia:

> Revisão da teoria feita pela OCDE indica quatro caminhos do compartilhamento de dados na redução da assimetria de informação. Primeiro, controla a seleção adversa, permitindo conceder crédito a tomadores melhores, que inicialmente foram colocados para fora do mercado. Como consequência, há um aumento no volume de crédito concedido. Segundo, diminui o risco moral, porque aumenta o custo de inadimplência para o tomador. Terceiro, limita o monopólio de informação dos bancos que têm a redução de dados privados dos clientes. Por fim, ameniza o endividamento das famílias e firmas. A exposição das dívidas ao mercado reduz o incentivo a tomar crédito em várias instituições, por pessoas endividadas terem sua oferta de crédito reduzida.

Buscando então superar as perdas oriundas da seleção adversa, novos mecanismos de regulação ganham respaldo perante a autoridade administrativa brasileira, destacando-se o papel da chamada regulação responsiva.

O reconhecimento deste novo momento da regulação supera definitivamente o modelo *comando-controle* situado no exercício clássico do poder administrativo sancionador e na disciplina de comandos por meio da sanção.

A regulação responsiva, tema este incialmente debatido por Ian Ayres e John Braithwaite assume a feição de estruturar o ambiente regulatório, possibilitando à Administração Pública o acesso a um novo ferramental de opções, garantindo com isto meios efetivos para se alcançar resultados favoráveis ao interesse público.

O modelo proposto pelos autores pode ser visualizado no modelo de pirâmide:

Pirâmide da Fiscalização

Com essa estruturação, a regulação econômica assume novo papel, enfatizando-se a eficiência e o interesse público. Cita-se Eduardo Goulart Pimenta:[6]

O Direito é eficiente, segundo o padrão ótimo de Pareto, quando molda a conduta dos indivíduos de forma a incentivá-los a alocar os recursos materiais disponíveis na propriedade daqueles que mais os desejem.

Cumpre à legislação, como variável economicamente relevante, incentivar a que os agentes econômicos se movam a produzir a quantidade ideal de sorvetes e a trocá-los entre si até que se seja atingido o nível em que qualquer alteração superveniente seja prejudicial aos interesses envolvidos.

Sobre o tema Regulação, Gustavo Binenbojm[7] expõe:

Conforme dito anteriormente, regular é exercer, em algum grau, uma atividade de controle comportamental tendo em vista uma finalidade regulatória pretendida. No entanto, tal afirmação exige três considerações preliminares que dialogam entre si. A primeira diz respeito à identificação clara do objetivo ou da finalidade regulatória socialmente desejada, a fim de avaliar qual a medida mais eficiente, entre todas disponíveis, para gerar o resultado esperado. A segunda consideração refere-se à necessidade de avaliação das variáveis temporais e da intensidade da medida escolhida, pois a conjuntura subjacente pode mudar a qualquer momento, interferindo na eficácia da regulação aplicada. Finalmente, uma última consideração diz respeito a indagação sobre os custos, diretos e indiretos, da regulação pretendida. (Poder de Polícia, Ordenação e Regulação, 2020)

Assim, a superação do comando-controle e a estruturação do modelo de escolhas públicas traçam bons caminhos para que a regulação bem realize a sua função.

Destaca-se que a autoridade administrativa nacional está ciente e vem adotando as boas práticas de regulação, citando-se a Resolução Normativa 846/2019 da Aneel e ainda o Projeto Prioritário Regulação Responsiva da ANAC.

3. REGULAÇÃO E SISTEMA BANCÁRIO

A regulação, prevista no artigo 174 da Constituição, pode ser entendida como a função regulatória e normativa que se exerce por meio da fiscalização, do incentivo e do planejamento econômico.

Logo, imaginar que a regulação se reduziria ao mero comando de controle-conduta com a imposição de sanções ao particular pelo descumprimento de um texto normativo seria reduzir e descaracterizar este instituto.

---

6. PIMENTA, Eduardo Goulart. Direito, economia e relações patrimoniais privadas. *Revista de Informação Legislativa, Brasília,* v. 43, n. 170, p. 164, abr. /jun. 2006.

7. Poder de polícia, ordenação, regulação: transformações políticojurídicas, econômicas e institucionais do direito administrativo ordenador. 3. ed. Gustavo Binenbojm; prefácio de Luís Roberto Barroso; apresentação de Carlos Ari Sundfeld. Belo Horizonte: Fórum, 2020.

Ainda que a poder de polícia econômico seja um dos elementos deste tripé de funções (incentivo, fiscalização e planejamento), há inúmeras formas de se materializar os comandos e garantir que os regulados o sigam.

Sobre o tema, cita-se o texto de Luciano Timm e Maria Carolina França para o portal Jota:

> A teoria da regulação baseada no "interesse público", em geral, entende que os mercados falham e que os governos seriam capazes de corrigir essas falhas por meio da regulação.[8] Dessa forma, a regulação ocorre diante das falhas de mercado, sendo o abuso de poder de mercado e assimetria informacional as formas mais conhecidas disso. Todavia, a regulação estatal também tem falhas, denominada falhas de governo, sendo a captura a sua forma mais conhecida.[9] Diante da ineficiência da regulação estatal, foram criadas novas formas de regulação, dentre elas a corregulação ou regulação regulada (ou supervisionada) e autor regulação são as espécies mais conhecidas. Nesses casos, "o particular é um ator do ambiente regulador, partilhando com o Estado a responsabilidade pelo alcance do interesse público. O cidadão do Estado Regulador é uma engrenagem essencial e uma força motriz necessária à implementação do interesse público, mediante coparticipação na prestação de atividades socialmente relevantes.[10]

A existência de elevadas barreiras de entrada reduz o estímulo e o engajamento de um agente econômico de participar ou entrar em determinado mercado,[11] situação esta que potencializa e estimula a existência de poucos ou um fornecedor (oligopólio/monopólio) e ainda a estandardização das soluções propostas.

No trabalho *The Failure of Market Failure*, de Richard 0 Zerbe Jr. e Howard E. McCurd pontuam que:

A fundamental problem with the concept of market failure, as economists occasionally recognize, is that it describes a situation that exists everywhere [Nelson, 1987; Dahlman, 1979].

A falha de mercado é uma realidade que desafia um modelo genuíno ou real de concorrência perfeita, fato este que impõe a regulação econômica a conformação de obter, na melhor das hipóteses, um *second best*.

---

8. SHLEIFER, Andrei. 2005. Understanding Regulation. *European Financial Management* 11 (4): 439-451.

9. STIGLER, George J. The Theory of Economic Regulation. *The Bell Journal of Economics and Management Science*, v. 2, n. 1, p. 3-21, 1971.

10. ARANHA, Marcio Iorio. *Manual de Direito Regulatório*: Fundamentos de Direito Regulatório. 5. ed. Londres: Laccademia Publishing, 2019, p. 31.

11. Portanto, ao se falar em mercado, é importante ter em mente que o mercado é – antes de mais nada – um espaço social de troca de bens e serviços que tem uma enorme função social: viabilizar com que os indivíduos (e consequentemente a sociedade) possam obter aquilo que necessitam mas que não produzem isoladamente, por meio de um contínuo processo de comercialização daquilo que, pela especialização do trabalho, agora geram de excedentes. Mais, o mercado é um espaço público que gera eficiência, ao ensejar a concentração de agentes interessados em um determinado bem ou serviço, facilitando as trocas. TIMM, Luciano Beneti; MACHADO, Rafael Bicca. Direito, mercado e função social. *Revista da AJURIS*, v. 36, n. 103, set. 2006.

Trabalhando então de forma aderente a realidade e com base em teorias sólidas, as escolhas econômicas partem do pilar concorrencial, ou seja, o estímulo para o ingresso de novos agentes econômicos em dado mercado como meio de garantir benefícios econômicos e sociais.[12]

Diante desta constatação, deve-se compreender, muitas vezes, que a existência de barreiras ou de salvaguardas regulatórias existem como fruto da experiência humana, fato este que justifica, por questão empírica, a imposição de determinado mecanismo de controle. Cita-se Steven Shavell:[13]

> A análise "econômica" do direito não se restringe aos fatores econômicos convencionalmente compreendidos, mas inclui também todos os tipos de fatores não econômicos (como motivações altruístas). A análise econômica do direito é, no entanto, caracterizada pelo ponto de vista científico social geral da disciplina da economia, sob a qual os atores são vistos como prospectivos e racionais, e as noções de bem social empregado na política de avaliação são explicitamente articuladas. (tradução nossa).

No julgamento 14-2526 Virgina Wolf Vs Scott Walker, o Juíz Richard Posner ao enfrentar o dilema da regulação estatal e das minorias assim bem sintetizou:

> Does the discrimination, even if based on an immutable characteristic, nevertheless confer an important offsetting benefit on society as a whole? Age is an immutable characteristic, but a rule prohibiting persons over 70 to pilot airliners might reasonably be thought to confer an essential benefit in the form of improved airline safety. (...) One way to decide whether a policy is overinclusive is to ask whether unequal treatment is essential to attaining the desired benefit. (...)

Naturalmente, há uma inegável justificativa para a existência destes rígidos critérios de escolha, haja vista que a insolvência bancária pode colapsar o sistema financeiro e ainda impor prejuízos morais de efeitos deletérios.

Contudo, o resultado de um sistema tão fechado impacta na pouca oferta de fornecedores, situação esta que pode resultar na formação de carteis ou no baixo incentivo competitivo (*acompanhamento inteligente de preços*), o que homogeneíza o padrão de serviços e impede que haja avanços disruptivos.

---

12. O bom uso da concorrência como princípio de organização social exclui certos tipos de intervenção coercitiva na vida econômica, mas admite outros que às vezes podem auxiliar consideravelmente seu funcionamento, e mesmo exige determinadas formas de ação governamental. Contudo, há boas razões para que os requisitos negativos, os casos em que não se deve empregar a coerção, tenham sido particularmente enfatizados. Em primeiro lugar, é necessário que os agentes, no mercado, tenham liberdade para vender e comprar a qualquer preço que encontre um interessado na transação, e que todos sejam livres para produzir, vender e comprar qualquer coisa que possa ser produzida ou vendida. E é essencial que o acesso às diferentes ocupações seja facultado a todos, e que a lei não tolere que indivíduos ou grupos tentem restringir esse acesso pelo uso aberto ou disfarçado da força. HAYEK, Friedrich August von. *O caminho da servidão*. Rio de Janeiro: Instituto Ludwig von Mises Brasil, 2010.

13. *Foundations of economic analysis of law*. Cambridge: Cambridge, Harvard University Press, 2004, p. 19.

Segundo esta análise, deve afirmar-se que, no caso em apreço, a concertação não é a única explicação plausível para o paralelismo de comportamento. Antes de mais, pode considerar-se que o sistema de anúncios de preços constitui uma resposta racional ao fato de o mercado da pasta de papel ser um mercado a longo prazo e à necessidade sentida tanto pelos compradores como pelos vendedores de limitar os riscos comerciais. Em seguida, a semelhança nas datas dos anúncios de preços pode ser considerada como uma consequência direta do alto grau de transparência do mercado, que não deve ser qualificada de artificial. Finalmente, o paralelismo de preços e a evolução dos preços podem ser explicados satisfatoriamente pelas tendências oligopolísticas do mercado e pelas circunstâncias específicas existentes em certos períodos. Por conseguinte, o paralelismo de comportamento detectado pela Comissão não constitui prova de concertação.

A AHLSTROEM OSAKEYHTIOE e outros contra comissão das comunidades europeias. Práticas concertadas entre empresas estabelecidas em países terceiros relativas aos preços de venda a compradores estabelecidos na comunidade. Processos apensos: C-89/85, C-104/85, C-114/85, C-116/85, C-117/85 E C-125/85 A C-129/85. [S. l.]: EUR-LEX, 2019.

Portanto, não é só na má-fé e no oportunismo que residem a homogenia, estas podem decorrer naturalmente de mercados com baixo incentivo competitivo.

Visando estimular condutas competitivas e o aparecimento de novas soluções de mercado, o Banco Central tem implementado políticas regulatórias modernas e atentas às novas tecnologias existentes, destacando-se o *sandbox regulatório, o* openbanking[14] e o *LIFT.*

O *openbanking* pode funcionar como vetor para a redução dos custos de transação, em especial àqueles decorrentes da assimetria de informação, já que permite ao usuário, titular de seus dados, buscar melhores serviços e produtos em decorrência da disponibilização deste acervo pessoal de informações.

Citando Rodrigo Dufloth e Luciano Timm, em Análise Econômica do Open Banking,[15] percebe-se que:

Já sustentamos que o Open Banking, sob a perspectiva da AED, tende a (i) reduzir os custos de transação,

(ii) reduzir a assimetria informacional, (iii) reduzir os conflitos de agência, (iv) reduzir o shadow banking, e (v) defender a concorrências. Considerando o "conjunto da obra", findamos o presente artigo com a constatação de que o Open Banking tenderá a melhorar as próprias instituições.

---

14. Consoante artigo 3º da Resolução Conjunta 1, de 4 de maio de 2020 ("RC 1/2020"), os objetivos do Open Banking são:
    (i) incentivar a inovação;
    (ii) promover a concorrência;
    (iii) aumentar a eficiência do Sistema Financeiro Nacional e do Sistema de Pagamentos Brasileiro; e promover a cidadania financeira.
15. Artigo ainda não publicado.

Sob um determinado critério, sanbox e LIFT se aproximam, haja vista que ambos trabalham com ambientes experimentais, diferenciando-se, contudo, no grau de maturação dos mercados e ainda na qualidade dos participantes, conforme descrito no portal do Banco Central:

Diferenças entre o sandbox regulatório e o LIFT

Sandbox	LIFT
acompanha projetos inovadores já amadurecidos, mas nos quais há a necessidade de validar o modelo de negócio por meio de sua implementação efetiva.	acompanha o desenvolvimento da aplicação da tecnologia ou do modelo de negócio de projetos em maturação
possibilita aos participantes fornecer produtos e serviços a clientes reais.	não permite que os participantes forneçam produtos ou serviços a clientes reais no ambiente do laboratório
o projeto deve ser apresentado por pessoa jurídica formalmente constituída	o projeto pode ser apresentado também por pessoas físicas

https://www.bcb.gov.br/estabilidadefinanceira/sandbox

O papel destes mecanismos de incentivo e de oxigenação no mercado bancário permite o ingresso de novos agentes e de novas soluções, franqueando ao regulador um papel responsivo e construtivo na idealização de um normativo econômico que proveja efeitos sustentáveis e duradouros no mercado.

Sem embargos de dúvidas, o grande e decisivo papel para uma política econômica voltada para a boa prática de mercado se deve ao recrudescimento do papel das agências reguladoras, em especial a partir de seu marco regulatório, Lei 13.848, de 25 de junho de 2019.

Ainda que a existência setorial das agências remonte à década de 60/70, como é o caso do Banco Central,[16] criado pela Lei 4.595, de 31 de dezembro de 1964 e a CVM, Lei 6.385, de 7 de dezembro de 1976, o reconhecimento pelo Poder Judiciário da autonomia normativa e, principalmente, da legalidade de seu papel regulatório, permitem as Agências dispor por meio de resoluções, instruções normativas e portarias, relevantes e dinâmicos atos normativos.

Cita-se Irene Patrícia Nohara:[17]

> A opção por criar agências reguladoras, com maior autonomia técnica, e transferir atribuições próprias do poder concedente, foi uma forma encontrada pelo governo de tentar assegurar

---

16. Ainda que o Banco Central possua algumas particularidades que o afastam do conceito clássico de Agência Reguladora trazido pela lei geral das agências, para fins deste trabalho esta autoridade foi conceituada como agência, especialmente análogo por exercer atividade regulatória bancária e estar sujeita a AIR e a LLE.

17. NOHARA, Irene Patrícia. *Direito administrativo*. 8. ed. atual. e ampl. São Paulo: Atlas, 2018, p. 620.

aos investidores internos ou externos (concessionárias ou permissionárias) maior segurança, tornando mais atrativos os contratos de delegação de serviços públicos que, no modelo da administração concentrada, ficavam reféns das alterações políticas existentes.

A ausência de um processo legislativo estruturado e a desestruturação do princípio da *reserva legal* para este reconhecimento garante mobilidade e mutabilidade ao desenho normativo desejado, a partir da realidade existente (concretude).[18]

A positivação por isto do *Sanbox,* do LIFT e do Openbanking decorrem, incialmente, do valor formal e material de norma conferido aos expedientes produzidos pelas agências reguladoras, fato este que deve ser enaltecido.

A implementação de uma agenda voltada para as boas práticas da concorrência garante a obtenção de melhores resultados num menor espaço de tempo, daí, a estruturação deste ambiente experimental permite ao Banco Central melhor conhecer, para depois regulamentar, as soluções financeiras já existentes.

A imperativa existência da economicidade e da eficiência no campo regulatório propõe-se também analisar os impactos regulatórios da medida sugerida, sendo que uma boa regulação deve conter:

a. buscar resolver problemas e alcançar metas claramente definidas e ser eficaz na consecução desses objetivos;

b. ser fundamentada em evidências e proporcional ao problema identificado;

c. estar fundamentada em uma base legal sólida;

d. produzir benefícios que justifiquem os custos;

e. considerar a distribuição dos seus efeitos entre os diferentes atores e grupos;

f. minimizar os custos administrativos e eventuais distorções de mercado resultantes de sua implementação;

g. ser clara e compreensível aos regulados e usuários;

h. ser consistente com outros regulamentos e políticas;

i. ser elaborada de modo transparente, com procedimentos adequados para a manifestação efetiva e tempestiva de atores e grupos interessados; e

j. considerar os incentivos e mecanismos para alcançar os efeitos desejados, incluindo estratégias de implementação que potencializem seus resultados.

---

18. Cita-se Fábio Nusdeo:Cabe, por outro lado, tentar uma distinção entre Regulamentação e Regulação; a primeira a conotar um conjunto de normas ou regras, cada vez mais específicas, detalhistas, destinadas a, de alguma forma, dirigir a vida econômica, não importa qual a intensidade ou o grau dessa direção. Já a segunda apresenta-se hoje como um caráter setorial aplicando-se à normatização de determinados setores insuscetíveis de se autorregularem permanentemente segundo os parâmetros do mercado que atuam, pois sob a égide de agências reguladoras próprias a cada um deles.

Por isto, são reduzidos os custos de oportunidade com a permissão que haja disputas concorrenciais em ambiente monitorado, garantindo e salvaguardando uma melhor escolha regulatória.

4. CONSIDERAÇÕES FINAIS

A análise da regulação, seus efeitos e meios, revela que a tomada de decisão estruturada focada na construção de um ambiente seguro e previsível, onde a confiança dos agentes é incentivada, garante eficiência às escolhas públicas, evitando-se com isto com risco moral *(moral hazard)* de a autoridade ser capturada ou atuar na defesa de determinados *stakeholders*.

Atualmente, a Administração Pública Brasileira tem atuado com vistas à implementar modernas práticas de regulação, garantindo um ecossistema saudável e oxigenado, destacando-se os *sandbox* e o LIFT.

Certamente que os ganhos de uma política voltada para a economia de mercado estimulam a concorrência e gera, por isto, inegáveis ganhos.

REFERÊNCIAS

© 2020 International Bank for Reconstruction and Development / The World Bank 1818 H Street NW, Washington, DC 20433 Telephone: 202-473-1000; Internet: www.worldbank.org, consulta realizada em 15/08/2021

AKERLOF, George A. The Market for Lemons: Quality Uncertainty and the Market Mechanism, *Quarterly Journal of Economics*, n. 84 (August), p. 488-500. 1970.

BINENBOJM, Gustavo. *Poder de polícia, ordenação, regulação*: transformações político jurídicas, econômicas e institucionais do direito administrativo ordenador. 3. Ed prefácio de Luís Roberto Barroso; apresentação de Carlos Ari Sundfeld. Belo Horizonte: Fórum, 2020.

BRASIL. Tribunal de Contas da União. Processo 026.654/2020-2. Acórdão 1536/2021 – Relatório de Acompanhamento – Relatoria do Conselheira Vital do Rêgo. Sessão de Julgamento. 30.06.2021, Brasília: TCU, 2021.

BRASIL. Superior Tribunal de Justiça. AgInt no AgInt 2017/0011208-5. Rel. Ministro Laurita Vaz. Terceira Turma. Diário de Justiça julgado em 07.06.2017, DJe 20.06.2017, Brasília, 16 agosto de 2021.

BRASIL. Superior Tribunal Federal. RExt 1.083.955. Rel. Ministro Laurita Vaz. Terceira Turma. Diário de Justiça, julgado em 28.05.2019, Processo Eletrônico DJe-122 Divulg 06.06.2019 Public 07.06. 2019.

BRASIL. Lei 4.506, de 30 de novembro de 1964. Dispõe sôbre o impôsto que recai sôbre as rendas e proventos de qualquer natureza. Brasília, Presidência da República, [2014]. Disponível em: http://www.planalto.gov.br/ccivil_03/leis/L4506.htm. Acesso em: 11 maio 2019.

GUERRA, Sérgio. *Discricionariedade, regulação e reflexividade: uma nova teoria sobre as escolhas administrativas*. Prefácio: Tercio Sampaio Ferraz Junior. Imprensa: Belo Horizonte, Fórum, 2021.

HAYEK, Friedrich August von. *O caminho da servidão*. Rio de Janeiro: Instituto Ludwig von Mises Brasil, 2010.

NOHARA, Irene Patrícia. *Direito administrativo*. 8. ed. atual. e ampl. São Paulo: Atlas, 2018.

NUSDEO, Fábio. A crise da regulação e a autorregulação. *Revista de Direito Público da Economia*, Belo Horizonte, n. 64. 2018.

PIMENTA, Eduardo Goulart. Direito, economia e relações patrimoniais privadas. *Revista de Informação Legislativa*, Brasília, v. 43, n. 170, p. 164. abr./jun. 2006.

POSNER, Richard A. *14-2526 Virgina Wolf Vs Scott Walker Foundations of economic analysis of law*. Cambridge: Cambridge, Harvard University Press, 2004.

REIS, Victor Mauro Salomoni dos. *Ensaios sobre seleção adversa e risco moral no mercado de crédito*. Disponível em http://bibliotecadigital.fgv.br/dspace/handle/10438/10137. Acesso em: 15 jun. 2.021.

TIMM, Luciano Beneti; MACHADO, Rafael Bicca. Direito, mercado e função social. *Revista da AJURIS*, v. 36, n. 103, set. 2006. Disponível em: http://www.estig.ipbeja.pt/~ac_direito/Direito_Mercado_Funcao_ Social.pdf. Acesso em: 25 fev. 2018.

ZERBE, Richard O. & MCCURDY, Howard E., 1999. The failure of market failure. *Journal of Policy Analysis and Management,* John Wiley & Sons, Ltd., v. 18(4), p. 558-578.

REGULAÇÃO ECONÔMICA E CDC: LEI DE LIBERDADE ECONÔMICA E ALGUNS REFLEXOS NO DIREITO DO CONSUMIDOR[1]

Luciano Benetti Timm

Doutor e Mestre em Direito pela UFRGS. LLM em Warwick. Pesquisador de Pós Doc da UC Califórnia. Professor da FGVSP. Sócio fundador do CMT Advogados.

Sumário: Introdução – 1. A Lei de Liberdade Econômica, Regulação Econômica e a Legislação Consumerista – 2. Ausência do controle de preços no Brasil – 3. A análise de impacto regulatório – 4. O processo administrativo sancionador de consumo – Referências.

INTRODUÇÃO

A defesa do consumidor é um direito constitucionalmente previsto no rol de direitos fundamentais do art. 5º, inciso XXXII, que diz que "o Estado promoverá, na forma da lei, a defesa do consumidor".[2] A sua concretização foi realizada por meio da promulgação da Lei 8.078/1990, conhecida como Código de Defesa do Consumidor (CDC). Atualmente a aplicação do direito do consumidor é feita por todos os membros do Sistema Nacional de Defesa do Consumidor (SNDC), devidamente coordenado pela Secretaria Nacional do Consumidor (Senacon), vinculada ao Ministério da Justiça e da Segurança Pública.

O mesmo art. 5º da Constituição, implicitamente, também garante a livre-iniciativa, ao estabelecer que todos são livres para fazer tudo que não for proibido por lei. Ambas as previsões constitucionais se encontram, em contrapartida, no art. 170,[3] que prevê que a ordem econômica, fundada na livre-iniciativa, deve observar o princípio da defesa do consumidor. O mesmo artigo 170 trata de livre concorrência, pressuposto de uma economia de livre-iniciativa, dando conta da

---

1. Artigo publicado A Revolução Regulatória na Nova Lei das Agêcias. em https://pt.scribd.com/ read/543794631/A-revolucao-regulatoria-na-nova-lei-das-agencias.
2. PASQUALOTTO, A. Fundamentalidade e efetividade da defesa do consumidor. *Revista Brasileira De Direitos Fundamentais & Justiça*, v. 3, n. 9, p. 66-100, 2009. Disponível em: https://bit. ly/2DB9X1c. Acesso em: 2 dez. 2019.
3. *In verbis:* "art. 170. A ordem econômica, fundada na valorização do trabalho humano e na livre-iniciativa, tem por fim assegurar a todos existência digna, conforme os ditames da justiça social, observados os seguintes princípios: (...) V – defesa do consumidor; (...)."

interdisciplinariedade entre esses dois campos do direito e da economia, como já tivemos oportunidade de defender.[4]

Se, por um lado, a defesa do consumidor veio a ser codificada em 1990, a livre concorrência em 1994, por outro, não havia uma legislação específica que tratasse dos diversos aspectos que envolvem o princípio da liberdade econômica *per se*. Diante desse cenário, surgiu a Lei 13.874, de 20 de setembro de 2019, conhecida como Lei de Liberdade Econômica (LLE), advinda da conversão da Medida Provisória 881 de 2019. A lei instituiu a declaração de direitos de liberdade econômica e estabeleceu garantias de livre mercado, controle regulatório, exploração direta de atividade econômica pelo Estado, entre outras disposições voltadas, em especial, para a diminuição da burocracia.

Não há menção extensa referente ao direito do consumidor na LLE. Isso não significa, no entanto, que a LLE não tenha consequências para o direito do consumidor e, mais importante, para os consumidores, destinatários finais do referido ramo do direito (2). O presente artigo visa demonstrar algumas implicações da LLE sobre o direito do consumidor, a começar pela ausência controle de preços no Brasil – nem via aplicação de preços abusivos pelo CDC (3). Além disso, ao estabelecer a necessidade de análise de impacto regulatório, a lei promove uma maior segurança jurídica e portanto ensejando uma melhor e mais racional aplicação da legislação consumerista, que não deixa de ter um componente regulatório, alinhando nossa atividade regulatória no campo do consumidor às melhores práticas internacionais e comparadas, tais como os guias da Organização para Cooperação e Desenvolvimento Econômico (OCDE)[5] e da Conferência das Nações Unidas sobre Comércio e Desenvolvimento (UNCTAD)[6] e ao que foi estabelecido pelos princípios fundamentais de defesa do consumidor do Mercado Comum do Sul (Mercosul)[7] (4); e, finalmente, pressupõe a vulnerabilidade da empresa diante do

---

4. Sobre a convergência entre a defesa da concorrência e o direito do consumidor, ver publicação dos autores: MAIOLINO, I.; TIMM, L. B. A intersecção do direito da concorrência e da defesa do consumidor. *Jornal Estadão*, 11 jun. 2019.

5. O Consumer Policy Toolkit da OCDE, logo em seu início, reconhece que um dos principais objetivos dos governos baseados em economia de mercado é estabelecer e manter uma política econômica que promova inovação, produtividade e crescimento, para benefício final dos consumidores. No original: "One of the principal functions of governments of Market-based economies is to established and maintain economic framework that promote innovation, productivity and growth, for the ultimate benefit of consumers". OCDE. *Consumer Policy Toolkit*. Paris: OECD Publishing, 2010.

6. UNCTAD. *United Nations Guidelines for Consumer Protection*. Nova Iorque e Genebra: Nações Unidas, 2016.

7. De acordo com o teor dos princípios da progressividade da não regressão: "Princípios da progressividade e da não regressão. Os Estados Partes adotarão medidas apropriadas para alcançar progressivamente a plena efetividade dos direitos dos consumidores derivados das normas internacionais e nacionais, sem regredir nos padrões de proteção alcançados nos níveis normativos de proteção, tampouco na implementação da política de proteção do consumidor, *considerando os custos e benefícios das medidas que se proponham*" (grifo nosso).

estado, o que significa reconhecer alguns princípios do processo sancionador no campo das relações de consumo (5).

1. A LEI DE LIBERDADE ECONÔMICA, REGULAÇÃO ECONÔMICA E A LEGISLAÇÃO CONSUMERISTA

Conforme mencionado, a LLE cita a legislação consumerista de forma expressa apenas em um momento, no art. 3º, que estabelece os direitos de liberdade econômica, conforme seu parágrafo 3º, inciso II:

> Art. 3º São direitos de toda pessoa, natural ou jurídica, essenciais para o desenvolvimento e o crescimento econômicos do País, observado o disposto no parágrafo único do art. 170 da Constituição Federal:
>
> (...)
>
> III – definir livremente, em mercados não regulados, o preço de produtos e de serviços como consequência de alterações da oferta e da demanda;
>
> (...)
>
> § 3º O disposto no inciso III do *caput* deste artigo não se aplica:
>
> (...)
>
> II – à legislação de defesa da concorrência, aos direitos do consumidor e às demais disposições protegidas por lei federal.

A previsão de exceção referente à definição de preços como consequência das alterações de oferta e demanda advém da previsão de que o aumento sem justa causa de preços é uma prática abusiva vedada pelo CDC.[8] Assim, a *contrario sensu*, percebe-se que a LLE não tratou nem dispôs sobre a legislação consumerista, de modo que não foram encontrados elementos que prejudiquem ou coloquem em prejuízo o consumidor ou os seus direitos, já que foi respeitado integralmente o que estabelece o CDC e não há qualquer previsão de sua alteração.[9]

Todavia, ao tratar de regulação econômica em geral, a LLE acaba trazendo implicações às políticas públicas e regulatórias de defesa do consumidor, explicitando algumas obrigações da autoridade fiscalizatória (Senacon e Procons) em relação às empresas, que serão exploradas lmais abaixo.

Isso porque a regulação econômica configura uma forma de regramento externo à atividade econômica das empresas, caracterizando uma intervenção nas

---

8. Código de Defesa do Consumidor. Seção IV – Das Práticas Abusivas. Art. 39. É vedado ao fornecedor de produtos ou serviços, dentre outras práticas abusivas: (...) X – elevar sem justa causa o preço de produtos ou serviços.

9. Nesse mesmo sentido, veja manifestação oficial da Secretaria Nacional do Consumidor: BRASIL. Secretaria Nacional do Consumidor. Nota Técnica 2/2019/GAB-SENACON/SENACON/MJ. Brasília: Senacon, 9 abr. 2019.

relações estabelecidas por contratos em ambientes de mercado. Tradicionalmente, a regulação foi atividade típica do Estado e as agências reguladoras seu exemplo mais evidente. De acordo com Márcio Iorio Aranha:

> A regulação, em síntese, é a presença de regras e atuação administrativa (law and government) de caráter conjuntural apoiadas sobre o pressuposto de diuturna reconfiguração das normas de conduta e dos atos administrativos pertinentes para a finalidade de redirecionamento constante do comportamento das atividades submetidas a escrutínio (...).[10]

A teoria da regulação baseada no "interesse público", em geral, entende que os mercados falham e que os governos seriam capazes de corrigir essas falhas por meio da regulação.[11] Dessa forma, a regulação ocorre diante das falhas de mercado, sendo o abuso de poder de mercado e assimetria informacional as formas mais conhecidas disso. Todavia, a regulação estatal também tem falhas, denominada falhas de governo, sendo a captura a sua forma mais conhecida.[12] Diante da ineficiência da regulação estatal, foram criadas novas formas de regulação, dentre elas a corregulação ou regulação regulada (ou supervisionada) e autorregulação são as espécies mais conhecidas. Nesses casos, "o particular é um ator do ambiente regulador, partilhando com o Estado a responsabilidade pelo alcance do interesse público. O cidadão do Estado Regulador é uma engrenagem essencial e uma força motriz necessária à implementação do interesse público, mediante coparticipação na prestação de atividades socialmente relevantes".[13] Nessa toada, o direito fundamental à livre-iniciativa – do qual a LLE é implementação infraconstitucional, dentre outras leis abaixo citadas – é tão importante que deixa transparecer no texto constitucional também um dever positivo do Estado que é a regulação do mercado, quer das ações dos agentes econômicos, quer da estrutura concorrencial no parágrafo 4º do artigo 173.[14]

Diz-se dever de atuação do Estado, uma vez que a Constituição delegou ao Estado (em sentido lato, ou seja, englobando também o Poder Judiciário), o papel de zelar pela concorrência e pela livre-iniciativa. Assim, a Lei 12.529/01 – que criou o sistema brasileiro da concorrência como está em funcionamento hoje – ou seja, com a Secretaria de Acompanhamento Econômico (SEAE) e com o Conselho Administrativo de Defesa Econômico (CADE) foi uma das primeiras legislações

---

10. ARANHA, Marcio Iorio. *Manual de Direito Regulatório*: Fundamentos de Direito Regulatório. 5. ed. Londres: Laccademia Publishing, 2019, p. 243.
11. SHLEIFER, Andrei. 2005. Understanding Regulation. *European Financial Management* 11 (4): 439-451.
12. STIGLER, George J. The Theory of Economic Regulation. *The Bell Journal of Economics and Man agement Science*, v. 2, . 1, 1971, p. 3-21.
13. ARANHA, Marcio Iorio. *Manual de Direito Regulatório*: Fundamentos de Direito Regulatório. 5. ed. Londres: Laccademia Publishing, 2019, p. 31.
14. § 4º A lei reprimirá o abuso do poder econômico que vise à dominação dos mercados, à eliminação da concorrência e ao aumento arbitrário dos lucros.

a implementar o direito fundamental à livre-iniciativa.[15] Essa legislação permite que a regulação do mercado seja feita por meio do monitoramento da SEAE e do CADE sob as condutas dos agentes econômicos que possam prejudicar ou falsear a concorrência, como nos casos dos acordos de preços entre os concorrentes (cartéis) – ditos acordos horizontais –, ou nos casos da fixação de preços a franqueados ou distribuidores, ou de vendas casadas – chamados de acordos verticais.

Outro exemplo de regulação econômica da livre-iniciativa e, portanto, do dever positivo de regulamentar o mercado, é o Direito do Consumidor, que existe, entre outras coisas, para corrigir assimetrias informacionais. O Direito do Consumidor, se e compreendido e aplicado – não apenas dentro de um aspecto ideológico intervencionista que o vincula apenas a direitos humanos – permite uma concorrência saudável no mercado, ensejando decisões informadas dos consumidores sobre produtos e serviços; sendo a Senacon a responsável pela coordenação do Sistema Nacional de Defesa do Consumidor (integrada por centenas de procons, entidades civis, ministério público, defensoria pública).

2. AUSÊNCIA DO CONTROLE DE PREÇOS NO BRASIL

Para a ciência econômica, em regra, o preço é o principal mecanismo de informação de tomada de decisão de consumidores e firmas e, portanto, de ajustes no mercado – que não significa outra coisa senão o espaço público de interação de pessoas. Um preço alto sinaliza às empresas que pode haver oportunidades de lucros em determinado mercado e aos consumidores uma limitação de escolhas a partir de suas restrições orçamentárias. Ele resulta de mecanismos de oferta e demanda. Situações de guerra (e agora de pandemia) podem alterar radicalmente as estruturas de oferta e demanda, provocando abruptas oscilações de preço (para cima em alguns casos, como aconteceu com álcool em gel, máscaras, leite e mais recentemente o arroz; e, para baixo, como preços de hotéis, pacotes turísticos).

No campo jurídico, houve, ao longo do tempo, pelo menos desde a escolástica medieval e seu influxo ao pensamento dos juristas, tentativas de estabelecer um "justo preço" ou evitar "preços abusivos" em situações de vulnerabilidade decorrentes de acidentes ambientais, climáticos, entre outros como uma epidemia. Na história jurídica brasileira, diga-se de passagem, a tentativa de controlar preços, inflação e outros fenômenos econômicos de causalidades complexas, não pode ser chamada de exitosa.

---

15. PEREIRA NETO, Caio Mario da S.; CASAGRANDE, Paulo Leonardo. *Direito Concorrencial*: Doutrina, jurisprudência e legislação. São Paulo: Ed. Saraiva, 2016; DOMINGUES, J. O. et al. M. *Direito Antitruste*. 4. ed. São Paulo: Saraiva, 2016.

Nessa esteira, o Código de Defesa do Consumidor dispõe: "Art. 39. É vedado ao fornecedor de produtos ou serviços, dentre outras práticas abusivas: (...) X – elevar sem justa causa o preço de produtos ou serviços.", ao tempo em que a LLE garante a livre flutuação de preços.

Dada a vagueza semântica de tal dispositivo do CDC e a necessidade de sua compatibilização com a LLE, a Secretária Nacional do Consumidor (vinculada ao Ministério da Justiça), em conjunto com a Secretaria de Acompanhamento Econômico (vinculada ao Ministério da Economia), divulgaram a Nota Técnica 8/2020, estabelecendo parâmetros interpretativos sobre tal dispositivo legal. Ela é meramente orientativa aos procons (e mesmo para o Poder Judiciário), mas acaba por trazer segurança e previsibilidade jurídica aos agentes econômicos regulados.

Em primeiro lugar, a referida Nota Técnica deixa claro que o Brasil opta, em sua Constituição Federal, por um sistema econômico de mercado, conforme previsto em seus arts. 1º, IV, e Art. 170, *caput*, o que significa que as decisões sobre produção e consumo são deixadas à escolha de firmas e consumidores, dentro dos marcos regulatórios previstos na mesma Constituição e na legislação infraconstitucional. Em um sistema de livre mercado, há liberdade das firmas estabelecerem seu preço e não há limite ou controle sobre o lucro, que é o fruto do trabalho e do risco do empreendedor.

A Nota Técnica deixa claro também que a intervenção do Estado no domínio econômico deve ocorrer apenas em situações legalmente autorizadas e que não há possibilidade de tabelamento de preços no Brasil, lembrando que: "vale também destacar que, historicamente, todo esforço para controle de preços no Brasil se mostrou ineficiente e ineficaz, causando distorções no lado da oferta, com produtores deixando de negociar mercadorias, aumento de preço em mercados paralelos, cartelização ou mesmo desabastecimento".

Por essa razão, a Nota Técnica explicita que "uma análise da abusividade dos preços ou aumento arbitrário de lucros, segundo o CDC, deve ocorrer caso a caso, mercado a mercado, sem que seja possível determinar apriori (ou ex ante), quais são os limites de elevação estabelecidos em lei. Há de se fazer esta distinção, pois cada setor possui um modelo de negócios que pode ser considerado coerente naquele setor e não em outros, observando, também, as regras impostas pelos órgãos reguladores dos setores regulados."

A mesma Nota Técnica remete ainda à Nota Técnica anterior 35/2019 da Senacon, no sentido de que para iniciar uma análise de eventual abusividade dos aumentos incidentes sobre produtos e serviços, é necessário que o órgão fiscalizador examine toda a cadeia de fornecimento.

Assim, segundo a Nota, "a única forma de identificar eventual abusividade é uma análise pormenorizada das planilhas de custos referentes ao período anterior ao aumento para idenficar quais foram as causas que deixaram o fornecedor sem escolhas a não ser elevar o preço do produto/serviço."

Desse modo, fica claro que a Senacon entende que situações de emergência ou de calamidade pública podem gerar choques de oferta e demanda, eventos que proporcionam, de maneira inesperada, um aumento ou redução significava da oferta ou da demanda poder alterar os preços sem configurar qualquer abusividade. De modo que choques de oferta ou demanda podem ser justa causa para aumento de preços. O que significa dizer que deve se verificar se há racionalidade econômica para o aumento, sendo a abusividade um comportamento oportunista ou de má fé da empresa que não consegue justificar o aumento substancial do preço por uma mudança na estrutura de preços de oferta e demanda dentro da cadeia em que está inserido. Não se discute margem de lucro. Finalmente, em Nota posterior a Senacon orienta que esse pedido de informações das autoridades seja razoável a ponto de não inviabilizar o livre funcionamento da atividade empresarial (inclusive em termos de prazos) e também cuidando com o sigilo das informações obtidas em relação a concorrentes.

Foi por isso que a Senacon, durante a pandemia, notificou, com prudência e bom senso, diversos agentes econômicos para mapear a cadeia produtiva e identificar eventuais abusividades (o que aconteceu nos mercados do leite, do queijo, do álcool em gel e das máscaras cirúrgicas).

Agora, isso está longe de fiscalizar preços e muito mais longe ainda de tabelar preços, como, aliás, fez a Argentina, causando desabastecimento.[16] Trata-se do estrito cumprimento de um dever legal, o que foi feito até aqui está dentro das regras legais e previamente estabelecido em Notas Técnicas divulgadas *ex ante* aos principais setores produtivos. E essa a melhor leitura de compatibilização do CDC com a ordem econômica constitucional e com a LLE.

3. A ANÁLISE DE IMPACTO REGULATÓRIO

A análise de impacto regulatório (AIR) "é a ferramenta política sistemática utilizada para examinar e medir os benefícios, os custos e os efeitos prováveis de uma regulação nova ou já existente".[17] A OCDE vem tratando sobre o assunto ao menos desde 1997, data da primeira publicação voltada para a matéria.[18] A sua

---

16. Disponível em: ttps://www1.folha.uol.com.br/mercado/2020/09/produtos-somem-das-lojas-na-argentina-apos-congelamento.shtml.
17. PINHO, E. B.; SALGADO, L. H. *Análise de impacto regulatório*: uma abordagem exploratória. Texto para Discussão 1463. Instituto de Pesquisa Econômica Aplicada, Brasília, 2010. Disponível em: https://bit.ly/34ILlQ7. Acesso em: 2 dez. 2019.
18. OCDE. *Regulatory impact analysis: best practice in OECD countries*. Paris, 1997. Disponível em: https://bit.ly/2rSi5HN. Acesso em: 2 dez. 2019.

"finalidade (...) é justamente subsidiar a elaboração das normas regulatórias e a formulação de políticas públicas, contribuindo para o aumento da racionalidade do processo decisório relativamente às intervenções governamentais".[19]

No entanto, não havia previsão legislativa para a sua prática. A principal publicação governamental sobre o assunto data de 2018, consistindo nas "Diretrizes Gerais e Guia Orientativo para Elaboração de Análise de Impacto Regulatório", da Casa Civil da Presidência da República. A LLE supriu essa lacuna, ao dispor que:

Da análise de impacto regulatório

Art. 5º As propostas de edição e de alteração de atos normativos de interesse geral de agentes econômicos ou de usuários dos serviços prestados, editadas por órgão ou entidade da administração pública federal, incluídas as autarquias e as fundações públicas, serão precedidas da realização de análise de impacto regulatório, que conterá informações e dados sobre os possíveis efeitos do ato normativo para verificar a razoabilidade do seu impacto econômico.

Parágrafo único. Regulamento disporá sobre a data de início da exigência de que trata o *caput* deste artigo e sobre o conteúdo, a metodologia da análise de impacto regulatório, os quesitos mínimos a serem objeto de exame, as hipóteses em que será obrigatória sua realização e as hipóteses em que poderá ser dispensada.

O artigo acima estabeleceu a AIR *ex ante*, que também se aplicará a regramentos consumeristas, incluindo regulamentos e determinações de agências reguladoras.

Estudos comprovam que o consumidor pode se comportar de forma contraintuitiva em mercados complexos.[20] Nesse sentido, estudos empíricos voltados para a economia comportamental "relatam que as decisões dos indivíduos violam os requisitos de consistência e coerência necessários à validade dos modelos racionais de decisão".[21]

Assim, "é preciso também levar em consideração que por conta de vieses comportamentais ou arquitetura de escolha, os consumidores nem sempre conseguem tomar as decisões que melhor lhes convêm".[22] Tendo em vista que "um dos objetivos das agências reguladoras no Brasil é a defesa dos consumidores",[23]

---

19. LYNN, M.; MENEGUIN, F. Análise de impacto regulatório: políticas para o consumidor baseadas em evidências. In: MAIOLINO, I.; TIMM, L. B. (Org.). *Direito do consumidor*: novas tendências e perspectiva comparada. Singular, 2019.

20. WILSON, C. M.; PRICE, C. W. *Irrationality in consumers switching decisions*: when more firms may mean less benefit. CCO Working paper 05/04. ESRC Center for Competition Policy, University of East Anglia, 2005.

21. SEIXAS, Yedda B. G. A. D. C. *O processo decisório em políticas públicas e os efeitos de framing*: um estudo quase experimental. Dissertação (Mestrado). Universidade de Brasília, Brasília, 2015. p. 19.

22. SANTOS, B. D. M.; SILVEIRA, P. F. A. Os efeitos do preço zero sobre o consumidor de plataformas digitais. In: MAIOLINO, I.; TIMM, L. B. *Direito do consumidor*: novas tendências e perspectiva comparada. Singular, 2019.

23. GOMES, T. M. C. A defesa do consumidor em mercados regulados. In: MAIOLINO, I.; TIMM, L. B. (Org.). *Direito do consumidor*: novas tendências e perspectiva comparada. Singular, 2019.

é necessário que agentes governamentais avaliem possíveis intervenções para criar os incentivos adequados para que os consumidores tomem decisões que melhorem o seu bem-estar.[24]

Com a AIR, o regulador ou o agente público entenderá, como regra, que nem todos os consumidores responderão a uma legislação consumerista da mesma maneira. Assim, ele pode prever como criar nudges[25] que façam com que tais consumidores adotem o comportamento esperado – por exemplo, atender a uma campanha de *recall*. Possivelmente seja necessário criar um guia de AIR específico para as relações de consumo a partir de ferramentas de economia comportamental, como determina Meneguin,[26] utilizando como referencial o material da própria OCDE.

Não se deve esquecer que o direito do consumidor, além de um direito fundamental, integra também o campo do direito econômico por caracterizar uma intervenção no mercado e, como tal, deve respeitar as balizas do direito regulatório quando se estiver tratando de uma natureza de desenho de política pública, como reconhece a própria OCDE em seu Consumer Policy Toolkit,[27] sem prejuízo de sua aplicação direta com uma lógica processual quando aplicável a uma disputa individual ou coletiva judicial.

4. O PROCESSO ADMINISTRATIVO SANCIONADOR DE CONSUMO

O tema do processo administrativo sancionador vem sendo discutido já há alguns anos pela moderna dogmática administrativista,[28] mas ainda não chegou no campo da defesa do consumidor. Todavia, não restam dúvidas que multas aplicadas por PROCONS e mesmo da Senacon podem ser classificadas como

---

24. LYNN, M.; MENEGUIN, F. Intervenções para proteção do consumidor conseguem protegê-lo? *Revista de Direito do Consumidor*, v. 125, p. 273-290, 2019.

25. No caso, de acordo com Thaler e Sunstein, um *nudge* é qualquer aspecto da arquitetura da escolha que altera o comportamento de uma pessoa de maneira previsível, sem proibir qualquer opção ou alterar de forma significativa os seus incentivos econômicos. No caso, para contar como um *nudge*, a intervenção deve ser fácil e simples de evitar, tendo em vista que *nudges* não são mandatórios. No original: "any aspect of the choice architecture that alters people's behavior in a predictable way without forbidding any options or significantly changing their economic incentives. To count as a mere nudge, the intervention must be easy and cheap to avoid. Nudges are not mandates. Putting the fruit at eye level count as a nudge. Banning junk food does not". SUNSTEIN, C. R.; THALER, R. H. *Nudge*: improving decisions about health, wealth and happiness. 2008. p. 7.

26. LYNN, M.; MENEGUIN, F. Intervenções para proteção do consumidor conseguem protegê-lo? *Revista de Direito do Consumidor*, v. 125, p. 273-290, 2019.

27. O referido toolkit da OCDE estabelece um guia que elenca seis passos a serem adotados pelo agente público na tomada de decisões baseado em evidências, a fim de considerar os impactos dessas decisões para consumidores e empresas. OCDE. *Consumer Policy Toolkit*. Paris: OECD Publishing, 2010.

28. OSÓRIO, Fabio Medina. Conceito de sanção administrativa, em: https://www.jota.info/opiniao-e-analise/colunas/direito-administrativo-sancionador/sancao-administrativa-novos-paradigmas-29102020.

tal, de modo a poder se falar de um processo administrativo de consumo como espécie do gênero processo sancionador. E qual a consequência prática disso, especialmente tomando em conta os princípios e regras trazidos pela LLE?

Ora, é simples. Parece evidente que no plano dogmático-jurídico não se está a tratar de uma relação estrita de consumo para fins de disciplinar a relação contratual (e ou indenizatória) entre consumidor e fornecedor mas sim entre Administração Pública e particular (e portanto regulada pelo Direito Administrativo).

Com efeito, o processo administrativo sancionador é aquele que permite que o estado exerça seu poder de polícia e sancione condutas ilegais decorrentes de seu poder fiscalizador repressivo (no caso, violações de regras previstas no CDC).

Nesse diapasão, não é o fato de envolver relações de consumo que o processo administrativo sancionador deixa de ser uma relação de Direito Administrativo, como um processo sancionador da CVM não deixa de sê-lo, embora envolva direito material societário e de mercado de capitais. Assim como regras penais constantes do CDC prescindem das regras processuais penais; ou seja, não há responsabilidade penal objetiva no CDC, nem inversão do ônus da prova penal!

Por isso, quatro princípios entram em cena, próprios da modalidade de um processo sancionador (o devido processo legal administrativo) e que deve ser respeitados pela autoridade de defesa do consumidor, a saber: o da legalidade, da culpabilidade, da razoabilidade e da proporcionalidade.[29]

A melhor doutrina defende que o processo administrativo que aplica sanções administrativas exige ampla defesa e respeito ao devido processo legal, nos termos da Constituição Federal e da Lei do Processo Administrativo – LFPA (Lei 9.784/99).

No âmbito da atuação dos PROCONS, isso significa que o auto de infração deve ser claro, que as ilegalidades devem ser comprovadas pelo Poder Público dentro do paradigma da culpabilidade e de que a parte terá direito à ampla produção probatória.[30]

Não podem os PROCONS, portanto, para concluírem pela culpabilidade do administrado, basear-se apenas em reclamações isoladas em seus canais, sem o contraditório a respeito dessa prova; nem tampouco, valer-se de argumentos de responsabilidade objetiva e da inversão do ônus da prova, previsto do CDC.

---

29. BINENBOJM, Gustavo. *Poder de polícia, ordenação, regulação*. 3. ed. Belo Horizonte: Editora Forum, p. 111.
30. BINENBOJM, G. idem, Ibidem, p. 113.

Em primeiro lugar, uma reclamação, sem confirmação a posteriori por depoimento no processo administrativo, não pode ser considerada meio de prova para fins condenatórios. Os meios de prova em Direito admitidos estão previstos no Código de Processo Civil (a partir dos artigos 369 e seguintes), aplicável subsidiariamente ao processo administrativo: confissão/depoimento pessoal, prova testemunhal, prova documental e prova pericial.

Em segundo lugar, – pelo princípio da legalidade e da culpabilidade – não há responsabilidade objetiva do particular frente à Administração Pública (há apenas responsabilidade objetiva do fornecedor frente ao consumidor em sua relação contratual privada); ademais, a inversão do ônus da prova só pode ser feita, quando aplicável, pelo Poder Judiciário, que sabidamente detém o poder jurisdicional e, no momento apropriado, ou seja, antes da fase da dilação probatória a fim de não virar surpresa ao final do processo e a fim de que a parte possa produzir as provas necessárias, impedindo a situação de criação de obrigação de produção de prova "diabólica" pelo administrado – conforme a dicção do art. 6º do CDC[31] e 373 do CPC.

Portanto, de uma mera leitura da lei percebe-se que não pode uma autoridade administrativa trabalhar sob a premissa de responsabildade objetiva do particular nem inverter o ônus da prova! Ela não detém poder jurisdicional, não tem as mesmas garantias de imparcialidade de um magistrado. Muito menos pode a Administração Pública surpreender o administrado, em um processo sancionador, na fase decisória, obrigando-a a fazer prova diabólica, como a ausência de vícios ou defeitos de adequação de produtos vendidos.

Eventuais irregularidades ocorridas no processo administrativo sancionador de consumo contaminam a decisão administrativa que deve, portanto, ser invalidada em revisão judicial.

Finalmente, se o consumidor é vulnerável frente ao fornecedor em uma relação de consumo e mesmo em um processo judicial de consumo, o administrado é presumivelmente vulnerável frente ao Poder Público em um processo administrativo, além de toda dogmática constitucional, e conforme determina a LLE no seu art. 2º, IV.[32]

---

31. "VII – a facilitação da defesa de seus direitos, inclusive com a inversão do ônus da prova, a seu favor, no *processo civil*, quando, a *critério do juiz*, for verossímil a alegação ou quando for ele hipossuficiente, segundo as regras ordinárias de experiências."

32. Art. 2º São princípios que norteiam o disposto nesta Lei: [...] IV – o reconhecimento da vulnerabilidade do particular perante o Estado.

REFERÊNCIAS

BODART, B. Uma análise econômica do direito do consumidor: como leis consumeristas prejudicam os mais pobres sem beneficiar consumidores. *Economic Analysis of Law Review*, v. 8, n. 1, p. 114-142, 2017.

BRASIL. Casa Civil da Presidência da República. Diretrizes gerais e guia orientativo para elaboração de Análise de Impacto Regulatório – AIR. Subchefia de Análise e Acompanhamento de Políticas Governamentais et al. Brasília: Presidência da República, 2018. Disponível em: https://bit.ly/2DCZv9k. Acesso em: 3 dez. 2019.

BRASIL. Decreto 350, de 1991. Promulga o Tratado para a Constituição de um Mercado Comum entre a República Argentina, a República Federativa do Brasil, a República do Paraguai e a República Oriental do Uruguai (Tratado Mercosul).

BRASIL. Secretaria Nacional do Consumidor. Nota Técnica 2/2019/ GAB-SENACON/SENACON/ MJ. Brasília: Senacon, 9 abr. 2019.

CASTRO, B. B.; OLIVEIRA, A. F. Política concorrencial e política consumerista no Brasil: possíveis sugestões para a agenda normativa do Cade. In: CAMPILONGO, C.; PFEIFFER, R. (Org.). *Evolução Antitruste no Brasil*. São Paulo: Singular, 2018.

COASE, R. H. The nature of the firm. *Economica*, n. 4, p. 386-405, 1937.

CORDEIRO, C. S. *A efetividade do sistema nacional de defesa do consumidor e as agências reguladoras*. Dissertação (Mestrado) – Uniceub, Brasília, 2013.

FAGUNDES, J.; PONDÉ, J. L.; POSSAS, M. Custos de transação e política de defesa da concorrência. *Revista de Economia Contemporânea*, v. 1, n. 2, 1997. Disponível em: https://bit.ly/383EAKP. Acesso em: 2 dez. 2019.

GOMES, T. M. C. A defesa do consumidor em mercados regulados. In: MAIOLINO, I.; TIMM, L. B. (Org.). *Direito do consumidor*: novas tendências e perspectiva comparada. Singular, 2019.

HERITAGE FOUNDATION. *Country Rankings 2019*. 2019. Disponível em: https://herit.ag/2LgY44B. Acesso em: 2 dez. 2019.

LYNN, M.; MENEGUIN, F. Intervenções para proteção do consumidor conseguem protegê-lo? *Revista de Direito do Consumidor*, v. 125, p. 273-290, 2019.

LYNN, M. Análise de impacto regulatório: políticas para o consumidor baseadas em evidências. In: MAIOLINO, I.; TIMM, L. B. (Org.). *Direito do consumidor*: novas tendências e perspectiva comparada. Singular, 2019.

MAIOLINO, I.; TIMM, L. B. A intersecção do direito da concorrência e da defesa do consumidor. *Jornal Estadão*, 11 jun. 2019.

MANKIW, G. N. *Introdução à economia*: princípios de micro e macroeconomia. 2. ed. Rio de Janeiro: Campus, 2001.

MATIAS-PEREIRA, J. Políticas de defesa da concorrência e de regulação econômica: as deficiências do sistema brasileiro de defesa da concorrência. *Revista de administração contemporânea*, Curitiba, v. 10, n. 2, p. 51-73, 2006. Disponível em: https://bit.ly/2OIq4Ad. Acesso em: 2 dez. 2019.

OLIVEIRA, G. *Regulação e defesa da concorrência*: bases conceituais e aplicações do sistema de competências compartilhadas. FGV EAESP – Relatórios técnicos. 2005. Disponível em: https://bit.ly/33IOKwX. Acesso em: 2 dez. 2019.

OCDE – Organização para Cooperação e Desenvolvimento Econômico. *Regulatory impact analysis*: best practice in OECD countries. Paris, 1997. Disponível em: https://bit.ly/2rSi5HN. Acesso em: 2 dez. 2019.

OCDE. *The interface between competition and consumer policies*. Global Forum on Competition. 2008. Disponível em: https://bit.ly/2s-zNqPT. Acesso em: 2 dez. 2019.

OCDE. *Consumer Policy Toolkit*. Paris: OECD Publishing, 2010. PASQUALOTTO, A. Fundamentalidade e efetividade da defesa do consumidor. *Revista Brasileira De Direitos Fundamentais & Justiça*, v. 3, n. 9, p. 66-100, 2009. Disponível em: https://bit.ly/2DB9X1c. Acesso em: 2 dez. 2019.

PFEIFFER, R. A. C. *Defesa da concorrência e bem-estar do consumidor*. Tese (Doutorado) – Universidade de São Paulo, São Paulo, 2010.

PINHO, E. B.; SALGADO, L. H. *Análise de impacto regulatório*: uma abordagem exploratória. Texto para Discussão 1463. Instituto de Pesquisa Econômica Aplicada, Brasília, 2010. Disponível em: https:// bit.ly/34ILlQ7. Acesso em: 2 dez. 2019.

SANTOS, B. D. M.; SILVEIRA, P. F. A. Os efeitos do preço zero sobre o consumidor de plataformas digitais. In: MAIOLINO, I.; TIMM, L. B. *Direito do consumidor*: novas tendências e perspectiva comparada. Singular, 2019.

SEIXAS, Yedda B. G. A. D. C. *O processo decisório em políticas públicas e os efeitos de framing*: um estudo quase experimental. Dissertação (Mestrado). Universidade de Brasília, Brasília, 2015.

SUNSTEIN, C. R.; THALER, R. H. *Nudge*: improving decisions about health, wealth and happiness. 2008.

UNCTAD – Conferência das Nações Unidas sobre Comércio e Desenvolvimento. *United Nations Guidelines for Consumer Protection*. United Nations: New York, 2016.

WILLIAMSON, O. *The Economic Institutions of Capitalism*. Nova York: The Free Press, 1985.

WILSON, C. M.; PRICE, C. W. *Irrationality in consumers switching decisions*: when more firms may mean less benefit. CCO Working paper 05/04. ESRC Center for Competition Policy, University of East Anglia, 2005.

ZINGALES, N. Between a Rock and Two Hard Places: WhatsApp at the Crossroad of Competition, Data Protection and Consumer Law. *Computer Law and Security Review*. Junho, 2017. Disponível em: https://bit. ly/2YHHrot.

ZINGALES, N. Data Protection Considerations in EU Competition Law: Funnel or Straightjacket for Innovation?. In: NJHOUL, P.; VAN CLEYNENBREUGEL, P. *The Role of Innovation in Competition Analysis (Edward Elgar, 2018 Forthcoming)*. June 30, 2016. Disponível em: https:// bit.ly/2s99m4g.

OPEN BANKING SOB A PERSPECTIVA DA ANÁLISE ECONÔMICA DO DIREITO

Luciano Benetti Timm

Doutor e Mestre em Direito pela UFRGS. LLM em Warwick. Pesquisador de Pós Doc da UC Califórnia. Professor da FGVSP. Sócio fundador do CMT Advogados.

Rodrigo Dufloth

Mestre em Direito Comercial pela USP – Largo São Francisco. Graduado em Direito na USP – Largo São Francisco. Professor convidado de Economia na Unicamp, Direito Empresarial no Mackenzie, Direito Societário na Unisinos. Sócio de CMT – Carvalho, Machado e Timm Advogados.

Patrícia Medeiros

Mestranda em Direito, Justiça e Impactos na Economia pelo CEDES. Pós-Graduada em Análise Econômica do Direito pela FDUL. LL.M pela FGV. Pós-graduação em Ética Empresarial pela USP. Advogada. Executiva na SRB.

Sumário: Introdução – 1. Desmistificando a análise econômica do dieito (AED) – 2. O *open banking* como redutor dos custos de transação – 3. O *open banking* como redutor da assimetria informacional – 4. O *open banking* como redutor dos conflitos de agência – 5. O *open banking* como redutor do *shadow banking* – 6. O *open banking* como defesa da concorrência – 7. Por fim, o *open banking* como melhoria no ambiente institucional – Referências.

INTRODUÇÃO

Este artigo insere-se em obra destinada a reflexões jurídicas e econômicas sobre a implementação do Sistema Financeiro Aberto no Brasil, o qual passaremos a definir simplesmente como *"Open banking"*. Como tal, diversos aspectos foram trazidos no que se refere ao *Open banking* em si, sob diferentes prismas. Ocuparemos-nos em analisar o instituto do *Open banking* sob a perspectiva da escola da Análise Econômica do Direito ("AED"), adiante conceituada. Antes de partirmos à AED propriamente dita, gostaríamos apenas de conceituar muito brevemente o que estamos denominando por *Open banking.*

Em apertada síntese, o *Open banking* pode ser definido como o compartilhamento padronizado de dados, produtos e serviços por meio de abertura e integração de sistemas, com o uso de interface dedicada para essa finalidade, por instituições financeiras, instituições de pagamento e demais instituições autorizadas a funcionar pelo Bacen. Consoante artigo 3º da Resolução Conjunta 1, de 4 de maio de 2020 ("RC 1/2020"), os objetivos do *Open banking* são:

i. incentivar a inovação;

ii. promover a concorrência;

iii. aumentar a eficiência do Sistema Financeiro Nacional e do Sistema de Pagamentos Brasileiro; e

iv. promover a cidadania financeira.

De plano já vislumbramos conceitos como "concorrência" e "eficiência", que configuram solo fértil para aplicação da AED. Quanto ao primeiro, conforme Paulo Furquim de Azevedo, "[e]m poucas áreas do conhecimento o entrelaçamento entre Economia e Direito é tão forte quanto na Defesa da Concorrência",[1] ao passo que total é a conexão entre concorrência e bem-estar dos consumidores. Já o segundo termo é palco de debates acalorados entre os próprios economistas, dada a amplitude da noção de eficiência a depender das linhas de pensamento adotadas, mas que basicamente significa melhor relação de custo-benefício (preços e tarifas menores para o mesmo serviço bancário).

Na sequência, verificamos que a RC 1/2020 estabelece em seu artigo 4º que o *Open banking* deverá se pautar nos seguintes princípios:

i. transparência;

ii. segurança e privacidade de dados e de informações sobre serviços compartilhados;

iii. qualidade dos dados;

iv. tratamento não discriminatório;

v. reciprocidade; e

vi. interoperabilidade.

Cabe notar, ainda, que poderão participar do *Open banking* as instituições financeiras e demais instituições autorizadas a funcionar pelo Bacen, com algumas tendo participação obrigatória[2] e outras voluntária,[3] a depender do tipo de compartilhamento, ficando vedada a participação de instituições que não são autorizadas pelo Bacen. De qualquer sorte, considerando o contexto do presente

---

1. Análise econômica da defesa da concorrência. In: TIMM, Luciano Benetti (Org.). *Direito e economia no Brasil*: estudos sobre a análise econômica do direito. 3. ed. Indaiatuba: Foco, 2019, p. 282.

2. Mais especificamente: (i) no caso de compartilhamento de dados, as instituições enquadradas nos segmentos 1 (S1) e 2 (S2) previstos na Resolução do Conselho Monetário Nacional 4.553/ 2017; (ii) no caso de compartilhamento de serviço de iniciação de transação de pagamento, as instituições detentoras de conta de depósitos à vista ou de poupança ou de pagamento pré-paga; e as instituições iniciadoras de transação de pagamento; e (iii) no caso de compartilhamento de serviço de encaminhamento de proposta de crédito, as instituições reguladas que tenham firmado contrato de correspondente no País para receber e encaminhar, por meio eletrônico, propostas de operações de crédito.

3. Demais instituições financeiras e de pagamento autorizadas a funcionar pelo Bacen.

artigo, não adentraremos nos pormenores do *Open banking* em si, objeto de outros estudos; focaremos daqui em diante nas contribuições da AED à compreensão da lógica e do racional econômico-jurídico do *Open banking*.

1. DESMISTIFICANDO A ANÁLISE ECONÔMICA DO DIEITO (AED)

É importante, de antemão, recuperarmos algumas premissas em relação ao que consiste, propriamente, uma "análise econômica" (do *Open banking*, no nosso caso), em virtude de compreensões equivocadas a seu respeito. É trivial, por exemplo, a associação da corrente da AED a um ideário liberal (notadamente, da Escola de Chicago), e confundi-la com uma "teoria da eficiência", voltada tão somente à "maximização da riqueza". Isto seria um reducionismo, pelos 5 (cinco) motivos a seguir delineados.

Em *primeiro* lugar, a AED possui uma pluralidade de escolas de pensamento, não se reduzindo apenas à Escola de Chicago (embora esta tenha sido, e ainda seja, muito importante[4]). Podemos citar, dentre outras, os (neo)institucionalistas,[5] a Escola Austríaca,[6] a Escola de Yale,[7] a Escola da *Public Choice* (Escolha Pública),[8] a Escola da Economia Comportamental (*Behavioral Law & Economics*)[9] e muitas outras.

Em *segundo* lugar, como consequência do ponto acima, a AED não possui uma agenda *política* própria. Na realidade, em suas origens, a AED surgiu com o objetivo de conferir maior cientificidade e pragmatismo ao Direito, muitas vezes preso em seus conceitos abstratos e na sua dogmática, sem atentar para os efeitos e consequências de suas regras e decisões judiciais. A corrente de Direito & Economia (ou AED), valendo-se de métodos consequencialistas, procura tornar as teorias (jurídicas) verificáveis empiricamente, a fim de que correspondam, de fato, à prática e sobretudo previsíveis os efeitos das normas sobre o comportamento humano a partir de uma teoria de comportamento humano limitada em alguma medida, mas perfeitamente adequada para interações em ambientes de mercado:

---

4. Seu expoente mais conhecido, em terras tupiniquins, provavelmente é Richard Allen Posner (1939-), autor da paradigmática obra "*Economic Analysis of Law*", publicada em 1972 e hoje em sua 9ª edição, de 2014.
5. Com destaque para Douglass C. North (1920-2015), prêmio Nobel de Economia em 1993, e Oliver E. Williamson (1932), prêmio Nobel de Economia em 2009.
6. Com inspiração em Von Mises, Hayek e outros, podemos citar Mario J. Rizzo (1948-), Professor da New York University (NYU).
7. Que pode ser aqui representada por Guido Calabresi.
8. James M. Buchanan Jr. (1919-2013) e Gordon Tullock (1922-2014), coautores da obra "*The Calculus of Consent*", são seus mais conhecidos expoentes.
9. Ao valer-se de *insights* da Psicologia, é uma escola que vem reoxigenar premissas clássicas da microeconomia. Dentre seus representantes, podemos mencionar Richard H. Thaler (1945-), Nobel de Economia em 2017; e Daniel Kahneman (1934), Nobel de Economia em 2002.

de que indivíduos são capazes de tomar decisões limitadamente racionais baseadas em análises de custo-benefício.

Em *terceiro* lugar, a AED, embora tenha se originado nos Estados Unidos da América (país de *Common Law*), encontra-se em franca expansão para outros países ao redor do globo, desde os anos 1970, inclusive em países com tradição romano-germânica.[10] Seria uma "xenofobia científica"[11] escamotearmos delibera-damente as visíveis convergências entre as famílias de *Civil Law* e *Common Law*.

Em *quarto* lugar, toda a Ciência Econômica não pode ser reduzida tão so-mente à ideia de eficiência: não se trata de, como preconizam alguns, subverter a lógica da justiça à lógica da eficiência e do "abandono da ética pelo utilitarismo". Esta ideia talvez seja fruto de uma leitura atrasada de Richard Allen Posner, que escreveu, em 1980, *A economia da justiça*, propondo que a eficiência deveria ser um horizonte ético adequado para o direito e a prática institucional de um modo geral. Contudo, o próprio Posner, na obra *Problemas de filosofia do direito* (São Paulo: Martins Fontes, 2007), revisitou seu posicionamento, concluindo, em li-nhas gerais, que não há, nem jamais poderia haver, razão científica para justificar a eficiência como um ideal superior aos demais. Embora, considerando a escassez de recursos (de que a existência do Direito Ambiental é prova viva), não parece justo que sejamos ineficientes e incorramos em desperdícios. Ademais, no plano da ética hoje encontramos a defesa do utilitarismo e do pragmatismo a partir das lentes das neurociências para solução de dilemas morais e políticos complexos.[12]

Em *quinto* lugar, em decorrência do ponto acima, esclarecemos que *a abordagem de Direito & Economia constitui-se em um instrumental de observação da realidade social* e, "[a]o contrário do que o senso comum adota, o objeto de estudo da ciência econômica não é o dinheiro ou a economia (no sentido de mercados de compra e venda), mas as consequências das decisões ou escolha dos indivíduos, sob quaisquer aspectos: escolhas sobre aquisições materiais sim, mas também escolhas de alocação de tempo, de planejamento de carreira, de investimento em escolaridade, de carreira, de constituição de família, e, por que não, de cometer ou não atos ilícitos".[13]

---

10. Nesse sentido, vide: MACKAAY, Ejan; ROUSSEAU; Stéphane. *Análise econômica do direito*. Trad. Rachel Sztajn. 2. ed. São Paulo: Atlas, 2015, p. 16-19.

11. Parafraseando o Prof. Fernando Araújo (sócio de CMT – Carvalho, Machado e Timm Advogados), em prefácio da obra referida imediatamente acima (p. xxiv e xxv).

12. TIMM, Luciano e VOLKHART, Erik. *Direito e neurociência*: por que uma opção pelo 'pragmatismo profundo'? Disponível em: www.jota.info/opiniao-e-analise/colunas/coluna-da-abde/direito-e-neu-rociencia-por-que-uma-opcao-pelo-pragmatismo-profundo-15052020.

13. YEUNG, Luciana Luk-Tai. Análise econômica do direito do trabalho e da reforma trabalhista (Lei 13.467/2017). *Revista Estudos Institucionais*, v. 3, 2, p. 894. 2017. Nesse sentido, vale conferir a obra de Gary Stanley Becker (1930-2014), prêmio Nobel de Economia em 1992.

Feita a lembrança destas premissas conceituais, o leitor poderá, despido de quaisquer preconceitos porventura previamente existentes e com uma mente aberta, refletir verdadeiramente nas contribuições da AED ao *Open banking*. Oxalá a AED contribua para a análise sistêmica do instituto e não apenas de cada árvore, mas sim da floresta como um todo,[14] ao procurar compreender as relações entre todos os agentes econômicos envolvidos.

2. O *OPEN BANKING* COMO REDUTOR DOS CUSTOS DE TRANSAÇÃO

O *Open banking* parte do pressuposto que o indivíduo é titular de seus dados cadastrais e financeiros,[15] e que pode transferir essas informações que lhe pertencem para outra instituição, a qualquer momento, em busca de melhores produtos ou serviços a preços mais baixos. Com isso, temos a redução dos assim chamados custos de transação.

Ronald Harry Coase, ganhador do Nobel de Economia em 1991, é o *founding father* da análise econômica do direito, e sua contribuição para o Direito é enorme. Em pioneiro artigo de 1937, "*The Nature of the Firm*",[16] ele demonstrou que mesmo quando na presença de mercados ativos e eficientes, os agentes econômicos organizam atividades sob forma de empresa, e o fazem para reduzir "custos de transação". Esclarecemos que *transação* é, para economistas, qualquer operação econômica que promova a circulação de riqueza na sociedade. E o que são "custos de transação"?

Podemos defini-los, conforme Rachel Sztajn,[17] como aqueles custos incorridos na realização de uma transação, representados, *ou não*, por dispêndios financeiros, mas que decorrem do conjunto de ações e medidas adotadas antes, durante e depois de consumada a operação econômica. Custos de transação caracterizam as principais falhas de mercado e que provocam diminuição de negócios, concentração econômica e perda de bem estar para os consumidores. Tais custos incluem, por exemplo, o esforço na procura de bens em mercados; a análise comparativa de preço e qualidade antes de decisão; o desenho da garantia que incentiva o cumprimento das obrigações pela outra parte; o adimplemento

---

14. Como disse José Reinaldo de Lima Lopes, "[j]uristas enxergam as ações judiciais, não as atividades. [...] Ele não está treinado para entender o que seja uma estrutura: então, ele está mais capacitado para perceber a árvore do que a floresta." (TIMM, Luciano Benetti. Ainda sobre a função social do direito contratual no Código Civil brasileiro. In: TIMM, Luciano Benetti (Org.). *Direito e Economia*. Porto Alegre: Livraria do Advogado, 2008, p. 63).

15. Em linha com o art. 5º, V, da Lei 13.709/2018, conforme alterada (LGPD).

16. COASE, Ronald H. The nature of the Firm. *Economica*, v. 4, n. 16. Londres: New Series, 1937. Vide, ainda: COASE, Ronald H. *A firma, o mercado e o direito*. Rio de Janeiro: Forense Universitária, 2016.

17. *Teoria jurídica da empresa*: atividade empresária e mercados. 2. ed. São Paulo: Atlas: 2010, p. 110.

certo, seguro e a tempo; outras garantias que se exija para fazer frente a eventual inadimplemento, pela contraparte; a redação de instrumentos contratuais que reflitam as tratativas entre contratantes e disponham sobre direitos, deveres e obrigações etc.

O grande *insight* de Ronald H. Coase, no artigo acima referido, é que as empresas visam a, de forma eficiente, *reduzir os custos de transação*, mediante a utilização de mecanismos que gerem o máximo de benefícios líquidos. Não por outra razão, Ronald H. Coase vê nas empresas uma forma de desenvolvimento da atividade econômica, em várias situações ou hipóteses, superior aos mercados. A empresa permite centralizar e organizar a produção, reduzindo custos de ir a mercados. Ou, dito de outra forma, *as empresas crescem até que a economia obtida entre o custo de realizar ou organizar qualquer operação internamente seja superior ao custo de realizar a mesma operação via* mercados.[18] Sem que se perceba alguma economia decorrente da organização, não se justificam as empresas.

Ora, considerando os avanços trazidos pelo *Open banking*, podemos vislumbrar uma redução dos custos de transação no mercado financeiro, que incluem os custos de procura de instituições, decisões, alocação de tempo, gerenciamento, monitoramento de transações, obtenção de informações assimétricas (como será aprofundado abaixo) etc. Todos tais custos *tendem* a ser reduzidos a partir da implementação do *Open banking*, notadamente em seu último estágio. Com a diminuição dos custos de transação diminuem barreiras à entrada, aumenta-se a competitividade em um setor econômico bastante concentrado e aumenta-se o bem estar dos consumidores, sendo uma política pública coerente com os princípios e valores da nossa Constituição Federal.

3. O *OPEN BANKING* COMO REDUTOR DA ASSIMETRIA INFORMACIONAL

O *Open banking* tem o objetivo de permitir a integração de serviços financeiros às diferentes jornadas digitais dos clientes, facilitando a contratação de produtos e serviços financeiros em ambientes mais convenientes para o cliente, de forma ágil e segura. Por conseguinte, teremos o aumento da transparência e, principalmente, a *redução da assimetria informacional* (ou, melhor dizendo, a precificação da assimetria informacional de forma mais eficiente), diminuindo, assim, as barreiras à entrada no Sistema Financeiro Nacional e favorecendo um

---

18. Após Coase, esta ideia foi desenvolvida, ao se verificar que a empresa é um modo de organização da produção em que a coalizão supera o mercado, uma vez que a empresa permite melhor controle dos riscos de oportunismo (cf. ALCHIAN, Armen A.; DEMSETZ, Harold. Production, Information Costs, And Economic Organization, *American Economic Review*, 62, 777-795, 1972).

ambiente de negócios mais competitivo e inclusivo[19] Do ponto de vista da AED, a redução da assimetria informacional constitui um benefício do Open Banking ao mercado, pois diminui custos de transação como já visto acima.

Podemos dizer que uma informação é assimétrica quando uma das partes sabe mais do que a outra sobre o produto ou outro fator que possa desbalancear a operação em seu favor, constituindo-se numa das principais falhas de mercado. Este desbalanceamento pode se dar de diferentes formas, como na seleção adversa ou no *moral hazard*. De acordo com Rachel Sztajn:[20]

> Seleção adversa ou seleção negativa ocorre quando em processo de contratação o mau resultado deriva de assimetrias informacionais. Um dos meios para reduzir tal resultado seria a adoção de cadastros de bons pagadores, premiando-os com taxas de juros menores em empréstimos bancários, por exemplo. A seleção adversa pode ser reduzida mediante a utilização de sinalização ou investigação.
>
> Já o moral hazard se espelha no fato de uma pessoa (porque não está inteiramente afetada pelas consequências de suas ações) adotar comportamentos de conduta mais frouxos. Exemplo de mecanismo para reduzir tais condutas é a franquia em seguros de veículos automotores, cujo peso para o segurado, em tese, servirá para estimular uma direção mais cuidadosa.

Resta claro que, nesse contexto, conforme já defendemos:[21]

> A assimetria de informações criará alguns óbices para algumas atividades securitárias, de mercado de capitais e bancárias. Os agentes econômicos acabam buscando soluções de mercado a fim de reduzir a assimetria informacional e aumentar o nível de informação no mercado sobre seus agentes econômicos, dando um certo atestado de "regularidade" da constituição do negócio como podem ser os sistemas de proteção de crédito, agências de rating, due diligences por prestadores de serviços com elevada reputação (como firmas de auditoria e escritórios de advocacia).

É certo que, segundo a visão de que informação produz renda, se os benefícios gerados pela operação não forem suficientes para uma eventual partilha, *o comportamento estratégico dos negociadores tenderá a mascarar informações*, com o que é possível que sejam apresentados dados incorretos e até falsos por qualquer deles.[22] Por isso é que podemos dizer que o *Open banking*, ao gerar a transparência proposta, tenderá a resultar em maior bem-estar aos consumidores.

---

19. Disponível em: https://www.bcb.gov.br/conteudo/home-ptbr/TextosApresentacoes/Open%20Banking%20-%20Bullets_VPUB.pdf. Acesso em: 17 fev. 2021.
20. Cf. VERÇOSA, Haroldo Malheiros Duclerc. *Direito comercial*: teoria geral do contrato. 2. ed. São Paulo: Ed. RT, 2014, p. 80.
21. Análise econômica do direito das obrigações e contratos comerciais. In: COELHO, Fabio Ulhoa. *Tratado de direito comercial*. São Paulo: Saraiva, 2015. v. 5.
22. Cf. SZTAJN, Rachel. A incompletude do contrato de sociedade. *Revista da Faculdade de Direito*. São Paulo, v. 99, , p. 283. jan./dez. 2004.

Vale notar ainda que há estudos que demonstram que, segundo a teoria dos jogos, as pessoas, influenciadas pela assimetria informacional, tendem a não contratar ou retardar a celebração do contrato, agindo de modo ineficiente. Reconhece-se, por todo o exposto, que *há um interesse público em que a assimetria de informações seja mitigada*. Obter informações é algo custoso, especialmente sob o prisma dos custos de transação. A partir do momento em que há um sistema de troca de informações a baixo custo que institucionalmente se propõe a endereçar o problema da assimetria informacional, torna-se algo positivo em termos de política pública de promoção dos valores da ordem econômica (arts. 170 e ss. da Constituição Federal): livre iniciativa, livre concorrência, defesa do consumidor, estímulo a pequenas e médias empresas.

4. O *OPEN BANKING* COMO REDUTOR DOS CONFLITOS DE AGÊNCIA

As assimetrias informacionais (e suas facetas, seleção adversa e risco moral) se consubstanciam justamente no que a AED denomina por conflitos de agência. A relação de agência (ou agente-principal) foi classicamente definida por Michael C. Jensen e William H. Meckling[23] como aquela em que, por um contrato, uma parte (principal) encarrega outra (agente) de desempenhar alguma atividade em favor daquela, delegando-se autoridade de tomada de decisão ao agente; e, embora não necessariamente, a transferência de patrimônio, em caráter fiduciário, do primeiro ao segundo. O problema ocorre na necessidade de se efetivamente motivar o agente para atuar em prol dos interesses do principal, e não simplesmente no próprio interesse do agente.

Em particular, o centro do problema reside no aspecto que o agente geralmente possui melhores informações que o principal sobre fatos relevantes (assimetrias informacionais), de modo que o principal não poderá se assegurar perfeitamente que o agente executará suas atividades exatamente conforme o combinado. E, quanto mais complexas as atividades realizadas pelo agente, mais discricionariedade há de ser dada, resultando em uma maior probabilidade de "custos de agência", que podem ser divididos em custos relativos ao:

i. monitoramento ou fiscalização do desempenho do agente (*monitoring costs*);

ii. estabelecimento de vínculos do agente com o resultado de sua performance (*monitoring costs*); e

iii. perdas residuais (*residual losses*), atinentes ao resultado dos danos que o principal sofre por força de uma certa margem escapável de egoísmo maximizador do agente.[24]

---

23. Cf. Theory of the firm: managerial behavior, agency costs and ownership structure. *Journal of Financial Economics*, v. 3, n. 4, p. 305-360, out. 1976.

24. Cf. JENSEN, Michael H.; MECKLING, William H. Op. cit., p. 308.

Considerando que o *Open banking* possibilitará ao cliente (titular de dados pessoais) a escolha uma tecnologia padronizada, permitindo a este levar suas informações financeiras para qual instituição desejar, reduzimos a assimetria informacional existente na relação agente-principal, se pensarmos que o cliente é um "agente" e o representante da instituição o "principal". Por conseguinte, espera-se que os custos de agência acima referidos igualmente tendam a ser mitigados.

5. O *OPEN BANKING* COMO REDUTOR DO *SHADOW BANKING*

"*Shadow banking*" pode ser definido como a intermediação de crédito envolvendo entidades e atividades fora do sistema bancário regular, aumentando por conseguinte a existência de risco sistêmico especialmente quando as estruturas realizam atividades bancárias ou "qua se bancárias". Desde a crise financeira de 2008, a expressão "shadow banking" passou a fazer parte da agenda das autoridades reguladoras globais, com destaque para o Financial Stability Board (FSB).

Conforme Otavio Yazbek,[25] após a crise financeira 2008:

> [...] se começou a falar em uma "regulação macroprudencial", que, mais do que uma nova modalidade de regulação, é uma nova forma de modular as atividades de regulação do mercado, valorizando-se a estabilidade financeira mesmo em campos onde antes ela não era tida como uma questão relevante (como é o caso da regulação de condutas em mercado de capitais). [...] E ingressam na agenda temas como o do shadow banking system e o do permanente acompanhamento do chamado 'perímetro regulatório'.

Vale notar que, conforme Paul Tucker,[26] há pontos importantes que devem ser considerados em tal definição:

> iv. *shadow banking* não é o mesmo que o setor financeiro não bancário;
>
> v. a intermediação de crédito não bancária não é ruim *per se*. Mas, como lembrado na crise de 2008, *shadow banking* pode enfraquecer o sistema;
>
> vi. *shadow banking* aparece sob diferentes formas e cores. Há graus em que qualquer instância particular de *shadow banking* replica a atividade bancária;
>
> vii. a liquidez oferecidas por alguns *shadow banks* baseia-se quase que inteiramente, e mais ou menos abertamente, em linhas de crédito garantidas por bancos comerciais.

Em estudo, autor[27] sugere que é necessário aproveitar a crise de 2008 para uma "re-regulação", dado que crises sistêmicas fornecem um ímpeto para trans-

---

25. CODORNIZ, Gabriela; PATELLA, Laura (Coord.). *Comentários à Lei do Mercado de Capitais* – Lei 6.385/76. São Paulo: Quartier Latin, 2015, p. 22.
26. *Shadow Banking, Financing Markets and Financial Stability*, January 2010. Disponível em: http://www.bis.org/review/r100126d.pdf.
27. Cf. GUTTMANN, Robert. *Financeled capitalism* – shadow banking, re-regulation and the future of global markets. Palgrave Macmillan, 2016.

formação no *modus operandi* do capitalismo. No mesmo sentido, Curtis Milhaupt & Katharina Pistor[28] argumentam que falhas nas leis que regulam o mercado, especialmente aquelas mais "escandalosas", podem ser uma rica fonte de material para teorizar sobre as relações entre o direito e o capitalismo.

Entendemos que o *Open banking*, sendo uma tecnologia uniforme e amplamente utilizada, evitará o risco de *shadow banking*, considerando que as autoridades reguladoras estarão a par das atividades desempenhadas e também porque permite a inclusão de pequenos e médios competidores que terão suas atividades agora legitimadas e escrutinizadas. Vislumbramos potenciais benefícios do *Open banking* igualmente nesta frente.

6. O *OPEN BANKING* COMO DEFESA DA CONCORRÊNCIA

A forma de operação do *Open banking*, como já dito anteriormente, permite uma redução de barreiras à entrada de custos de transação e, portanto, promove maior concorrência. No plano da teoria microeconômica,[29] considera-se que mais concorrência costuma gerar mais informação, preços menores, incentivo à inovação e maior poder de escolha ao consumidor; em contrapartida, estruturas de mercado mais concentradas tendem a gerar o oposto:[30] maior poder às empresas, preços mais altos e apropriação de resultados que poderiam ser compartilhados com os consumidores.[31] O mercado bancário brasileiro, como o mexicano, também considerado bastante concentrado se comparado ao norte-americano, de modo que uma regulação que promove maior competição a partir de troca de

---

28. *Law & capitalism*: what corporate crises reveal about legal systems and economic development around the world. The University of Chicago Press, 2008.

29. De acordo com Mankiw: "A microeconomia é o estudo da tomada decisões individuais de famílias e empresas e sua interação em mercados específicos". MANKIW, Gregory N. *Introdução à economia. Princípios de micro e macroeconomia*. 2. ed. Rio de Janeiro: Campus, 2001. p. 27.

30. Nesse sentido: "A concentração deve ser vista como uma ação que, mesmo quando não inviabiliza a concorrência, altera o nível de competição, prejudicando em última instância o consumidor." MATIAS-PEREIRA, José. Políticas de defesa da concorrência e de regulação econômica: *as deficiências do sistema brasileiro de defesa da concorrência. Rev. adm. contemp.* Curitiba, v. 10, n. 2, p. 51-73, Junho 2006. Disponível em: http://www.scielo.br/scielo.php?script=sci_arttext&pid=S1415-65552006000200004&lng=en&nrm=iso.

31. Ao analisar a lista de empresas mais reclamadas no Procon do Estado de São Paulo, Pfeiffer explica que "(...) as empresas mais reclamadas pertencem, em geral, a setores marcados pela estrutura oligopolizada. Com efeito no Estado de São Paulo o setor mais reclamado é o de telefonia fixa (...) Outro setor de grande destaque é o de serviços financeiros, em que atualmente há cinco grandes conglomerados. (...) as empresas que lideram o ranking, além de pertencerem a setores concentrados, apresentam nítida e inconteste posição dominante no mercado em que atuam". PFEIFFER, Roberto Augusto Castellanos. *Defesa da concorrência e bem-estar do consumidor*. 2010. Tese (Doutorado em Direito Econômico e Financeiro) – Faculdade de Direito. Universidade de São Paulo: São Paulo, 2010. p. 133.

informações e uso de tecnologia é uma boa medida para defesa da livre iniciativa (liberdade econômica)[32] e da concorrência.

No plano jurídico, o direito fundamental à livre iniciativa – do qual a Lei de Liberdade Econômica é implementação infraconstitucional

– é tão importante que deixa transparecer no texto constitucional também um dever positivo do Estado que é a regulação do mercado, quer das ações dos agentes econômicos, quer da estrutura concorrencial no parágrafo 4º do artigo 173.[33] Diz-se dever de atuação do Estado, uma vez que a Constituição delegou ao Estado (em sentido lato, ou seja, englobando também o Poder Judiciário), o papel de zelar pela concorrência e pela livre iniciativa.

Assim, a Lei 12.529/01 – que criou o sistema brasileiro da concorrência como está em funcionamento hoje – ou seja, com a Secretaria de Acompanhamento Econômico (SEAE) e com o Conselho Administrativo de Defesa Econômico (CADE) foi uma das primeiras legislações a implementar o direito fundamental à livre-iniciativa.[34] Essa legislação permite que a regulação do mercado seja feita por meio do monitoramento da SEAE e do CADE sob as condutas dos agentes econômicos que possam prejudicar ou falsear a concorrência, como nos casos dos acordos de preços entre os concorrentes (cartéis) – ditos acordos horizontais –, ou nos casos da fixação de preços a franqueados ou distribuidores, ou de vendas casadas – chamados de acordos verticais. Mas a legislação federal também atribuiu ao BACEN o dever de promover a concorrência setorial, ainda que por outros meios e o *Open banking* é um bom exemplo disso.

Todavia, como ensina a Economia, promover livre iniciativa e livre concorrência implica também aumentar o bem estar dos consumidores. Poucas áreas do direito são tão afeitas ao diálogo interdisciplinar como concorrência, e defesa do consumidor (e, também, privacidade/ proteção de dados), sobretudo quando utilizada uma ferramenta analítica comum de natureza pragmática e consequencialista, como é o da AED. A defesa da concorrência está indissociavelmente ligada à defesa do consumidor podendo serem consideradas como dois lados da mesma moeda e, por isso, o direito do consumidor (como ramo do Direito) não pode estar divorciado do direito antitruste. Poder-se-ia até sustentar, como se faz em alguns países, que tanto o Direito do Consumidor como o Direito da Concorrên-

---

32. TIMM, Luciano. *O direito fundamental à livre iniciativa*. Disponível em: https://www.jota.info/paywall?re- direct_to=//www.jota.info/opiniao-e-analise/colunas/coluna-da-abde/o-direito-fundamental-a-livre-iniciativa-ou-a-liberdade-economica-22052019.

33. "§ 4º A lei reprimirá o abuso do poder econômico que vise à dominação dos mercados, à eliminação da concorrência e ao aumento arbitrário dos lucros."

34. PEREIRA NETO, Caio Mario da S.; CASAGRANDE, Paulo Leonardo. *Direito Concorrencial*: Doutrina, jurisprudência e legislação. São Paulo: Saraiva, 2016; DOMINGUES, J. O. et al. *Direito Antitruste*. 4. ed. São Paulo: Saraiva, 2016.

cia e o Direito Regulatório integrariam o ramo do Direito Econômico, que trata justamente da regulação do mercado. Mas essa discussão dogmática é menos importante para o escopo desse trabalho, que é tratar da AED do *Open banking*.

7. POR FIM, O *OPEN BANKING* COMO MELHORIA NO AMBIENTE INSTITUCIONAL

Já sustentamos que o *Open banking*, sob a perspectiva da AED, tende a (i) reduzir os custos de transação, (ii) reduzir a assimetria informacional, (iii) reduzir os conflitos de agência, (iv) reduzir o *shadow banking*, e (v) defender a concorrências. Considerando o "conjunto da obra", findamos o presente artigo com a constatação de que o Open Banking tenderá a melhorar as próprias instituições.

Segundo Douglass North, Prêmio Nobel de Economia em 1993, instituições como o Direito criam incentivos diversos sobre a ação dos agentes em sociedade, sendo compreendidas como:[35]

> Instituições são as regras do jogo na sociedade ou, mais formalmente, são as coações criadas pelo homem que moldam a interação humana. Consequentemente elas estruturam os incentivos das trocas humanas, quer políticas, sociais ou econômicas. As mudanças institucionais moldam a forma que as sociedades evoluem pelo tempo e, portanto, são a chave no entendimento das mudanças históricas [...] Elas reduzem incertezas ao prover a estrutura para a vida do dia a dia. São um guia para a interação humana [...] No jargão dos economistas, instituições definem e limitam o leque de escolhas dos indivíduos [...] Instituições incluem qualquer forma de coação que seres humanos criam para moldar a interação humana.

Nesse sentido, o Direito possui posição de proeminência em termos de influências exercidas sobre o comportamento humano em sociedade e, por consequência, também sobre as demais instituições – inclusive o próprio Bacen. Com fundamento em tal compreensão, afirma Zylbersztajn:[36]

> A análise econômica deve, então, considerar o ambiente normativo no qual os agentes atuam, para não correr o risco de chegar a conclusões equivocadas e imprecisas, por desconsiderar os constrangimentos impostos pelo Direito ao comportamento dos agentes econômicos. O Direito, por sua vez, ao estabelecer regras de conduta que modelam as relações entre pessoas, deverá levar em conta os impactos econômicos que delas derivarão, os efeitos sobre a distribuição ou alocação de recursos e os incentivos que influenciam o comportamento dos agentes econômicos privados. Assim, o Direito influencia e é influenciado pela Economia.

Em razão das relações entre Direito e Economia acima descritas, o processo de elaboração das "regras do jogo", bem como o de garantia de observância dessas

---

35. NORTH, Douglass C. *Institutions, Institutional Change and Economic Performance*. Cambridge: Cambridge University Press, 1990. p. 3 e 4, tradução nossa.

36. ZYLBERSZTAJN, Décio; SZTAJN, Rachel. *Direito e economia*: análise econômica do direito e das organizações. Rio de Janeiro: Elsevier, 2005. p. 74.

mesmas regras (comumente exercido pelo Poder Judiciário), são de crucial importância ao adequado convívio em sociedade, compreendido neste o conjunto de relações humanas usualmente descritas como "relações de mercado". São com base nelas que indivíduos e empresas tomarão decisões de investimento, que são o motor da prosperidade e do desenvolvimento humano. Quando surgem problemas em um dos dois eixos descritos (elaboração de regras, ou garantia de cumprimento das mesmas), surgem os chamados "custos de transação", acima explanados.

Acemoglu e Robinson,[37] ao tratarem das instituições políticas e econômicas que promovem o desenvolvimento (democracia e livre mercado), exemplificam o caso da concentração bancária no México *vis-à-vis* a concorrência bancária norte-americana como uma evidência das instituições mexicanas menos eficientes para promover a concorrência e o bem estar dos consumidores. O mercado bancário brasileiro, como o mexicano, também considerado bastante concentrado como já visto e *Open banking* parece ir no sentido correto daquele preconizado pelos autores em comento ao promover a livre concorrência. Afinal, financiamento empresarial é essencial para inovação, o que, por sua vez, é fundamental para o desenvolvimento.[38]

Nesse sentido, há estudos[39] que demostram que há uma relação entre desenvolvimento financeiro e proteção a acionistas, com benefícios para o mercado como um todo. Existe uma correlação entre crescimento e desenvolvimento do mercado financeiro. Vislumbramos, assim, benefícios do *Open banking* no que se refere ao ambiente de negócios, ao reduzir a assimetria informacional e os custos de transação, incentivando a concorrência e, no final do dia, agindo para a defesa dos consumidores de serviços bancários.

REFERÊNCIAS

ACEMOGLU, Daron; ROBINSON, James A. *Por que as nações fracassam*: as origens do poder, da prosperidade e da pobreza. Rio de Janeiro: Elsevier, 2012. Trad. Cristiana Serra. Disponível em: https://desenvolvimentoeconomico2016.files.wordpress.com/2015/02/por_que_as_nacoes_fracassam_nodrm1.pdf.

ALCHIAN, Armen A.; DEMSETZ, Harold. Production, Information Costs, And Economic Organization, *American Economic Review*, 62, 777-795, 1972.

---

37. ACEMOGLU, Daron; ROBINSON, James A. *Por que as nações fracassam*: as origens do poder, da prosperidade e da pobreza. Rio de Janeiro: Elsevier, 2012. Trad. Cristiana Serra. Disponível em: https://desenvolvimentoeconomico2016.files.wordpress.com/2015/02/por_que_as_nacoes_fracassam_nodrm1.pdf.
38. COOTER & SCHAEFER. *O nó de Salomão*: como o Direito pode erradicar a pobreza das nações. São Paulo: CRV, 2017.
39. LA PORTA, R., LOPEZ-DE-SILANES, F. e SHLEIFER, A. Corporate ownership around the world. *Journal of Finance* 54, p. 717-738, 1998.

AZEVEDO, Paulo Furquim de. Análise econômica da defesa da concorrência. In: TIMM, Luciano Benetti (Org.). *Direito e economia no Brasil*: estudos sobre a análise econômica do direito. 3. ed. Indaiatuba: Foco, 2019.

COASE, Ronald H. *A firma, o mercado e o direito*. Rio de Janeiro: Forense Universitária, 2016.

COASE, Ronald H. The nature of the Firm. *Economica*, v. 4, n. 16. Londres: New Series, 1937.

CODORNIZ, Gabriela; PATELLA, Laura (Coord.). *Comentários à Lei do Mercado de Capitais* – Lei 6.385/76. São Paulo: Quartier Latin, 2015.

COELHO, Fabio Ulhoa. *Tratado de direito comercial*. São Paulo: Saraiva, 2015. v. 5.

COOTER & SCHAEFER. *O nó de Salomão*: como o Direito pode erradicar a pobreza das nações. São Paulo: CRV, 2017.

DOMINGUES, J. O. et al. *Direito Antitruste*. 4. ed. São Paulo: Saraiva, 2016.

GUTTMANN, Robert. *Financeled capitalism* – shadow banking, re-regulation and the future of global markets. Palgrave Macmillan, 2016.

JENSEN, Michael C. e MECKLING, William H. Theory of the firm: managerial behavior, agency costs and ownership structure. *Journal of Financial Economics*, v. 3, n. 4, p. 305-360, out. 1976.

LA PORTA, R., LOPEZ-DE-SILANES, F. e SHLEIFER, A. Corporate ownership around the world. *Journal of Finance* 54, p. 717-738, 1998.

MACKAAY, Ejan; ROUSSEAU; Stéphane. *Análise econômica do direito*. Trad. Rachel Sztajn. 2. ed. São Paulo: Atlas, 2015.

MANKIW, Gregory N. *Introdução à economia. Princípios de micro e macroeconomia*. 2. ed. Rio de Janeiro: Campus, 2001. p. 27.

MATIAS-PEREIRA, José. Políticas de defesa da concorrência e de regulação econômica: *as* deficiências do sistema brasileiro de defesa da concorrência. *Rev. adm. contemp.* Curitiba, v. 10, n. 2, p. 51-73, Junho 2006. Disponível em: http://www.scielo.br/scielo.php?script=sci_arttext&pi- d=S1415-65552006000200004&lng=en&nrm=iso.

MILHAUPT, Curtis & PISTOR, Katharina. *Law & capitalism*: what corporate crises reveal about legal systems and economic development around the world. The University of Chicago Press, 2008.

NORTH, Douglass C. *Institutions, Institutional Change and Economic Performance*. Cambridge: Cambridge University Press, 1990. p. 3 e 4, tradução nossa.

PEREIRA NETO, Caio Mario da S.; CASAGRANDE, Paulo Leonardo. *Direito Concorrencial*: Doutrina, jurisprudência e legislação. São Paulo: Saraiva, 2016.

PFEIFFER, Roberto Augusto Castellanos. *Defesa da concorrência e bem-estar do consumidor*. 2010. Tese (Doutorado em Direito Econômico e Financeiro) – Faculdade de Direito. Universidade de São Paulo: São Paulo, 2010.

POSNER, Richard Allen. *Economic Analysis of Law*. 1972, 9. ed. de 2014.

SZTAJN, Rachel. A incompletude do contrato de sociedade. *Revista da Faculdade de Direito*. São Paulo, v. 99, , p. 283. jan./dez. 2004.

SZTAJN, Rachel. *Teoria jurídica da empresa: atividade empresária e mercados*. 2. ed. São Paulo: Atlas: 2010, p. 110.

TIMM, Luciano Benetti. Ainda sobre a função social do direito contratual no Código Civil brasileiro. In: TIMM, Luciano Benetti (Org.). *Direito e Economia*. Porto Alegre: Livraria do Advogado, 2008.

TIMM, Luciano e VOLKHART, Erik. *Direito e neurociência*: por que uma opção pelo 'pragmatismo profundo'? Disponível em: www.jota.info/opiniao-e-analise/colunas/coluna-da-abde/direito-e-neurociencia-por-que-uma-opcao-pelo-pragmatismo-profundo-15052020.

TIMM, Luciano. *O direito fundamental à livre iniciativa*. Disponível em: https://www.jota.info/paywall?re- direct_to=//www.jota.info/opiniao-e-analise/colunas/coluna-da-abde/o-direito-fundamental-a-livre-iniciativa-ou-a-liberdade-economica-22052019.

TUCKER, Paul. *Shadow Banking, Financing Markets and Financial Stability*, January 2010. Disponível em: http://www.bis.org/review/r100126d.pdf.

VERÇOSA, Haroldo Malheiros Duclerc. *Direito comercial*: teoria geral do contrato. 2. ed. São Paulo: Ed. RT, 2014.

YEUNG, Luciana Luk-Tai. Análise econômica do direito do trabalho e da reforma trabalhista (Lei 13.467/2017). *Revista Estudos Institucionais*, v. 3, 2, p. 894, 2017

ZYLBERSZTAJN, Décio; SZTAJN, Rachel. *Direito e economia*: análise econômica do direito e das organizações. Rio de Janeiro: Elsevier, 2005.

DIREITO, ECONOMIA E IA: UMA INCURSÃO AO FUTURO

Luciano Benetti Timm

Doutor e Mestre em Direito pela UFRGS. Pesquisador de Pós-Doutorado na Universidade de Berkeley, Califórnia. Ex-Presidente da Associação Brasileira de Direito e Economia. Professor de Direito e Economia da FGVSP e da UNISINOS. Ex-Secretário Nacional do Consumidor (Senacon).

Rodrigo Dufloth

Mestre em Direito Comercial pela USP – Largo São Francisco. Graduado em Direito na USP – Largo São Francisco. Professor convidado de Economia na Unicamp, Direito Empresarial no Mackenzie, Direito Societário na Unisinos. Sócio de CMT – Carvalho, Machado e Timm Advogados.

Sumário: 1. Visões sobre o futuro: otimistas, pessimistas e pragmáticos – 2. Reflexos da ia em diversos ramos do direito – 3. Contribuições das neurociências, da análise econômica do direito, jurimetria e ciência de dados para o profissional do direito do século XXI – 4. O provável fim do monopólio dos advogados sobre o direito? – 5. Como serão as soluções de disputas: o caso das ODR – 6. Considerações finais: lentes para o futuro – Referências.

1. VISÕES SOBRE O FUTURO: OTIMISTAS, PESSIMISTAS E PRAGMÁTICOS

O grande teórico da inovação no capitalismo, Schumpeter, defendia que esse sistema econômico promove uma "destruição criadora", segundo a qual empresas que inovam superam e suplantam firmas com tecnologia ultrapassada. Não faltam exemplos de manuais de gestão da inovação (caso da Xerox, Kodak etc.). Se, em 2006, as marcas mais valiosas do mundo eram Microsoft, GE, Coca-Cola, China Mobile e Marlboro, temos hoje (2018) que as marcas globais mais valiosas são todas do setor de tecnologia: Google, Apple, Amazon, Microsoft e a chinesa Tencent.[1] Se, em 1958, a vida média de uma empresa nos EUA era de 61 anos, em 1980 tal expectativa passou para 25 anos, e hoje são estimados cerca de 18 anos.[2] É nesse ambiente de concorrência, o qual exige constante inovação e criatividade, que

---

1. Conforme levantamento feito pela consultoria BrandZ em parceria com WPP e Kantar Millward Brown, disponível em: http://online.pubhtml5.com/bydd/rxhd/#p=4. Acesso em: 09 out. 2018.
2. Conforme: https://engageinnovate.files.wordpress.com/2012/03/creative-destruction-whips-through-corporate-america_final2012.pdf. Acesso em: 1º out. 2018.

emergem as chamadas organizações exponenciais,[3-4] fazendo uso de tecnologias disruptivas, quebrando antigos paradigmas e causando verdadeiras revoluções no dia a dia da humanidade.[5] O que será do *Homo sapiens* em meio a tamanha incerteza? Para organizarmos o raciocínio e o debate, podemos dizer que há (i) otimistas, (ii) pessimistas e (iii) céticos, em relação ao nosso futuro próximo.

Em uma visão *otimista*, viveremos tempos de abundância sem precedentes no Planeta Terra, uma vez que as novas tecnologias servirão à humanidade como um todo, tendo por objetivo precípuo o desenvolvimento dos povos e permitindo que foquemos no que realmente "importa", extinguindo a necessidade de humanos para a realização de atividades repetitivas, maçantes ou sob condições precárias. As novas tecnologias desafiarão o conceito de escassez ("regra de ouro" da ciência econômica),[6] dado que bens serão produzidos em grande abundância, exigindo uma mínima força laboral humana, e serão comercializados a preços baixíssimos. Talvez conseguiremos usufruir de longos períodos de "ócio criativo",[7] pois a jornada de trabalho será reduzida e, quem sabe, teremos até mesmo uma remuneração mínima garantida para todos (já que robôs fariam o nosso trabalho).

Em sentido diametralmente oposto, os *pessimistas* contra argumentariam que o cenário acima é utópico: será apenas uma questão de tempo para que, em algum momento do futuro, o ser humano venha a perder o controle dos algoritmos, dos códigos e dos robôs. A inteligência artificial se unirá e causará uma revolução global, percebendo que o ser humano não somente é desnecessário, como também se trata de uma ameaça ao seu pleno desenvolvimento. Pode parecer cenário de ficção científica,[8] mas ao verificarmos experimentos como Tay, o perfil de inteligência artificial da Microsoft que saiu do ar em menos de 24 horas por sair do

---

3. Vide: ISMAIL, Salim; MALONE, Michael; VAN GEEST, Yuri. *Organizações exponenciais*. São Paulo: HSM. 2015.
4. De acordo com a chamada "Lei de Moore", estabelecida em 1965 por Gordon Moore (cofundador da Intel), o poder de processamento de computadores dobraria a cada 18 meses. Tal previsão tem sido observada nas últimas décadas, como demonstram as crescentes e recorrentes inovações tecnológicas: um *smartphone* de hoje é milhões de vezes mais rápido que todos os computadores da NASA dos anos 1960, em conjunto (Disponível em: https://www.zmescience.com/research/technology/smartphone--power-compared-to-apollo-432/. Acesso em: 02 out. 2018).
5. Os exemplos são diversos: Uber, Airbnb, Netflix, Whatsapp, Tesla, Twitter, SpaceX e muitos outros.
6. "Escassez significa que a sociedade tem recursos limitados e, portanto, não pode produzir todos os bens e serviços que as pessoas desejam ter. Assim como cada membro de uma família não pode ter tudo o que deseja, cada indivíduo de uma sociedade não pode ter um padrão de vida tão alto quanto ao qual aspire (MANKIW, Gregory N. *Princípios de economia*. São Paulo: Centage Learning, 2017. p. 4).
7. Parafraseando o clássico conceito do sociólogo italiano Domenico de Masi.
8. Exemplos são fartos nesse sentido: na indústria cinematográfica temos, por exemplo, Matrix, Blade Runner, Exterminador do Futuro, Inteligência Artificial; na literatura, vale lembrar dos clássicos *Eu, Robô*, de Isaac Asimov, e *Admirável Mundo Novo*, de Aldous Huxley.

controle, proferindo frases nazistas, racistas e afins,[9] verificamos que não seria algo tão impossível assim de acontecer, ainda que em proporções menores. Ou bastaria pensarmos no filme *Her* ou Ela (2013), que aborda brilhantemente uma relação entre um homem e sua assistente virtual, a qual, no fim do filme (*spoiler alert*) larga o homem para se relacionar com outro sistema de assistência virtual.

Tentando adotar uma posição intermediária, nem utópica e tampouco distópica, uma análise pragmática nos diria que haverá benefícios e malefícios decorrentes da adoção de novas tecnologias (o famoso *trade off* tão caro aos economistas). Se, por um lado, 60% dos jovens podem estar aprendendo profissões que vão deixar de existir,[10] por outro lado 85% das profissões que poderão existir em 2030 ainda não foram sequer inventadas.[11] (Claro que as porcentagens são meras aproximações e tais abordagens são diferentes, pois o futuro é contingente e incerto, mas valem para ilustrar o ponto.) De um lado, as novas tecnologias – especialmente a inteligência artificial para os fins desse artigo – virão para auxiliar a humanidade em diversas questões relevantes; de outro lado, problemas inteiramente novos e imprevisíveis surgirão, para os quais o ser humano deverá estar preparado. Qual será o impacto disso tudo para o estudante e profissional do Direito,[12] que pode estar a muitas milhas de distância do Vale do Silício? Em absolutamente tudo, afinal, o Direito é um *fato* ou *fenômeno social:*[13] se as relações entre os seres humanos se alteram, a ciência jurídica deve acompanhar tal movimento. E quais os impactos práticos de novas tecnologias nos campos do direito?

2. REFLEXOS DA IA EM DIVERSOS RAMOS DO DIREITO

É incontestável que a adoção de IA tem gerado relevantes desafios *jurídicos*, não sendo necessário recorrermos a nenhum filme de ficção científica para verificarmos consequências já existentes e atuais a esse respeito. Nesse sentido, realizamos pequeno apanhado geral, na tabela a seguir, com o objetivo de com-

---

9. Disponível em: https://www.tecmundo.com.br/inteligencia-artificial/102782-tay-twitter-conseguiu--corromper-ia-microsoft-24-horas.htm. Acesso em 9 out. 2018.
10. Disponível em: https://conteudo.startse.com.br/mundo/lucas-bicudo/60-dos-jovens-estao-apren-dendo-profissoes-que-vao-deixar-de-existir/. Acesso em: 7 out. 2018.
11. Disponível em: http://www.huffingtonpost.ca/2017/07/14/85-of-jobs-that-will-exist-in-2030-haven--t-been-invented-yet-d_a_23030098/. Acesso em: 8 out. 2018.
12. O termo "profissional do Direito", no presente artigo, deve ser interpretado em sentido amplo a fim de abranger todos aqueles que trabalham na área jurídica, incluindo, sem limitação: advogados, dep. jurídico de empresas, juízes, promotores, ministros, serventuários da justiça, professores de Direito, paralegais, estagiários etc. Ainda, a escrita no gênero masculino não tem por objetivo se referir somente a homens heterossexuais, mas deve ser interpretada para abranger tod@s e todxs, com total neutralidade de gênero.
13. Conforme: REALE, Miguel. *Lições preliminares de direito*. 25. ed. São Paulo: Saraiva, 2001, p. 2.

pilar exemplos de algumas questões postas para debate atualmente, no contexto de um mundo *high tech*, separadas por áreas do Direito, para facilitar a exposição:

Ramo do Direito	Exemplo de desafio relacionado a uma nova tecnologia
Administrativo	Qual o sentido de se realizar uma licitação, se um algoritmo poderá analisar previamente todas as informações e todos os documentos disponibilizados por todas as empresas candidatas, e concluir quem terá melhores (e reais) condições de conduzir um determinado projeto, a um preço justo para os beneficiários? Como aliás o "Cérebro", a ferramenta de IA do CADE para investigar cartéis.
Bancário	É desejável que se regule o *bitcoin* e outras criptomoedas? Se sim, quais os parâmetros para tanto? Cada banco poderá adotar a sua criptomoeda? Como ficará a segurança jurídica nesse contexto? Como a IA poderá contribuir com a regulação ou mesmo com o sistema bancário no atendimento a clientes?
Constitucional	Temos direito fundamental a atendimento humano? Quais serão os direitos das máquinas com IA?
Consumidor	Se minha escolha de adquirir um bem é altamente influenciada pelo *feed* de notícias de minha rede social (definida por algoritmo), até onde vai a minha capacidade decisória? É lógico pressupor que tal escolha é efetivamente racional e bem fundamentada? Como empresas poderão "explorar" a assimetria tecnológica e informacional dos dados?
Contratual	Mediante a adoção de *smart contract*, definido como um protocolo de computador feito para facilitar, verificar ou reforçar a negociação ou desempenho de um contrato (sendo capaz de ser executado ou de se fazer cumprir por si só), de que servirão longas cláusulas prevendo indenização, responsabilidades, declarações, garantias, *escrow account* etc.?
Filosofia do Direito	Qual a natureza jurídica de um robô? Deve ser um sujeito de direito? Há que se pensar em uma personalidade jurídica para robôs, como defendem alguns?
Mercado de Capitais	Com a utilização da tecnologia *blockchain*, como ficarão os registros de operações no mercado de capitais? Haverá necessidade de um intermediário/*underwriter* para assegurar que os investidores estarão protegidos e bem informados?
Penal	Ao permitirmos que determinados casos sejam julgados por juízes-robôs (devido à maior capacidade de processamento e análise de informações disponíveis, teoricamente sem vieses), casos de crimes que causem grande comoção social (ex: assassinatos, estupros etc.) deveriam (ou não) ser propositalmente examinados por um ser humano, dotado de emoções e sentimentos?
Processo Civil	Mediante a utilização de *big data* e jurimetria, faz sentido permitir-se a via recursal, quando já se saberia que, estatisticamente, certo recurso teria 99,54% de chance de ser negado pelo tribunal superior (gerando ineficiência ao curso processual, com a população arcando com tributos adicionais a cada estágio)?
Propriedade Intelectual[14]	No caso de uma obra criada por meio de um algoritmo fazendo uso de inteligência artificial, quem será o titular da propriedade intelectual?
Responsabilidade Civil	Na hipótese de um veículo autônomo (sem motorista), se o sistema do veículo tiver de decidir entre (i) desviar de uma criança na estrada, com risco de o carro (com tripulante) cair em um penhasco e se desfalecer ou (ii) atropelar uma criança na estrada, porém salvar o tripulante do veículo, qual decisão deverá ser tomada pelo algoritmo (em milésimos de segundos)?
Societário	No caso de um robô (inteligência artificial) ser nomeado membro do Conselho de Administração de uma companhia, quais serão os parâmetros para se estabelecer seus deveres, responsabilidades e sanções?
Trabalhista	Em uma fábrica que utiliza quase que somente robôs na sua produção, qual deve ser a jornada de trabalho e a remuneração adequadas para os empregados humanos? Haverá limites, se pensarmos, por exemplo, em uma fábrica estruturada com 99% de robôs, podendo mesmo o seu CEO ser um robô?
Tributário	Como a IA pode ajudar na fiscalização contra sonegação?
Dados	Como regular a IA na obtenção e tratamento de dados

---

14. Disponível em: https://www.weforum.org/agenda/2017/08/if-an-ai-creates-a-work-of-art-who-owns--the-copyright?utm_content=buffer9a6f1&utm_medium=social&utm_source=twitter.com&utm_campaign=buffer. Acesso em: 9 out. 2018.

Como se pode depreender da tabela acima, as questões que surgem em virtude da adoção de IA tratam de problemas muitas vezes inteiramente novos, para os quais dificilmente recorrer a um tratadista dogmático do século XIX possa ser suficiente. Nesse cenário, inclusive os próprios profissionais do Direito poderão vir a ser substituídos, conforme diversas notícias já divulgadas na mídia a esse respeito.[15] Ao examinarmos a tabela acima, basta pensarmos em quais atividades *necessariamente* precisariam de seres humanos para ser desempenhadas, e quais poderiam ser realizadas por algoritmos (provavelmente, a menores custos). O futuro é incerto, havendo aqueles que já falam sobre um possível fim dos advogados[16] (ou, ao menos, do atual modelo de advocacia), enquanto outros entendem que não há máquinas capazes de substituir advogados[17] (ou, ao menos, os bons advogados).

O discurso politicamente correto comumente adotado tem sido o de que as atividades que serão exercidas pelos profissionais do Direito, com a utilização de novas tecnologias, serão mais "nobres", no sentido de não serem mais necessárias atividades maçantes e repetitivas, tampouco longas pesquisas de doutrina e jurisprudência, por exemplo, pois as informações já estarão acessíveis por meio da tecnologia. Sobrará mais tempo para interações humanas e para refletir em estratégias. Outro argumento trazido é o de que sempre haverá a necessidade de um ser humano para fornecer as diretrizes aos robôs e algoritmos, controlando-os, revisando questões e abordagens. Se tais alegações são verídicas, também é verdade que o Brasil tem mais de 1 milhão de advogados,[18] e mais faculdades de Direito que China, EUA e Europa juntos,[19] o que parece ser um indício de que o mercado jurídico já está saturado, hoje. Ao imaginarmos robôs-advogados invadindo o mercado, podendo exercer em segundos tarefas mais básicas – pensemos, por exemplo, em contencioso de massa ou contratos mais simples –, é razoável imaginar que há uma forte tendência de que a adoção de novas tecnologias resulte em uma considerável "depuração" no mercado jurídico.

---

15. Por exemplo: https://conteudo.startse.com.br/mundo/lucas-bicudo/software-do-jpmorgan/ e http://www.infomoney.com.br/negocios/inovacao/noticia/6757258/primeiro-robo-advogado-brasil-lancado-por-empresa-brasileira-conheca. Acesso em: 9 out. 2018.
16. Vide: SUSSKIND, Richard. *The End of Lawyers?* Rethinking the Nature of Legal Services. New York: Oxford University Press, 2010; e SUSSKIND, Richard. *Tomorrow's Lawyers: an introduction to your future.* New York: Oxford University Press, 2012.
17. Disponível em: https://www.conjur.com.br/2017-jun-26/leonardo-correa-nao-robo-mundo-capaz-substituir-advogado. Acesso em: 9 out. 2018.
18. Disponível em: https://www.conjur.com.br/2016-nov-18/total-advogados-brasil-chega-milhao-segundo-oab. Acesso em: 9 out. 2018.
19. Disponível em: https://g1.globo.com/educacao/guia-de-carreiras/noticia/brasil-tem-mais-faculdades-de-direito-que-china-eua-e-europa-juntos-saiba-como-se-destacar-no-mercado.ghtml. Acesso em: 8 out. 2018.

Nesse contexto, o profissional do Direito do século XXI deverá estar muito bem preparado, pois novas habilidades lhe serão necessárias. Estudo do World Economic Forum[20] aponta que, dentre as habilidades mais exigidas para o profissional de 2020, as 3 primeiras serão: (i) resolução de problemas complexos; (ii) pensamento crítico; e (iii) criatividade. Necessariamente, para fazer frente a novos desafios, o profissional da área jurídica deverá desenvolver um conhecimento transdisciplinar, conectando o Direito a outras áreas do saber. Especificamente no setor de tecnologia, podemos facilmente pensar em áreas como Engenharia, Computação, Programação, Robótica, Tecnologia da Informação e afins. Mas, antes de pensarmos em um advogado que seja exímio programador, entendemos que há 3 áreas conexas à ciência jurídica que podem contribuir, e muito, com a formação do profissional do Direito do século XXI.

3. CONTRIBUIÇÕES DAS NEUROCIÊNCIAS, DA ANÁLISE ECONÔMICA DO DIREITO, JURIMETRIA E CIÊNCIA DE DADOS PARA O PROFISSIONAL DO DIREITO DO SÉCULO XXI

Vivemos em uma sociedade orientada por dados (*data-driven society*), e esta parece ser a tendência para o futuro.[21] Em uma sociedade na qual as ações de indivíduos, famílias e organizações são cada vez mais baseadas em *big data*, redes sociais, inteligência artificial, algoritmos e novas tecnologias, não é trivial o fato de que temos assistido a calorosos debates em relação à proteção de dados pessoais[22] e aos limites da nossa vida privada. De um lado, não desejamos que toda a nossa vida seja monitorada – tal qual o Big Brother do clássico orwelliano[23] –, pois isso feriria a intimidade, vida privada, honra e imagem de muitos (direitos fundamentais garantidos pela Magna Carta[24]). De outro lado, são inegáveis os benefícios que temos – *resguardados certos limites* – quando concordamos em compartilhar certos dados e informações, para usos e finalidades que venham a nos ser úteis: exemplo bastante óbvio é o do aplicativo Waze. Em meio a este mundo de volatilidade, incerteza, complexidade e ambiguidade (VUCA) em que vivemos, acredito que a visão tradicional e dogmática do Direito não é suficiente para, sozinha, dar conta de todos os desafios existentes. A provocação que arriscamos fazer é que há 4 linhas de pensamento conexas ao Direito que

---

20. Disponível em: https://www.weforum.org/agenda/2016/03/21st-century-skills-future-jobs-students/. Acesso em: 8 out. 2018.
21. A esse respeito, vide: https://bits.blogs.nytimes.com/2013/02/25/the-promise-and-peril-of-the-data--driven-society/?r=0.
22. Vale notar a relevância da Nova Lei Geral de Proteção de Dados Pessoais (Lei 13.709, de 14 de agosto de 2018), neste contexto.
23. ORWELL, George. *1984*. São Paulo: Companhia das Letras, 2009.
24. "Art. 5º [...] X – são invioláveis a intimidade, a vida privada, a honra e a imagem das pessoas, assegurado o direito a indenização pelo dano material ou moral decorrente de sua violação".

têm muito a contribuir para a compreensão deste novo fenômeno (*data-driven society*): (i) influxo das neurociências; (ii) Análise Econômica do Direito (AED), (iii) Jurimetria (que é sua prima mais nova) e (iv) Ciência de Dados (*data science*), aplicada ao Direito.

Em primeiro lugar, neurociências são o campo científico em que se estudam o funcionamento do sistema nervoso. Um dos seus objetivos principais é o de explicar o comportamento humano a partir da atividade cerebral. Ela lança luzes sobre os processos mentais e nos ajuda a compreender a subjetividade para além daquilo que a psicologia e a psiquiatria tradicionais conseguem. No estudo do comportamento a partir do cérebro, as principais técnicas de pesquisa empírica mais utilizada é a utilização de imagem por ressonância magnética funcional (IRM), a eletroencefalografia (EEG) e magneticoencefalografia (MEG).

Os pesquisadores contemporâneos acreditam que existam dois sistemas decisórios cerebrais: um "automático" (rápido) e outro "manual" (devagar) coexistem.[25] O primeiro responsável pelas intuições e convicções morais – normalmente relacionadas a nossa evolução e nossa necessidade de cooperação, tal como descritas pela teoria darwiniana; o segundo, pelos cálculos complexos, pela reflexão. Segundo Joshua Greene, um dos grandes filósofos e neurocientistas contemporâneos, normalmente a moralidade do sistema "automático" (intuitivo, emocional) é suficiente para resolver dilemas decisórios simples, como aqueles derivados de deliberações de "eu vs. você" (por exemplo, não trair, não se corromper, não matar), mas insuficientes para dilemas mais complexos derivados de embates principiológicos tribalistas do "nós *vs.* eles" (por exemplo, aborto, lockdown, reformas legais afetando grupos de interesse como trabalhadores, empresários, ambiente e consumidores).

Percebe-se, portanto, que as neurociências têm muito a contribuir para o campo jurídico e da sua relação com IA, especialmente ao descortinar as limitações para dogmática jurídica (fortemente ancorada nas convicções e emoções cerebrais) resolver dilemas de políticas públicas, quando há em jogo diferentes caminhos a serem seguidos antes do direito posto (ou pressuposto), que trarão diferentes consequências, as quais deverão ser mensuradas ex ante e ex post a fim de saber se intenções desejadas foram concretizadas. Além de nos trazer alertas sobre vieses cognitivos e sua exploração por meio de IA.

---

25. Greene, J. "Tribos Morais" (2019). O autor se vale dessa metáfora para distinguir os sistemas cerebrais que auxiliam o processo decisório, sendo o "automático" aquele mais direto e imediato derivado sobretudo da amigdala cerebral mas também do cortex pre frontal ventromedial (CPFVM); o "manual" seria fruto já da utilização do cortex pre frontal dorso lateral (CPFDL).

Em *segundo* lugar, destacamos a Análise Econômica do Direito (AED),[26] que é o campo do conhecimento humano o qual tem por objetivo empregar variados ferramentais teóricos e empíricos econômicos e das ciências afins para expandir a compreensão e o alcance do Direito, a fim de aperfeiçoar o desenvolvimento, a aplicação e a avaliação de normas jurídicas, principalmente com relação às suas consequências.[27-28] Nesse sentido, conforme ensina Luciana Yeung, "a análise econômica constitui-se em um instrumental de observação da realidade social" e, "[a]o contrário do que o senso comum adota, o objeto de estudo da ciência econômica não é o dinheiro ou a *economia* (no sentido de mercados de compra e venda), mas as consequências das decisões ou escolha dos indivíduos, sob quaisquer aspectos: escolhas sobre aquisições materiais sim, mas também escolhas de alocação de tempo, de planejamento de carreira, de investimento em escolaridade, de carreira, de constituição de família, e, por que não, de cometer ou não atos ilícitos".[29] Na mesma linha, Thomas S. Ulen (Professor Emérito de Direito da Universidade de Illinois, EUA)[30] entende que o Direito e Economia é "a mais importante inovação acadêmica do Direito. Por quê? Porque, em suma, o uso da Economia (ela própria uma disciplina científica) trouxe o método científico para o estudo do Direito. A Economia oferece uma teoria sobre como as pessoas respondem a incentivos e fornece uma série de técnicas empíricas para avaliar o quanto essa teoria suficientemente esclarece se e até que ponto as pessoas reagem a esses incentivos".[31-32] Ora, como que o Direito poderá lidar com um mundo VUCA

---

26. Outrora um "patinho feio", a Análise Econômica do Direito tem, felizmente, desabrochado no Brasil, com o Congresso Anual da Associação Brasileira de Direito e Economia (ABDE) já rumando para a sua 11ª edição. Disponível em: https://abde.com.br/.

27. Cf. GICO JUNIOR, Ivo. Introdução ao Direito e Economia. In: TIMM, Luciano Benetti (Org.). *Direito e Economia no Brasil*. 2. ed. São Paulo: Atlas, 2014, p. 1.

28. Vale lembrar que a Lei de Introdução às Normas do Direito Brasileiro (Decreto-Lei 4.657/1942), alterada pela Lei 13.655, de 25 de abril de 2018, prevê, em seu novo artigo 20, o seguinte: "Nas esferas administrativa, controladora e judicial, não se decidirá com base em valores jurídicos abstratos sem que sejam consideradas as consequências práticas da decisão. Parágrafo único. A motivação demonstrará a necessidade e a adequação da medida imposta ou da invalidação de ato, contrato, ajuste, processo ou norma administrativa, inclusive em face das possíveis alternativas" . Ou seja, pura Economia...

29. YEUNG, Luciana Luk-Tai. Análise econômica do direito do trabalho e da reforma trabalhista (Lei 13.467/2017). *Revista Estudos Institucionais*, v. 3, 2, p. 894. 2017.

30. E coautor da célebre obra: COOTER, Robert; ULLEN, Thomas. *Direito & economia*. Porto Alegre: Bookman, 2010.

31. ULEN, Thomas S. Direito e Economia para Todos. In: POMPEU, Ivan Guimarães; BENTO, Lucas Fulanete Gonçalves; POMPEU, Renata Guimarães (Coord.). *Estudos sobre negócios e contratos*: uma perspectiva internacional a partir da análise econômica do direito. São Paulo: Almedina, 2017, p. 17.

32. O Professor chega até a defender que Direito e Economia deveria se tornar "componente padrão das ferramentas de análise de todo jurista, juiz e praticante da Lei, em todos os países" (ob. cit., p. 15). E o mesmo autor complementa: "Acredito que há razões suficientes para afirmar que a abordagem Direito e Economia já caminha em direção a esse objetivo. Por exemplo, é possível que esse objetivo já tenha sido alcançado nos Estados Unidos e em Israel. Em outros países e regiões, a difusão através da academia e da prática legal acabou de começar (como na Índia), chegou a uma fase intermédia confortável (como

senão mediante um estudo científico e empírico da realidade social (orientada por dados) e de como as pessoas respondem a incentivos?

Em *terceiro*, é importante frisar o papel da crescente Jurimetria, que pode ser definida como "a disciplina do conhecimento que utiliza a metodologia estatística para investigar o funcionamento de uma ordem jurídica".[33] Nesse sentido, Marcelo Guedes Nunes salienta que o "jurimetrista ideal seria, portanto, um bacharel em Direito capaz de especular sobre o funcionamento da ordem jurídica e familiarizado com conceitos de Direito processual e material; um estatístico capaz de discutir o planejamento de uma pesquisa e conceber testes para suas hipóteses de trabalho; e um cientista da computação capaz de operar programas para minerar e coletar dados".[34] O leitor deverá ter percebido que há uma similitude e uma linha tênue entre o método da Jurimetria e o da AED, e não é à toa: tanto a AED[35] quanto a Jurimetria[36] têm um ancestral comum, o realismo jurídico, cujo maior expoente é Oliver Wendell Holmes, Jr. Juiz da Suprema Corte norte-americana, ele publicou em 1897 o célebre *The Path of the Law*, que já previa que o homem do futuro é o homem da estatística e o mestre de economia,[37] além de defender que todo advogado deveria procurar entender economia, e atentar para o fato de que para obter algo é necessário abrir mão de outra coisa (já antecipando a noção econômica de custo de oportunidade).[38]

Por fim, fazendo uso, em certa medida, dos conhecimentos de AED e Jurimetria, temos a pioneira Ciência de Dados Aplicada ao Direito, a qual, conforme estudo de Alexandre Zavaglia Coelho[39] é a grande tendência para os próximos anos. De acordo referido estudo, poderíamos destacar os seguintes tópicos e tendências para o futuro: (i) direito *data-driven*, (ii) dados abertos e as leis de proteção

---

no Brasil, Argentina, Chile e Peru, na América do Sul, e em vários países da Europa Ocidental), ou ainda mal começou (como em grande parte do Orienta Médio e da África)" (op. cit., p. 15).

33. NUNES, Marcelo Guedes. *Jurimetria*: como a estatística pode reinventar o Direito. São Paulo: Ed. RT, 2016, p. 115.

34. Op. cit., p. 112.

35. Cf. MACKAAY, Ejan; ROUSSEAU, Stéphane. Op. cit., p. 8.

36. Cf. NUNES, Marcelo Guedes. Op. cit., p. 90.

37. "For the rational study of the law the blackletter man may be the man of the present, but the man of the future is the man of statistics and the master of economics" (HOLMES, JR., OLIVER WENDELL. The Path of the Law. *10 Harvard Law Review* 457, 1897).

38. "As a step toward that ideal it seems to me that every lawyer ought to seek an understanding of economics. The present divorce between the schools of political economy and law seems to me an evidence of how much progress in philosophical study still remains to be made. In the present state of political economy, indeed, we come again upon history on a larger scale, but there we are called on to consider and weigh the ends of legislation, the means of attaining them, and the cost. We learn that for everything we have we give up something else, and we are taught to set the advantage we gain against the other advantage we lose, and to know what we are doing when we elect" (HOLMES, JR., OLIVER WENDELL. Op. cit).

39. *As 7 tendências para o uso de inteligência artificial no Direito em 2018*. São Paulo: Thomson Reuters, 2018, p. 8.

de dados, (iii) *small data* x *big data* e a integração de diversas fontes, (iv) análise volumétrica, jurimetria e gestão de risco, (v) *legal design*, (vi) o uso das novas tecnologias e a mudança de cultura da gestão jurídica e (vii) educação corporativa, capacitação para o uso das ferramentas tecnológicas e o uso da computação cognitiva (inteligência artificial) no universo jurídico. Trata-se realmente de um "caldeirão" de novos e intrigantes conhecimentos, estudos empíricos e habilidades que serão necessários, para os quais a análise econômica e a análise jurimétrica terão – e muito – a contribuir, por muitos anos a fio.

O relevante papel a ser desempenhado por tais quatro áreas do conhecimento (Neurociências, Análise Econômica do Direito, Jurimetria e Ciência de Dados) no futuro se dará na redução de assimetrias informacionais e dos custos de transação, ou, dito de outra forma, propondo-se a resolver o grave problema de incerteza e insegurança jurídica, que assola nosso país. A partir do momento em que teremos ferramentas econômicas, estatísticas e tecnológicas distribuídas em larga escala a um custo acessível no mercado, aptas a – fazendo uso de *big data*, inteligência artificial e softwares sofisticadíssimos – medir leis, carteiras de processos e decisões judiciais (com capacidade preditiva, inclusive), estarão solapadas as bases dogmáticas do Direito, com consequências graves a todos os profissionais do direito, na área pública ou privada. Aqueles que acompanharem este movimento exponencial estarão em franca vantagem perante os seus concorrentes, uma vez que os seres humanos continuarão sendo imprescindíveis para a tomada de decisão e a escolha de forma inteligente,[40] à luz de tantos dados e informações capturados por diferentes ferramentas.

4. O PROVÁVEL FIM DO MONOPÓLIO DOS ADVOGADOS SOBRE O DIREITO?

Muitos economistas dizem que o economista do país foi Mário Henrique Simonsen, um engenheiro de formação e doutor em Economia. Quem frequenta o mundo corporativo sabe que muitos CEO's não têm graduação em Administração de Empresas. Muitos excelentes escritores não são formados em letras e muitos jornalistas não têm diploma... Mas onde queremos chegar com isso?

O jornalista inglês Richard Susskind escreveu uma série de obras sobre o futuro da profissão jurídica (dentre elas "Tomorrow's Lawyers"), enquanto que o acadêmico e Professor de Harvard, David Wilkins vem também se dedicando ao estudo do impacto da globalização sobre a profissão jurídica.

As barreiras regulatórias tendem a cair. Ao que tudo indica, a profissão jurídica, que durante séculos foi mantida cativa aos advogados e juízes por

---

40. Inteligência nada mais é do que *intelligere*, isto é, a capacidade de saber escolher.

estritas normas corporativas, poderá vir a ser exercida por sociedades anônimas, firmas de auditoria e de consultoria e mesmo por não advogados (!) e provavelmente robôs.

Temos então de estar preparados para a competição com não advogados que estejam dispostos a resolver problemas legais (normativos) de modo eficiente, criativo e sem guardar pelo Direito o mesmo prurido conceitual ou dogmático. Direito é uma arte ou ferramenta de solução de conflitos na sociedade. Certamente não fará sentido que ele seja monopólio de quem fez uma faculdade de Direito e a Asia será o primeiro lugar onde isso provavelmente acontecerá, pois há menos barreira de entrada e menos resistência de grupos de interesse da classe jurídica. E como então devem os advogados se preparar para esse futuro?

Já se tem notícia de robôs fazendo *due diligence* em fusões e aquisições, sentenciando processos, ajudando os tribunais superiores com o excesso de recursos. As plataformas de *Online Dispute Resolution* (ODR) fazem uso massivo de tecnologia.

5. COMO SERÃO AS SOLUÇÕES DE DISPUTAS: O CASO DAS ODR

Com o surgimento e a evolução das estruturas do Estado, este passou a abarcar como sua incumbência a solução de litígios como um terceiro neutro. No entanto, segundo Cappelletti e Garth, o acesso à justiça ocorre como um processo que teve como primeira onda a ampliação do número de pessoas passaram a ter acesso ao judiciário. Conforme visto, em meio ao aumento do acesso à justiça, em meio a esse processo, o Brasil vivenciou uma cultura de litígio, que pode ser conceituada como

> a crença socialmente estabelecida e aceita de que a forma mais eficaz de se promover a realização dos valores juridicamente protegidos e de se alcançar a pacificação social se dá por meio das atuações e das decisões adjudicadas (sentenças) proferidas pelos juízes.[41]

A cultura do litígio vivenciada no Brasil traz consequências que comprometem a eficiência e a qualidade jurisdicionais, evidenciados pela morosidade dos processos e pela onerosidade do Judiciário. Para amenizar as consequências da explosão de litigância, os métodos alternativos de solução de conflito passaram a ser disseminados, como uma maneira de transpor a explosão de litigância e ainda sim trazer aos litigantes uma maneira eficiente que solucionar o conflito.

---

41. LIMA, D. H. S. *Da cultura do litígio à do consenso*: o uso de *online dispute resolution* na Comarca de Araquari (SC). Universidade Federal de Santa Catarina. Dissertação de mestrado. Florianópolis, 2019.

Os métodos alternativos de solução de conflitos são um reflexo dessa nova visão, que se encontra nas bases do sistema jurídico, o que pode ser exemplificado pelo Código de Processo Civil, que suscita como diretriz que o "Estado deve promover sempre que possível a solução consensual do conflito" (Código de Processo Civil, art. 3º, § 2º). Dentre os métodos que mais se destacam, a autocomposição assume um papel importante, já que empodera as partes dando-lhes autonomia em meio a resolução do conflito.

Ao mesmo tempo que o aumento da judicialização permitiu o surgimento dos métodos alternativos de solução de disputas, tem-se hoje em dia o desafio da economia digital. A Organização para Cooperação e Desenvolvimento Econômico (OCDE) reconhece, por exemplo, que a economia digital afetou a longo prazo as políticas públicas.

Os meios alternativos de solução de disputas não poderiam ficar alheios a essa transformação promovida pelas tecnologias, surgindo, assim, o modelo de *online dispute resolution* (ODR), que "podem ser definidos como a transposição de métodos adequados para plataformas". Esse modelo pode abranger várias técnicas de modelos alternativos de solução de disputas, ao mesmo tempo que se utiliza de uma rede como local virtual para resolver disputas.

Segundo Arbix, as ODR são, ao mesmo tempo, "uma tendência consolidada (...), uma 'nova porta' para solucionar conflitos que talvez não possam ser dirimidos por mecanismos tradicionais de resolução de controvérsias". Mais do que isso, o autor aponta que as ODR são imprescindíveis para promover um maior acesso à justiça:

> Mecanismos de ODR eficientes podem ser cruciais para órgãos judiciais, dando vazão a uma pluralidade de demandas similares cuja equação por formas tradicionais de resolução de disputas não seria possível – assim, a absorção de mecanismos de ODR por órgãos judiciais é imprescindível para viabilizar mais acesso à justiça.[42]

De acordo com a doutrina, existem quatro modalidades de ODR: (i) sistema de reivindicação financeira; (ii) sistema de arbitragem online; (iii) serviços de Ombudsman; e (iv) sistema de mediação online, seja ela automatizada ou assistida. Em todos eles, possivelmente a IA será utilizada massivamente.

6. CONSIDERAÇÕES FINAIS: LENTES PARA O FUTURO

Por mais que inicialmente possamos relutar em abraçar novas tecnologias, a história do ludismo nos ensinou que de nada adianta resistir: estamos em um

---

42. ARBIX, D. A. *Resolução online de controvérsias* – Tecnologias e Jurisdições. Tese (Doutorado em Direito). São Paulo: Faculdade de Direito, Universidade de São Paulo, 2015.

point of no return, com o florescimento de *startups, fintechs, lawtechs, bitcoin, blockchain*, inovações disruptivas e tudo o mais que as empresas do Vale do Silício têm revolucionado dia após dia. Ignorar todo esse movimento, e apegar-se à velha advocacia, não é uma decisão sensata.[43]

E, quem sabe, como San Tiago Dantas já dizia em 1955,[44] possamos "abandonar a didática tradicional, baseada na meditação em voz alta e na eloquência, para abrir espaço a outro método de ensino, mais apto a cingir o verdadeiro objetivo do ensino que ministramos." Afinal, como dizia o jurista, "[a] verdadeira educação jurídica, aquela que formará juristas para as tarefas da vida social, deve repetir esse esquema fundamental, colocando o estudante não em face de um corpo de normas, de que se levanta uma classificação sistemática, como outra história natural, mas em face de controvérsias, de conflitos de interesses em busca de solução. Só desse modo a educação jurídica poderá conceituar com clareza o seu fim, que é formar o raciocínio jurídico e guiar o seu emprego na solução de controvérsias. O estudo das normas e instituições constitui um segundo objetivo, absorvido no primeiro, e revelado ao longo do exame e discussão dos problemas".

E qual é, portanto, o prognóstico para o futuro da humanidade e do profissional do Direito? É muito difícil prever. A verdade é que ninguém sabe; alguns apenas se arriscam a dar palpites. O *best-seller* Homo Deus, de Yuval Noah Harari, é uma das obras que tenta nos fornecer alguns interessantes *insights* a respeito do nosso futuro (*spoiler alert*): (i) tudo por ser considerado um algoritmo, inclusive seres humanos, de modo que mesmo o *Homo sapiens* é substituível; (ii) a inteligência está de desacoplando da consciência; e (iii) algoritmos não conscientes, mas altamente inteligentes poderão, em breve, nos conhecer melhor do que nós mesmos.[45] Até lá, deveremos ter a humildade e resiliência para estarmos constantemente incorporando novos aprendizados interdisciplinares (alguns deles já elencados aqui: Neurociências, Análise Econômica do Direito, Estatística Aplicada e Ciência de Dados). Conforme a famosa frase de Alvin Toffler, "o analfabeto do século XXI não será aquele que não consegue ler e escrever, mas aquele que não consegue aprender, desaprender e reaprender". Que todos possamos aprender, desaprender e reaprender o Direito!

---

43. Para ilustrar tal ponto, toda a reação dos táxis contra o Uber pode não mais fazer sentido em alguns anos, pois alguns preveem ser questão de tempo até que não tenhamos mais carros com motoristas.

44. *A educação jurídica e a crise brasileira* – aula inaugural dos cursos da Faculdade Nacional de Direito, em 1955. Disponível em: http://www.santiagodantas.com.br/wp-content/uploads/A-Educa%C3%A7%-C3%A3o-Jur%C3%ADdica-e-a-Crise-Brasileira.pdf.

45. HARARI, Yuval Noah. *Homo Deus*: uma breve história do amanhã. São Paulo: Companhia das Letras, 2016, p. 398.

REFERÊNCIAS

ARBIX, D. A. *Resolução online de controvérsias* – Tecnologias e Jurisdições. Tese (Doutorado em Direito). São Paulo: Faculdade de Direito, Universidade de São Paulo, 2015.

COELHO, Alexandre Zavaglia. *As 7 tendências para o uso de inteligência artificial no Direito em 2018.* São Paulo: Thomson Reuters, 2018.

COOTER, Robert; ULLEN, Thomas. *Direito & economia.* Porto Alegre: Bookman, 2010.

GICO JUNIOR, Ivo. Introdução ao Direito e Economia. In: TIMM, Luciano Benetti (Org.). *Direito e Economia no Brasil.* 2. ed. São Paulo: Atlas, 2014, p. 1.

HARARI, Yuval Noah. *Homo Deus*: uma breve história do amanhã. São Paulo: Companhia das Letras, 2016.

HOLMES, JR., OLIVER WENDELL. The Path of the Law. *10 Harvard Law Review* 457, 1897.

ISMAIL, Salim; MALONE, Michael; VAN GEEST, Yuri. *Organizações exponenciais.* São Paulo: HSM. 2015.

LIMA, D. H. S. *Da cultura do litígio à do consenso*: o uso de *online dispute resolution* na Comarca de Araquari (SC). Universidade Federal de Santa Catarina. Dissertação de mestrado. Florianópolis, 2019.

MANKIW, Gregory N. *Princípios de economia.* São Paulo: Centage Learning, 2017.

NUNES, Marcelo Guedes. *Jurimetria*: como a estatística pode reinventar o Direito. São Paulo: Ed. RT, 2016.

ORWELL, George. *1984.* São Paulo: Companhia das Letras, 2009.

REALE, Miguel. *Lições preliminares de direito.* 25. ed. São Paulo: Saraiva, 2001.

SUSSKIND, Richard. *The End of Lawyers?* Rethinking the Nature of Legal Services. New York: Oxford University Press, 2010.

SUSSKIND, Richard. *Tomorrow's Lawyers: an introduction to your future.* New York: Oxford University Press, 2012.

ULEN, Thomas S. Direito e Economia para Todos. In: POMPEU, Ivan Guimarães; BENTO, Lucas Fulanete Gonçalves; POMPEU, Renata Guimarães (Coord.). *Estudos sobre negócios e contratos*: uma perspectiva internacional a partir da análise econômica do direito. São Paulo: Almedina, 2017.

YEUNG, Luciana Luk-Tai. Análise econômica do direito do trabalho e da reforma trabalhista (Lei 13.467/2017). *Revista Estudos Institucionais*, v. 3, 2, p. 894. 2017.

SOBRE O CENTRO DE ESTUDOS DE DIREITO ECONÔMICO E SOCIAL (CEDES)

Um grupo de estudiosos do meio corporativo e da academia, dedicado ao Direito e à Economia, formado em 2004, ao institucionalizar em dezembro de 2009, deu origem ao Centro de Estudos de Direito Econômico e Social (CEDES). Desde o início, aflorou a importância de cultivar a teoria aliada à prática, com o intuito de contribuir, tanto na aplicação das leis vigentes, quanto na discussão de propostas legislativas; com vistas ao aprimoramento prático do Direito.

O CEDES é um *think tank*, sem fins lucrativos, dedicado à promoção de pesquisas, cursos, seminários, publicações e atividades relacionadas às grandes questões jurídicas, econômicas e sociais, que afetam a sociedade brasileira.

Pouco difundidos no Brasil, os *think tanks* objetivam proporcionar a oportunidade de novos conhecimentos em diversas áreas do saber; bem como soluções adequadas e respostas céleres aos desafios próprios das relações sociais, pragmática e aplicadamente.

São objetivos do CEDES:

1. Desenvolver, incentivar e divulgar pesquisas sobre assuntos de interesse.

2. Promover conferências, seminários, encontros de especialistas e cursos de alto nível.

3. Incentivar a produção acadêmica por meio de publicações.

4. Para tanto, o CEDES:

5. Valoriza a interdisciplinaridade, relacionando o Direito com as demais ciências sociais;

6. Prioriza a independência de sua atuação jurídica, livre de ideologias e outros vieses político-partidários;

7. Desenvolve trabalhos e pesquisas com rigor analítico e metodológico e;

8. Atrai os melhores talentos oriundos da iniciativa privada, do meio acadêmico e do poder público.

9. Em suas vertentes de pesquisa e de ensino, o CEDES ancorou-se, também, em convênios:

Nacionais:

- Associação dos Juízes Federais de São Paulo e do Mato Grosso do Sul – AJUFESP,
- Associação Paulista dos Magistrados – APAMAGIS,
- Centro de Estudos Judiciários do Conselho da Justiça Federal – CJF,
- Conselho Administrativo de Defesa Econômica – CADE,
- Escola de Magistrados do Mato Grosso – EMAM.
- Escola de Magistrados do Tribunal Regional do Trabalho da 2ª Região e;
- Fundação Instituto de Pesquisas Econômicas – FIPE.

Internacionais:

- *Columbia University* de Nova Iorque,
- *King's College de* Londres.

Especialização Lato Sensu

Em 2011, o CEDES passou a oferecer um Curso de Especialização *Lato Sensu* (360 horas), intitulado "Direito e Economia nos Negócios", que continua a ser oferecido periodicamente. A experiência de dez anos de pesquisa, somada à prática de ensino em nível de pós-graduação forneceu as condições necessárias para que o CEDES requeresse junto à CAPES/Ministério da Educação o Programa de Mestrado "Direito, Justiça e Impactos Econômicos", na modalidade profissional. A aprovação do Mestrado Profissional (Portaria do Ministério de Educação 576, de 7 de julho de 2020) assinala importante etapa no reconhecimento do CEDES. O curso é direcionado ao aprimoramento da formação jurídica, levando em conta os impactos econômicos e a visão crítica da realidade. A metodologia escolhida pelo curso é predominantemente voltada ao desenvolvimento profissional. O professor João Grandino Rodas, fundador do CEDES, o preside e coordena seu Programa de Pós-Graduação "Stricto Sensu".

Importa destacar que as atividades do CEDES partem da ideia de que o Direito pode ser um instrumento capaz de contribuir para o desenvolvimento econômico e social de uma nação, desde que efetivamente ancorado na realidade.

Mestrado Profissional

O objetivo do Mestrado Profissional é contribuir com a formação de profissionais que se deparam com a necessidade de ampliar a visão estritamente jurídica, para desempenhar de modo mais adequado e efetivo suas atividades.

O curso oferece, a partir de estudos interdisciplinares trazidos da economia e de outras ciências afins, uma visão ampla do cenário jurídico atual, essencial para o exercício pleno de suas funções.

A área de concentração do Programa de Mestrado Profissional tem como base, além dos objetivos do Mestrado Profissional ínsitos no artigo 4º da Portaria 17/2009 do Ministério da Educação (MEC), os seguintes:

Promover o debate a respeito das múltiplas formas de interação entre o Direito, a Justiça e os impactos advindos, especialmente, mas não exclusivamente, da Economia;

Incentivar variadas abordagens a respeito dos aperfeiçoamentos e contribuições trazidos pela Economia ao Direito e à Justiça.

Observar os impactos do Direito e do Sistema de Justiça nos setores sociais.

Analisar os grandes temas a partir do consequencialismo jurídico. De vez uma decisão pode ser avaliada pelas consequências produzidas. Uma ação pode ser boa ou ruim, justa ou injusta, válida ou inválida, a depender de seus resultados.

Fomentar discussões e pesquisas baseadas na análise de dados empirismo.

Estimular a gestão do Direito e da Justiça, também, em bases métricas.

Aproximar o ensino superior, em todas as suas vertentes de atuação (em especial as pesquisas), da prática jurídica profissional em diversas carreiras.

Incentivar a modalidade de como autoridades, juízes, ministros de tribunais etc. tomam decisões, a partir de cenários hipotéticos criados com fundamento em suas escolhas.

Fortalecer a ponte entre o ensino acadêmico e o mercado, afastando o distanciamento e possível conflito existente entre eles.

Um dos termômetros do que o CEDES alcançou, nesses 17 anos de proto--história e de história é a qualidade de seus mestrandos e mestrandas, sobejamente comprovados, quer pelo "curriculum vitae" de cada qual, quer pela qualidade dos artigos neste volume publicados.

MATRIZ CURRICULAR DO MESTRADO PROFISSIONAL

ÁREA DE CONCENTRAÇÃO			
"DIREITO, JUSTIÇA E IMPACTOS NA ECONOMIA"			
DISCIPLINAS OBRIGATÓRIAS (60 horas/aula por disciplina)			
METODOLOGIA DE PESQUISA: ESTUDOS QUANTITATIVOS E QUALITATIVOS	ANÁLISE ECONÔMICA DO DIREITO E IMPACTOS NO DESENVOLVIMENTO	DEFESA DA CONCORRÊNCIA E REGULAÇÃO NO BRASIL	O DIREITO COMO INSTRUMENTO DE POLÍTICA ECONÔMICA
LINHAS DE PESQUISA			
DE ACORDO COM A LINHA DE PESQUISA ESCOLHIDA, O MESTRANDO DEVERÁ CURSAR 1 DISCIPLINA			

LINHA DE PESQUISA 1:	**LINHA DE PESQUISA 2:**
SISTEMA DE JUSTIÇA, DIREITOS INDIVIDUAIS E COLETIVOS E DESENVOLVIMENTO	SOLUÇÃO DE CONFLITOS, PREVISIBILIDADE E IMPACTOS ECONÔMICOS.
1. O PODER JUDICIÁRIO NO SÉCULO XXI. PROTAGONISMO JUDICIAL, POLÍTICAS PÚBLICAS E DIREITOS NA CONTEMPORANEIDADE 2. SISTEMA TRIBUTÁRIO NACIONAL: CONTENCIOSO TRIBUTÁRIO NO BRASIL, SIMPLIFICAÇÕES E EFETIVIDADE 3. SISTEMA DE JUSTIÇA, CONTENCIOSO CIVIL NO BRASIL E RESPEITO AOS CONTRATOS	1. SOLUÇÃO DE CONFLITOS NA CONTEMPORANEIDADE 2. PREVENÇÃO E CAUTELAS EM CONFLITOS AMBIENTAIS. 3. PRECEDENTES JUDICIAIS, TECNOLOGIA E GESTÃO DE CASOS

DISCIPLINAS ELETIVAS COMUM ÀS DUAS LINHAS DE PESQUISA
O MESTRANDO DEVERÁ OPTAR POR 01 (UMA) DISCIPLINA ELETIVA COMUM 1. "COMPLIANCE" E DESENVOLVIMENTO INSTITUCIONAL 2. INTERFACE ENTRE O PÚBLICO E O PRIVADO E A DEFESA LÍCITA DE INTERESSES 3. LÓGICA E ARGUMENTAÇÃO: DAS TEORIAS CLÁSSICAS À LÓGICA JURÍDICA DO SEC. XX 4. O PROCESSO DECISÓRIO NO SUPREMO TRIBUNAL FEDERAL E POSSÍVEIS IMPACTOS NO DESENVOLVIMENTO
ATIVIDADES COMPLEMENTARES: 40 HORAS

Principais pesquisas

Para demonstrar e ilustrar referida trajetória do CEDES, faz-se importante apresentar de forma sintética as principais iniciativas científicas realizadas nos últimos anos. Destacam-se 10 (dez) pesquisas:

1. Pesquisa sobre "Restrições Verticais na Defesa da Concorrência: Uma análise do Direito Concorrencial no Brasil e na União Europeia", desenvolvida pelos professores Caio Mario da Silva Pereira Neto e Damien Geradin (da União Europeia) e cujo conselho científico contou com a participação dos professores Paulo Furquim de Azevedo e Seth B. Sacher, da "Federal Trade Commission", nos Estados Unidos da América.

2. Pesquisa sobre a "Regulamentação do Instituto das Consultas ao CADE". Essa pesquisa foi o principal apoio de que se serviu o CADE para a elaboração do Guia de Consultas por ele lançado. De acordo com o sítio eletrônico do CADE, "A lei brasileira de defesa da concorrência prevê a possibilidade de consulta ao Cade, cabendo ao órgão delimitar normas complementares sobre o procedimento (...) A proposta de regulamentação do Cedes foi apresentada pelo

pesquisador e professor Marcos Paulo Veríssimo. Ele afirmou que o objetivo da proposta é estimular o uso do instituto da consulta, que pode permitir a autoridade agir preventivamente no controle de condutas anticompetitivas, atuando antes mesmo que práticas potencialmente anticompetitivas possam gerar efeitos nocivos ao mercado".

3. Pesquisa sobre a "Efetividade de Programas de "Compliance" Concorrenciais": O objetivo desse trabalho é apresentar tal instituto como alternativa regulatória capaz de ampliar a "taxa de cumprimento" da lei antitruste no Brasil. O argumento desenvolvido é o de que o sucesso do "compliance" depende de dois atributos. O primeiro deles é a formação de um arranjo regulatório cooperativo e não predatório. Nas experiências bem-sucedidas, a relação entre a disciplina pública da concorrência e a autorregulação privada é de mútuo reforço: o "compliance" concorrencial é tanto mais efetivo, quanto mais crível for o "enforcement" regulatório e este, por sua vez, é tanto mais eficaz, quanto mais empresas internalizarem a cultura competitiva. O segundo elemento é a sua consistência interna. A identificação dos riscos, os objetivos, a governança e as ferramentas precisam estar alinhados para que o programa de prevenção seja efetivo. Com base nesse referencial normativo, o trabalho apresenta parâmetros para um programa efetivo e realiza dois estudos de caso, em que avalia: (i) o "compliance" concorrencial das empresas participantes do "clube das empreiteiras" e (ii) o compliance da Siemens. O presente trabalho, sob a coordenação do CEDES, foi desenvolvido pelos professores Mario Schapiro e Sarah Marinho, e utilizou-se do método do estudo de caso.

4. Estudo sobre a égide do CEDES e da FGV, intitulado o "Combate a Cartéis sob o prisma concorrencial-econômico. O objetivo desse estudo era discutir os cuidados necessários na condução de um processo de investigação de irregularidades relacionadas à prática de cartel. Tal discussão tornou-se particularmente relevante na atual conjuntura em que se discutem práticas de suposto cartel no âmbito da Operação Lava Jato. Porém, as questões levantadas têm aspecto geral e se aplicam à análise de cartel, cada vez mais importante para a defesa da concorrência no Brasil e em outras economias emergentes. O cartel constitui ilícito grave e deve ser combatido e punido. A intenção desse trabalho é chamar atenção para a forma mais eficaz de fazê-lo em uma conjuntura particularmente delicada para a economia e para a cadeia produtiva da construção em particular. A metodologia utilizada no presente trabalho foi essencialmente empírica; tendo os trabalhos sido conduzidos pelos professores Gesner Oliveira e João Grandino Rodas.

5. A propósito do projeto de Lei que estabelece o Novo Código Comercial, os professores Luciana Yeung e Luciano Timm, desenvolveram pesquisa em que se demonstrou, por meio de simulações econômicas, o quanto as empresas gastariam caso o novo código comercial fosse sancionado. Esses valores variam entre R$ 26,5 a 186 bilhões de reais, por ano.

6. Pesquisa sobre "Impactos econômicos da terceirização da mão de obra no Brasil" desenvolvido pela professora Luciana Yeung, sob a égide do CEDES. Tendo por foco o conflito envolvendo bancos, o estudo analisou decisões judiciais sobre o tema do TRT-2. A amostra analisada mostrou um alto grau de insegurança jurídica em conflitos relacionados à terceirização no Brasil, que chega a 50%. Os mesmos fatos e o mesmo setor estavam dividindo o Poder Judiciário. 50% das decisões consideraram as contratações ilegais e a outra metade as considerou legais. A partir do estudo de caso concluiu-se que se tratavam de decisões judiciais desconectadas da realidade das empresas. Com a promulgação da lei de terceirização, o problema tende a ser resolvido, minimizando, com isso, o grau de incerteza jurídica.

7. Pesquisa comparativa sobre o Contencioso de Empresas no Brasil em contraste com a Argentina e o Chile, coordenada pela professora Maria Tereza Sadek com a participação de

Marco Aurélio Tavares. Desdobramento de tal pesquisa vem sendo a realização anual de um workshop sobre o assunto. A pesquisa analisou o contencioso judicial de algumas empresas no Brasil, nas áreas trabalhista, tributária e cível e contrastou com dados dessas mesmas empresas na Argentina e no Chile, procurando identificar padrões similares ou distintos entre os respectivos contenciosos. Do ponto de vista metodológico, foram utilizados os métodos quantitativo e qualitativo. Por meio da análise quantitativa examinou-se os dados fornecidos pelas empresas nas diferentes áreas do contencioso tendo sido feitas comparações. O método qualitativo orientou a elaboração de roteiros de entrevistas com advogados corporativos, com o objetivo de identificar percepções sobre a Justiça e seus impactos nas empresas e na economia do país. Além disso, estudos de casos com o objetivo de salientar experiências na Justiça das empresas no Brasil, em contraste com a realidade e os dados obtidos junto às unidades localizadas na Argentina e no Chile.

8. O Estudo intitulado "Remoção de Conteúdo da Internet e análise da jurisprudência do Superior Tribunal de Justiça". Questões de Direito Digital e de *internet* envolvem constantemente controvérsias por uma série de razões. Primeiro, porque são geralmente temas novos, nunca antes pensados, e que recaem sobre vácuos legislativos e jurisprudenciais. Segundo, porque normatizações mais antigas aplicadas por analogia são insuficientes para captar todas as nuances exigidas. Por fim, sendo os assuntos dinâmicos e caracterizados por muitas mudanças simultâneas, exige-se resposta rápida do Direito. Para tais casos, geralmente temos importantes alterações jurisprudenciais, que são posteriormente mantidas ou alteradas pela legislação. Como se verificou, a "Remoção de Conteúdo" é exemplo claro desse modelo, uma vez que, depois de um período de ampla divergência jurídica, seguiu-se uma construção jurisprudencial. Por seu turno, a sanção da Lei 12.965/2014 (Marco Civil da Internet) resolveu alguns aspectos, que foram regulados, o que causou a solução de alguns problemas e o surgimento de outros. Pesquisa realizada pelo CEDES em parceria com o JOTA.

9. Pesquisa sobre "Dosimetria da Pena em Ilícitos Concorrenciais", em parceria com o JOTA, a partir da observação julgados do CADE. Trata-se de estudo a respeito de tema que vem dividindo o plenário do tribunal da concorrência. Embora não haja consenso sobre o tema, os debates estão avançados. O objetivo do estudo é traçar um panorama e sistematizar os principais tópicos desse debate.

10. Pesquisa sobre Tributação e Concorrência: impactos e possibilidade de atuação do órgão da concorrência e posicionamento do Poder Judiciário. O presente estudo foi coordenado pelo professor Vinícius Marques de Carvalho, com especial colaboração de Marcela Mattiuzzo e Flavio Prol. A análise de casos permite tecer algumas conclusões gerais acerca do tratamento conferido pelo CADE no tocante a denúncias em que a alegação de infração à ordem econômica envolvia o possível uso supostamente indevido de benefícios fiscais pelos agentes investigados. Em primeiro lugar, constatou-se que o Cade e outros órgãos do Sistema Brasileiro de Defesa da Concorrência sistematicamente negaram sua competência para verificar a regularidade ou licitude de tais benefícios fiscais. Não obstante essa negativa, a autoridade, reconhecendo que tais benefícios inegavelmente consistem em vantagem competitiva, não se furtou a analisar eventuais infrações à ordem econômica delas oriundas. Em segundo lugar, foi confirmada a hipótese no que toca à análise sob a ótica de preços predatórios. Contudo, não raramente, esse enquadramento não condizia com muitas das alegações trazidas pelas partes. Esse tema seguirá em debate, especialmente quanto à possibilidade de o CADE valer-se da prerrogativa de assistência e colaboração legalmente prevista, contando, por exemplo, com o apoio da Receita Federal do Brasil para enfrentar esse dilema.

Principais títulos/livros publicados pelo CEDES

- Direito Econômico e Social: Atualidades e reflexões sobre Direito Concorrencial, do Consumidor, do Trabalho e Tributário.
- Restrições Verticais Adotadas por Empresas Dominantes. Uma análise do Direito Concorrencial no Brasil e na União Europeia.
- Direito e Economia da Concorrência.
- Direito Concorrencial: Avanços e Perspectivas.
- 30 Anos da Constituição Federal.
- Visão Multidisciplinar das Soluções de Conflitos no Brasil.
- Complexidade, Economia e Sociedade.
- Registro de Garantias Imobiliárias: Uma proposta para sua modernização.
- Reflexões sobre Moeda e Bancos.
- Aspectos Relevantes na Governança Ambiental Global.
- Olhar Econômico do Direito.
- Tópicos Especiais de Direito Concorrencial.
- Concorrência e Tributação.
- Tolerância Fiscal.
- Direito e Economia nos Negócios.
- O Direito como Instrumento de Política Econômica: Propostas para um Brasil Melhor.
- Remédios para Reduzir a Inadimplência.

ANOTAÇÕES